Rettet die Alpen

Rettet die Alpen

Leopold
Lukschanderl

Europas Dachgarten in Bedrängnis

ein trend-profil-buch
bei
Orac Pietsch

Bildquellennachweis:

Schwarzweißbilder:
Schweizerische Verkehrszentrale, Zürich (S. 33, 34/35, 36 unten, 37, 38/39, 40 oben, 109 oben, 109 unten, 110/111, 112 unten, 202/203, 205)
Dr. Wolfgang Retter, Lienz (S. 145, 146, 147 oben, 147 unten, 206/207, 208)
Archiv (S. 36 oben)
Französische Fremdenverkehrswerbung (S. 40 unten)
Lothar Petter (S. 112 oben)
H. Aulitzky, Wien (S. 148 oben und unten, 201 (3), 204 oben und unten)

Farbbilder:
Wolfgang Retter (S. 73)
Französische Fremdenverkehrswerbung (S. 74, 181 oben, 182 unten)
Schweizerische Verkehrszentrale (S. 75, 76, 181 unten, 182 oben)
Lothar Petter (S. 183 [3])
Österreichische Fremdenverkehrswerbung/Markowitsch (2)

Schutzumschlag-Foto: Schweizerische Verkehrszentrale

ISBN 3-85368-944-2

Schutzumschlag: Ernst Pavlovic
Graphische Gestaltung: Renato Zapella
Lektorat: Leo Mazakarini
Technik: Imprima W. Menches
Satz: Typostudio Wien
Schwarzweißlithos: Werner Kamensek, Horn
Farblithos: Schönwälder, Wien
Druck und Bindearbeiten: Wiener Verlag, Himberg

Inhaltsverzeichnis

Zum ersten Mal in der Menschheitsgeschichte erscheint uns die Erde klein. Und nicht nur klein, auch verletzbar. Unter uns einige Fuß fruchtbaren Bodens, über uns einige tausend Meter atembare Luft: Wir wissen, daß wir fähig sind, diese Luft zu verseuchen und diesen Boden in eine Wüste zu verwandeln. Unsere Fähigkeiten, die Natur zu nutzen, haben sich ins Phantastische gesteigert und uns mit jugendhaftem Stolz erfüllt. Diese Einstellung muß fortan einem etwas reiferen Gefühl der Verantwortung weichen. Wir sollten die Erde jetzt als unseren Garten sehen, der unserer sorgfältigen Pflege bedarf, wenn wir ihn bewahren und seine Schönheit erhalten wollen. Wir stehen dieser Aufgabe jedoch mit einer bejammernswerten Gleichgültigkeit gegenüber.

Bertrand de Jouvenel

Vielfache Probleme

Das Disneyland Europas?

Der Alpenbogen ist mit seinen 1200 Kilometern Länge und 300 Kilometern Breite das größte, zentral in Europa gelegene Berggebiet. Er bildet die Nahtstelle zwischen Mittel- und Südeuropa und reicht mit seinen Ausläufern nach West- und Südosteuropa hinein. An den Alpen haben insgesamt sieben Staaten Anteil, nämlich Österreich, Italien, Frankreich, die Schweiz, die Bundesrepublik Deutschland, Jugoslawien und Liechtenstein. Von den rund 180.000 Quadratkilometern reinen Bergregionen liegen fast 35 Prozent auf österreichischem Staatsgebiet, 23 Prozent in Italien, etwas mehr als 21 Prozent in Frankreich und nicht ganz 18 Prozent in der Schweiz. Am Ende der Liste rangiert das Fürstentum Liechtenstein mit einem Alpenanteil von 0,1 Prozent. Aufgrund ihrer zentralen Lage sozusagen »im Herzen Europas«, sind die Alpen nicht nur emotioneller und kultureller »Besitz« von Millionen Menschen – sie sind im Verlauf der letzten Jahrzehnte auch zu einem gesamteuropäischen Problemgebiet geworden. Galten die Berge lange Zeit als Inbegriff einer heilen Natur, als letzte urige Reservate einer offensichtlich zum Aussterben verurteilten Welt, so hat sich diese Position grundlegend verändert. Denn schrankenlose Erschließungswut, Profitgier und der Massentourismus – um nur einige wenige Faktoren zu nennen – sind auf dem besten Weg, aus dem vielgepriesenen »Dachgarten Europas« einen Schrebergarten zu machen, einen Rummelplatz, und an manchen Orten eine permanente Großbaustelle.

Schon vor Jahren warnte Dr. Jost Krippendorf, der Direktor des Forschungsinstituts für den Fremdenverkehr an der Universität Bern (Schweiz), die »touristische Selbstmordgesellschaft« vor einer weiteren Vermarktung der Alpen. Und Professor Dr. Herbert Aulitzky von der Universität für Bodenkultur in Wien schrieb visionär: »Der Alpenraum ist durch menschliche Eingriffe bereits so weitgehend zerstört, daß diese Landschaft in wenigen Jahren als Erholungsgebiet von übernationaler Bedeutung endgültig verloren sein wird. Zwischen Mailand und München wird sich dann eine Art Vorortelandschaft erstrecken.«

Genützt haben diese und andere Warnungen nur wenig. Denn das große Landschaftsfressen geht munter weiter. Zwar hat sich die Schlagzeile »Sind die Alpen bis 1980 tot?« nicht bewahrheitet. Aber die Metastasen wuchern bereits überall. Es ist somit nur eine Frage der Zeit, bis die tödliche Endphase das jahrelange Siechtum beendet. Über Jahreszahlen zu streiten ist dabei müßig.

Die Todeskrankheit der Alpen heißt Wohlstand. Die Bergregionen röcheln im Würgegriff gewaltiger Ballungszentren, die den »Dachgarten Europas« von allen Seiten umzingelt haben. Denn ungeachtet der Tatsache, daß etwa Westeuropa schon längst von den quantitativen Wachstumsraten der sechziger Jahre Abschied nehmen mußte, expandieren die Wirtschaftsräume Wien, Linz, Salzburg, München, Stuttgart, Basel, Zürich, Grenoble, Turin, Mailand, Venedig, Triest,

Lyon und Marseille kräftig weiter und drängen dem Alpenraum – der einstmals »trennenden Barriere« – ihre Maßstäbe auf. Verstärkt wird der »eiserne Gürtel« ums Gebirge noch durch den zunehmenden Druck der Bevölkerung. Denn die höchsten Zuwachsraten in Westeuropa registriert man heute nicht an Rhein und Ruhr, nicht in Paris oder London, sondern in den Agglomerationen rund um die Alpen. Und diese Menschenmassen drängen in der Hoffnung, der Unwirtlichkeit der Megalopolen zu entfliehen, in die vermeintlich »heile« Welt im Herzen des Kontinents. Das hat dazu geführt, daß viele Alpentäler selbst zu Verdichtungsräumen geworden sind, mit Einwohner-, Siedlungs- und Verkehrsziffern, die den außeralpinen Ballungsräumen um nichts nachstehen. Autobahnen, Europastraßen und Fernstrecken der Eisenbahn überziehen bereits in großer Dichte die Berge – und neue transalpine Verkehrswege sind im Bau oder in Planung. Sie sollen Nord und Süd, Ost und West in Europa noch besser verbinden, belasten aber damit weiter die Täler durch die neue Funktion eines »Verkehrsinfrastrukturbandes«. Entlang der Fernstraßen muß aber mit der Errichtung weiterer Zweitwohnungen, Freizeit-Zentren, Schi-Arenen, Hotels und Servicestationen gerechnet werden.

Dabei ist bereits die Realität erschreckend genug. Denn wo einst idyllische Dörfer Erholung und Entspannung ermöglichten, protzt heute vielfach die mit hektischem Trubel erfüllte Skyline uniformer »Berg-Manhattan«. Beton und Asphalt verpflastern auch die entlegensten Seitentäler und lassen den Verkehr bis an den Rand der Gletscher rollen. Berge werden mit Dynamit und Baggern »begradigt« und mit einem Spinnen-Netz von Hochspannungsleitungen, Seilbahnen und Liften überzogen: weil der liebe Gott offensichtlich kein Schifahrer war und unverständlicherweise viele Berge so gebaut hat, daß man sie nicht zum Pistenschilauf benutzen kann. Gigantische Wasserspeicher lassen ganze Täler unter Schlamm und Geröll verschwinden, und Kraftwerke verwandeln einstmals sprudelnde und schäumende Gebirgsbäche in müde Rinnsale, in denen sogenannte »Rest-« oder »Pflichtwassermengen« – womöglich noch auf Knopfdruck an Sonn- und Feiertagen – vergebens »lebendes Wasser« vorzugaukeln versuchen. Pizza-Buden und Souvenir-Shops am Gletscherrand, Bergrutschbahnen, Trimm-Center und Wandertunnels bewogen den Alpin-Experten Dr. Fritz H. Schwarzenbach aus Chur (Schweiz) zu dem Ausspruch: »Die Alpenländer sind auf dem besten Weg, aus ihren Bergen das Disneyland Europas zu machen.« Erlebnishungrige Urlauber zertrampeln nicht nur die hochempfindliche Hochgebirgsvegetation, sie verwandeln die Berge auch in Müllberge. Edelweiß, Enzian und Almrausch sind heute vielfach nur mehr geduldete Verbrämung für Fäkalien, Bierflaschen und Cola-Dosen. Und hoch droben, am »ewigen Eis« der Gletscher (vielleicht unsere Trinkwasserreserve für morgen oder übermorgen), macht sich eine millimeterdicke Schichte aus Dreck und Sonnencreme breit. Der Alpenraum wird zum Alptraum.

Neben dem permanenten Ausverkauf der Landschaft und den unzähligen Beispielen einer »Lederhosen-« und »Brutal-Architektur«, die die bäuerlich-barocke Baukunst vergangener Tage vermutlich noch bis zur Jahrtausendwende endgültig ausradiert haben wird, kommt es allenthalben zu einer Pervertierung

des Brauchtums, zum Verramschen des bodenständigen kulturellen Potentials. Organisierte Heimatabende (oder was man als solche ausgibt), falsche krachlederne Gaudi, Fingerhakln, Watschentanz und Alphornblasen nach Terminplan sind untrügliche und gewaltig um sich greifende Anzeichen einer umfassenden »Fremdbestimmung«, die den Alpenbewohner zum Statisten auf der Tourismusbühne degradiert.
Luis Trenker, nimmermüder Bergfex aus Südtirol, ist in den letzten Jahren still und nachdenklich geworden. Einem deutschen Journalisten gegenüber äußerte er kürzlich: »Ich bin teilweise schuld am Fremdenverkehr. Hätt' ich lieber die Papp'n g'halten!« Und Prof. Franz Wolkinger vom Institut für Umweltwissenschaften und Naturschutz der Österreichischen Akademie der Wissenschaften in Graz meint, »daß niemandem damit gedient ist, wenn die Nachkriegsgeneration – die zweifellos viel für den wirtschaftlichen Aufschwung geleistet hat – sich nun in Eichensärgen und Begräbnissen erster Klasse verabschiedet, aber einen Scherbenhaufen zurückläßt«. Auch die medialen Aufschreie gegen die fortschreitende schrankenlose Vermarktung der Alpen mehren sich. So schrieb unter anderen die Deutsche Presseagentur – und sprach damit sicherlich Zehntausenden bundesdeutschen Urlaubern aus dem Herzen: »In Massentourismus ausufernder Fremdenverkehr schlägt immer tiefere Wunden in die Bergwelt, das Wort von der Alpen-Apokalypse macht die Runde.«

»Soziale Erosion« in einsamen Tälern

Der Alpenraum ist also Zielgebiet einer Reihe von sich überlagernden Angriffswellen, bei denen vor allem Verdichtungs- und Verstädterungstendenzen dominieren. Das betrifft in erster Linie die verkehrsmäßig gut erschlossenen Haupttäler in den internationalen Fremdenverkehrsgebieten. Und diese »inneralpinen Ballungsgebiete« üben wiederum einen gefährlichen Sog auf die noch stark bergbäuerlich geprägten und relativ wenig erschlossenen Regionen aus. Für sie besteht die akute Gefahr, sukzessive aufgegeben und entvölkert zu werden. Was nicht nur Verlust von Kulturraum, sondern auch Aufgabe von »Heimatverbundenheit« im positivsten Sinne des Wortes bedeutet.
Die Entvölkerung der Seitentäler wird am Beispiel Tirols deutlich, wo im Zeitraum zwischen 1961 und 1971 die Bevölkerung der Gemeinden im Inneren Pitztal um 10,3 Prozent, im Paznauntal um 7,1 Prozent, in Abfaltersbach und Umgebung um 11,3 und in Tilliach sogar um 17,3 Prozent abgenommen hat. Hingegen verzeichnete man im großen und gut erschlossenen Inntal praktisch überall Bevölkerungszunahmen: in Kematen und Umgebung zum Beispiel 10,5 Prozent, in Hall und Umgebung 14,5 Prozent und in Innsbruck-Stadt 5,7 Prozent.
In den französischen Alpen hat im Zeitraum 1962 bis 1975 die Bevölkerung in den ländlichen Gemeinden insgesamt um zwei Prozent ab-, in den Stadtregionen des Berggebietes aber um 26,8 Prozent zugenommen. Besonders gravierend

waren die Verluste in den landwirtschaftlich orientierten Gemeinden der Departements Haute-Savoie, Savoie und Isère mit minus 13,5 Prozent. Insgesamt ein Plus von 1,5 Prozent verzeichnete man zwar bei der Wohnbevölkerung der italienischen Alpenprovinzen im Zeitraum zwischen 1961 und 1971 (gegenüber einer Zunahme von 12,8 Prozent der Wohnbevölkerung im Alpenvorland), doch gab es besonders in Ligurien, Piemonte, Veneto und Friuli-Venezia-Giulia Bevölkerungsverluste bis zu 38 Prozent. Zunahmen in den Berggebieten der Regionen und Provinzen Valle d'Aosta, Lombardia und Trentino-Alto Adige lassen aber die Bilanz – wenn auch sehr knapp – dennoch positiv erscheinen.

Der Zuzug aus den außeralpinen Verdichtungsräumen in die attraktiven Fremdenverkehrsgemeinden und -gebiete wird an einigen Beispielen aus der Schweiz deutlich: So registrierte man zwischen 1960 und 1970 in Gemeinden mit hoher Fremdenverkehrsattraktivität – in Graubünden etwa – eine Zunahme der Wohnbevölkerung zwischen 20 Prozent (z. B. Bivio) und 104 Prozent (Silvaplana). Dagegen nahm in weniger bis gering attraktiven Gemeinden die Wohnbevölkerung zwischen 30 Prozent (Vicosopranno) und 83 Prozent (Außerferra) ab. Die starken Wanderungsgewinne in den zentralen Orten und in den Verstädterungszonen der Haupttäler bzw. am Alpenrand haben in einzelnen Teilräumen zu eindeutigen Urbanisierungserscheinungen geführt. Die Zuwanderung trägt auch zu starker Bautätigkeit bei, die nicht selten die Erholungsmöglichkeiten beeinträchtigt. Dagegen finden in den Abwanderungsgebieten Prozesse statt, die zu Recht als »soziale Erosion« bezeichnet werden. Es sind meist die jüngeren und mobilen Bevölkerungsgruppen, die die abseits liegenden Gebirgsgegenden verlassen und nicht mehr einer landwirtschaftlichen Tätigkeit nachgehen. Die zurückbleibende Bevölkerung reicht dann oft zahlenmäßig nicht aus, um die kommunalen Einrichtungen auszulasten. Da zugleich auch die finanzielle Leistungskraft der Gemeinde sinkt, kommt es zu einer zunehmenden Belastung der kommunalen Haushalte.

In zahlreichen Erklärungen, die vor allem auf politischer Ebene erfolgt sind – etwa durch die Europäischen Raumordnungsminister und die Regierungschefs der in der ARGE ALP (auch Mini-UNO oder »Lederhosen-EG« genannt) zusammengeschlossenen Alpenländer –, wird im Interesse der einheimischen Bevölkerung der Lebensraumfunktion ausdrücklich Vorrang eingeräumt. So heißt es zum Beispiel in der Resolution Nr. 4 über die Berggebiete der 3. Europäischen Raumordnungsminister-Konferenz in Bari aus dem Jahr 1976 unter anderem: »Die Berggebiete sind als Wirtschafts- und Lebensraum der einheimischen Bevölkerung zu erhalten.« Und weiter: »Dabei ist sicherzustellen: die Versorgung der Bevölkerung mit sektoral ausgeglichenen Erwerbsmöglichkeiten, mit Dienstleistungs- und Infrastruktureinrichtungen in zumutbarer Entfernung.«

Daß die tatsächliche Entwicklung im Berggebiet nicht den oftmals deklarierten Grundsätzen entspricht, wurde zum Beispiel beim Europaseminar im Juni 1978 in Grindelwald klar ausgesprochen. Prof. Karl Ganser (München): »Die einen sehen in den Alpen vorwiegend das kostenlose Wasserreservoir für den großen Durst der Ballungsräume oder als ökologisches Reservat zum Ausgleich dafür, daß in den Verdichtungsräumen die Umwelt weiter geschädigt werden darf.

Andere wieder sehen die Alpen als großen Kurbetrieb, in den man die am Arbeitsplatz und in der Wohnung gleichermaßen Geschädigten zur Rehabilitation schickt. Oder als verlockendes Altersheim, in das man sich nach dem Erwerbsleben zurückzieht. Dem Ziel der Erhaltung der Selbständigkeit steht außerdem entgegen, daß vielfach die angestrebte Verbesserung der Erwerbsbasis ohne von auswärts kommendem Kapitaleinsatz und ohne eine größere Gästezahl und ebenfalls von auswärts geholten Saison-Arbeitskräften nicht möglich ist. Und die Absicht, auch in peripheren Bereichen die Besiedelung aufrechtzuerhalten, kollidiert mit dem Ziel, daß Investitionen nur bei gesicherter Wirtschaftlichkeit erfolgen sollen. Es bleibt also nichts anderes übrig, als beide Vorstellungen gegeneinander abzuwägen und festzustellen, welches Maß an Fremdbestimmung akzeptiert wird und inwieweit Investitionen bzw. Förderungen in abwanderungsgefährdeten Gebieten zu vertreten sind.«

Ganz Bayern ist voller Almen ...

Innerhalb des Alpenraumes haben etwa sieben Millionen Menschen ihren Dauerwohnsitz. Das bedeutet, daß etwa 2,5 Millionen Wohnungen bestehen. Bei einer geschätzten überbauten Grundfläche von je 80 Quadratmetern pro Wohnung und einer angenommenen überbauten Fläche für Hofraum, Nebengebäude sowie Ver- und Entsorgungsanlagen von rund 120 Quadratmetern errechnet sich daraus eine Nettosiedlungsfläche von 500 Quadratkilometern. Zählt man die privaten Gartenflächen mit etwa 600 Quadratmetern pro Wohneinheit dazu, so ergibt sich eine Flächeninanspruchnahme von insgesamt rund 2000 Quadratkilometern allein für das Wohnen innerhalb des Alpenraumes. Grob geschätzt dürfte die Zahl der Wohnungen künftig pro Jahr um 50.000 zunehmen, was einen Flächenverbrauch von 40 Quadratkilometern bedeutet.

In dieser Rechnung sind die Zweitwohnungen, Wochenend- und Ferienhäuser noch gar nicht berücksichtigt. Der Zweitwohnungs-Boom wird aber selbst ungeahnte Ausmaße annehmen und für die Erholungslandschaft zu unvorstellbaren Folgen führen. Experten schätzen, daß in Zukunft ein Viertel des Bauvolumens der Großstädte in Form von Zweitwohnungen auf dem Lande noch einmal entstehen wird. Für den Alpenraum ist bis 1985 mit einer Verdreifachung des Flächenverbrauches für den Zweitwohnungsbau im Vergleich mit dem Zustand um 1975 zu rechnen. Wenn man den Dingen ihren Lauf läßt, wird der errechnete zusätzliche Flächenverbrauch für Zweitwohnungen in vielen Tallagen des europäischen Alpengebietes bereits bis etwa 1985 zu einem endgültigen Stillstand jeder Entwicklung führen. Und wo nicht gebaut wird oder nicht gebaut werden darf, entstehen immer mehr Wohnwagenplantagen. »Was ursprünglich als Mobilium gedacht war«, so Jost Krippendorf, »wird oftmals in ein Immobilium verwandelt: Kunststoffsiedlungen ureigenster Prägung möblieren die Landschaft.«

Bei einer Erwerbsquote von rund 40 Prozent haben Experten einen Bedarf für

die etwa sieben Millionen im Alpenraum wohnenden Menschen von 2,8 Millionen Arbeitsplätzen berechnet. Aus der Landwirtschaft sind in den letzten 20 Jahren sehr viele Arbeitskräfte ausgeschieden. So haben sich beispielsweise in Südtirol die Erwerbstätigen in der Landwirtschaft zwischen 1961 und 1971 von 31 Prozent auf 20 Prozent aller Erwerbstätigen vermindert. Im bayrischen Alpenraum wurde eine Abnahme von 25 auf 17 Prozent registriert. Der Trend zur Aufgabe der landwirtschaftlichen Nutzung im Berggebiet hält übrigens noch weiter an, wenn auch in abgeschwächter Form. Das bedeutet, daß in Industrie, produzierendem Gewerbe und bei den Dienstleistungen auch künftig zusätzliche Arbeitsplätze geschaffen werden müssen.
Neben den Nutzungsansprüchen der Einheimischen wächst aber auch ständig die Bedeutung der Ansprüche jener, die aus den urbanen Ballungszentren rund um die Alpen in diese Regionen kommen. Und dieser Faktor ist bei mehr als 40 Millionen Urlaubern und rund 250 Millionen Übernachtungen pro Jahr nicht zu übersehen. Während der Hauptsaison halten sich neben den rund sieben Millionen Ortsansässigen manchmal noch einmal an die zehn Millionen Touristen in den Bergregionen auf. Und dazu kommen noch einmal an die zwei Millionen Wochenend-Ausflügler – vorwiegend aus den Großstädten im Alpenvorland – mit jährlich rund 60 Millionen Tagesausflügen. Und alle diese Erholungshungrigen haben natürlich, wie Untersuchungen gezeigt haben, fixe Vorstellungen von der Umgebung, in der sie die »kostbarste Zeit des Jahres« verbringen wollen. Zum Standard-Repertoire gehören Berge, Wald, Flüsse und Seen. Natürlich will man am Urlaubsort keinen Rummel, aber unterhalten sollte man sich schon können. Überträgt man dieses »Muster« auf die Alpenregion, so entspricht sie mit ihren landschaftlichen Voraussetzungen weitgehend den Vorstellungen des »Urlaubs-Normalverbrauchers«. Etwa auf Bayern übertragen, bedeutet das – wie es Walter von Cube einmal in sehr anschaulicher Weise beschrieben hat – folgendes: »Ganz Bayern ist voller Alpen, die Alpen sind voller Almen, die Almen sind voller Sennerinnen und diese voller Unschuld. Darüber schwebt der Adler von Tirol. Wo nicht die Unschuld blüht und nicht das Edelweiß, zum Beispiel in gewissen Münchener Ministerien, herrscht Religionskrieg und katholische Intrige. Soutanen sitzen in den Hinterzimmern: Rom hat die Hand im Spiel. Neben der gebirglerischen Idylle und der antiklerikalen Satire erscheint als drittes Zerrbild Bayerns die primitive Ode an die hiesige Gemütlichkeit: soweit Hochgebirge, Zwiebeltürme und Sennhütten Platz für weitere Architektur lassen, wird sie von Hofbräuhäusern und Bierzelten ausgefüllt, in denen jeder zum anderen ›Herr Nachbar‹ sagt und dann zum Maßkrug greift, welcher wie das Edelweiß, der Schmied von Kochel und Ludwig Thoma als bayrisches Symbol gilt. Ein Schuß Tirol, ein Tropfen Rom und viel Oktoberfest: Das ist der Cocktail, der für bayrisch überall verkauft wird (nicht nur bei amerikanischen Reisegesellschaften), auf unsere Kosten – leider – und zu unserem Ruhm . . .«

Die Ökologie muß Vorrang haben

Nun können und sollen die Alpen sicherlich nicht in ihrer Gesamtheit zu einem einzigen großen europäischen Naturschutzgebiet quasi unter eine Käseglocke gestellt und die darunter lebenden Menschen zu musealen Schaustücken oder Museumswärtern degradiert werden. Aber genausowenig darf der »Dachgarten Europas« als Objekt einer schrankenlosen – wenn auch kurzfristigen – Profitmaximierung nach allen Regeln der Kunst ausgeschlachtet und dann, nach der bewährten Taktik der »verbrannten Erde«, als devastierte und öde Naturruinen-Landschaft späteren Generationen zurückgelassen werden. Vielmehr liegt es gleichermaßen im Interesse der alpinen wie auch der außeralpinen Bevölkerung, die natürlichen Lebensgrundlagen der Alpen gemeinsam langfristig und nachhaltig zu nutzen. »Wenn bei unlösbaren Zielkonflikten zwischen ökologischer Belastbarkeit und ökonomischen Erfordernissen im Alpenraum die wesentliche und langfristige Beeinträchtigung der natürlichen Lebensgrundlagen droht, ist im Interesse künftiger Generationen den ökologischen Belangen der Vorrang einzuräumen«, heißt es beispielsweise in einem Papier der »Arbeitsgemeinschaft Alpenländer« (ARGE ALP) zur Konferenz der Regierungschefs am 17. und 18. Juni 1977 in Riva del Garda. Und im Grundsatzprogramm des Deutschen Alpenvereins zum Schutz des Alpenraumes, 1977 in München publiziert, liest man: »Die Versorgung der außeralpinen Bevölkerung mit Trinkwasser, Energie, Freizeit-, Erholungs- und Verkehrsraum darf nur in dem Umfang stattfinden, der die am Prinzip der Nachhaltigkeit orientierten Nutzungsansprüche der einheimischen Bevölkerung nicht beeinträchtigt.«

»Der Alpenraum«, so meint der Münchener Bergland-Forscher Walter Danz, »kann seine Funktion als Erholungs- und Komplementärraum für Millionen Menschen des Kontinents – eine Funktion von ständig steigender Bedeutung und gesamteuropäischen Dimensionen – dann am besten erfüllen, wenn eine selbstbewußte und unabhängige alpenländische Bevölkerung ihren eigenen Lebensraum so erhält und gestaltet, daß auch künftige Generationen ihn als Heimat lebens- und liebenswert anerkennen können.« Ein wahres Wort – gewiß. Aber die Realität ist von dieser Wunschvorstellung weit entfernt. Denn die Einheimischen haben sich in den meisten Fällen – weil sie nicht leer ausgehen wollten – den fremden Rollenerwartungen gefügt: Und nicht wenige haben ihre »Lehrmeister« – was die grenzenlose Ausbeutung des Lebensraumes und die kurzsichtige Ausverkaufspolitik betrifft – sogar noch übertroffen. Walter Zeh (Bern): »Unterentwicklung und ›Berg-Manhattan‹, selbstgemachte und fremdbestimmte Belastungen, Hoffnungslosigkeit und Selbstbehauptung, spektakuläre Entwicklungsprogramme und Förderung der Selbsthilfe, maßloses Machen und Selbstbeschränkung, Forschung und Planung für oder gegen die Interessen der Berggebiete – das sind Stichworte, für die die Alpen als Musterbeispiel der europäischen Berggebietsproblematik dienen können.«

Einen Überblick über dieses weite und vielfältige Spektrum versucht dieses Buch zu geben.

Der Fremdenverkehr und die Folgen

Die friedliche Invasion der Alpen – Erst geht die Kuh, dann geht der Gast . . . – 60.000 Betten im »Schihimmel vom Reißbrett« – Tourismus, die Goldgrube des 20. Jahrhunderts – »Als Tiroler bin ich Egoist . . .« – High noon über den Hochgebirgsregionen – Der »Klo-Steig« aufs Matterhorn – Industrielandschaften für Massentourismus – Bremsen beim Seilbahnbau – Pistenplanung im »Teufelskreis« – Dann stürzen Wassermassen zu Tal – Im Sommer bis 60 Grad Bodentemperatur – Die Wiederbegrünung dauert 500 Jahre – Schifahrer »fressen« Kühen das Heu weg – Gefährlicher »Schneezement« – Tiefschnee-Fans stören Rehe mehr als Flughafenlärm – Tourengehen als neues Lustsymbol – Müllberge in den Bergen

Die friedliche Invasion der Alpen

In den Statuten des Österreichischen Alpenvereins, die in den 1864 zum ersten Mal erschienenen »Verhandlungen« publiziert wurden, heißt es in Paragraph 1: »Zweck des Vereins ist: die Kenntnis von den Alpen mit besonderer Berücksichtigung der österreichischen zu verbreiten und zu erweitern, die Liebe zu ihnen zu fördern, und ihre Bereisung zu erleichtern.« 1887 erklärte Edmund von Mojsisovics anläßlich der 25-Jahr-Feier des Österreichischen Alpenvereins (ÖAV): »Die häufigere und innere Berührung, in welche das zumeist aus gebildeten Städtern bestehende Reisepublicum mit den Gebirgsbewohnern tritt, übt auf diese einen sich stetig steigenden anregenden und bildenden Einfluß aus. Abgeschiedene, vor Kurzem noch kaum dem Namen nach bekannte Gebirgstäler treten durch die Reisenden in wiederholten Contact mit der Außenwelt. Die Aufklärung wird vermittelt, der Aberglaube wird bekämpft, der Gesichtskreis des Gebirgsbewohners wird erweitert. Mögen auch manchmal Auswüchse der Civilisation sich durch die Berührung mit der Außenwelt einschleichen, im Großen und Ganzen kann der wohltätige culturelle Einfluß nicht geleugnet werden, welcher durch die friedliche Invasion der Reisenden auf die Gebirgsbewohner ausgeübt wird. Außer dieser indirecten, ich möchte fast sagen unbewußten Einwirkung empfängt der Gebirgsbewohner aber auch den greifbaren materiellen Vortheil des vermehrten Verkehrs, und hierin liegt die von Jedermann anerkannte volkswirtschaftliche Bedeutung des durch die Alpenvereine angeregten, beförderten und vermittelten Fremdenverkehrs.«
Der Fremdenverkehr, an dessen Wiege die Alpenvereine gestanden waren, brachte aber nicht nur »wohltätigen culturellen Einfluß«: Der Fortschritt der Technik, der Bau von Seilbahnen und die fortschreitende Erschließung mußten eines Tages zum Zusammenstoß mit den Bergsteigern und den alpinen Vereinen führen. So tauchte schon 1928 der Plan auf, von der steirischen Ramsau auf die

Dachsteinwarte eine Personenseilbahn zu bauen. Der Österreichische Alpenverein – und hier vor allem die Sektion Austria – bekämpfte damals diesen Plan aufs schärfste. Der Österreichische Sektionentag vom 2. Dezember 1928 in Salzburg nahm einstimmig eine Entschließung gegen das Vorhaben an. Und zum 100-Jahr-Jubiläum des ÖAV 1962 hieß es dann bereits: »Stärker denn je wird der Naturschutz im Vordergrund zu stehen haben. Nur durch positive Mitarbeit bei allen Naturschutzbestrebungen, manchmal wohl auch nur durch energische Härte – um das Gesetz des Handelns in der Hand zu behalten – oder ein finanzielles Opfer, wird die Erhaltung der Hochgebirgsregion im Naturzustand zu erreichen sein.«

Erst geht die Kuh, dann geht der Gast . . .

Heute spricht niemand mehr vom »wohltätigen kulturellen Einfluß« des Tourismus. Im Gegenteil. Und selbst der 1887 zitierte »greifbare materielle Vorteil« für die Gebirgsbewohner sieht – aus der Sicht des auslaufenden 20. Jahrhunderts betrachtet – schon etwas anders aus. Denn im Alpenraum wohnen und leben nicht nur rund neun Millionen Menschen; die Berge und Täler zwischen München und Mailand müssen pro Jahr auch noch zusätzlich mehr als 40 Millionen Urlauber »verkraften«. Und das bringt Probleme mit sich, die sich für die Alpen im wahrsten Sinne des Wortes als existenzbedrohend erwiesen haben. In Ferienkatalogen und -prospekten, auf Plakaten und Kalendern werden zwar Traumlandschaften en masse in Bild und Wort angepriesen: blaue und klare Seen, überzuckerte, majestätische Berge, stille Wälder und unberührte Bergeshöhen. Alle diese Sujets und Werbeargumente suggerieren den Eindruck einer harmonischen, heilen Ferien-Sonntagswelt.
Die Tatsachen sehen freilich meist ganz anders aus: Ganze Landstriche haben sich innerhalb weniger Jahre bis zur Unkenntlichkeit verändert. Was bei der Werbung noch bedacht wurde, scheint bei der Gestaltung der touristischen Angebote vergessen worden zu sein. Denn Berge, Sonne, Schnee und Wälder sind freie Güter. Der Genuß von Naturschönheiten ist jedermann gestattet. Jedermann ist auch – jedenfalls bis heute – weitgehend frei, damit Geschäfte zu machen und diese Werte als Elemente seines eigenen Produktes zu verkaufen. Er glaubt, niemandem dafür etwas schuldig zu sein, läßt aber andere dafür bezahlen. »Die Kommerzialisierung freier Güter ist das eigentliche Geschäft des Tourismus«, prangert Prof. Jost Krippendorf (Bern) an, Preiszuschläge für Schnee und Sonne, für besser gelegene Hotelzimmer und günstiger placierte Bauparzellen werden verlangt.
Man kommerzialisiert die Sonne durch Liegestuhl- und Deckenverleih, den Schnee durch Seilbahnen und Lifte sowie Schischulen. Zweierlei gerät bei dieser touristisch-kommerziellen Nutzung der Landschaft zunehmend in Vergessenheit: Naturschönheiten sind zwar freie Güter, was aber nicht heißt, daß sie unbeschränkt vorhanden wären. Zweitens sind Qualität und Attraktion nicht für

ewige Zeiten garantiert. Übermäßige Nutzung führt zu bleibenden Schäden. Trotzdem haben fast überall und widerstandslos Kommerzialisierung, Erschließung, Nutzung und Ausbeutung Vorrang vor der Pflege und dem Schutz der Landschaft. »Und der Druck nimmt weiter zu«, so Prof. Krippendorf, »und zwar exponentiell.« Ein »Freizeitbehälter« nach dem anderen wird entdeckt, erschlossen und ausgebeutet, um schließlich getreu der »Taktik der verbrannten Erde« verlassen zu werden. »Erst geht die Kuh, dann geht der Gast – wen soll man da noch melken?« fragte der TV-Journalist Horst Stern. Es ist ein Teufelskreis, aus dem es um jeden Preis auszubrechen gilt.

Denn die zunehmende Technisierung des modernen Tourismus fordert ihren landschaftlichen Preis: jedem Berg seine Seilbahn, sein Bergrestaurant. Man holzt Schneisen in Bergwäldern für Bahnen und Lifte aus – Säge und Bagger »korrigieren« die Landschaft. Rodungen und Bodenplanierungen für die Anlage von touristischen Bauten und Schipisten sind die Opfergaben an den Gott Tourismus. Prof. Krippendorf in seinem Buch »Die Landschaftsfresser«: »Kein Baum schreit, auch die Landschaft ächzt nicht hörbar unter den Schlägen der touristischen Tempeldiener.« Der beispiellose Boom des Schisports wurde etwa nur durch spektakuläre Erschließungen in den Alpen möglich. Mehr als alle anderen landschaftsabhängigen Sportarten hat der mechanisierte Schisport zu einer weitgehenden Entmystifizierung der Landschaft geführt. Die Wunden sind selbst auf weite Distanz sichtbar und werden sich kaum mehr schließen. »Man bezichtige mich nicht der Schwarzmalerei«, schrieb der Tourismusfachmann Krippendorf schon 1975. »Die Zeichen stehen auf Sturm. Jede Verharmlosung ist eine Beihilfe zum Mord an den Erholungslandschaften, zum Mord am Tourismus.« Auf einem internationalen Kongreß wurde der Fremdenverkehr als »Krebsgeschwür« bezeichnet, das in der freien Landschaft ständig neue Metastasen bildet, bis der Körper – von dem es lebt – abgestorben ist. Dazu der Berglandforscher Danz (München): »Glücklicherweise sind wir in den Alpen noch nicht beim Stadium des Absterbens – aber die Metastasen sind bereits klar diagnostizierbar.«

60.000 Betten im »Schihimmel vom Reißbrett«

Das touristische Wettrüsten ist leider munter weiter im Gange. Mancherorts spielt sich eine geradezu euphorische Fremdenverkehrsentwicklung ab. Aber den Promotoren droht die Entwicklung mehr und mehr zu entgleiten. Da werden zum Beispiel Bergbauernsiedlungen in Ferienstädte verwandelt – von den einen als Ferienparadies bejubelt, von den anderen als Urlaubergettos angeprangert. Und eifrige Planer zaubern immer neue touristische Reißbrettsiedlungen aus dem Nichts – Erholungsorte aus der Retorte. So standen zum Beispiel bereits im Winter 1975/76 in den französischen »Trois Vallées« in Courchevel, Les Menuires, Val Thorens, Reberty und Mottaret-Meribel 115 Seilbahnanlagen und Schipisten mit 300 Kilometern Länge zur Verfügung. In der Zwischenzeit wurde der »Schihimmel vom Reißbrett« in Höhen zwischen 1800 und 3000 Metern bereits auf 400 Kilometer Schi-Autobahnen erweitert. 170 Lifte und Gondelbahnen mit einer Stundenleistung von 110.000 Personen komplettieren den Schizirkus aus der Retorte, etwa 100 Kilometer südöstlich von Genf. Insgesamt werden heute in den »Trois Vallées« 60.000 Betten angeboten. Für viele ein »Alptraum in Weiß« ...

Als besonders problematisch ist die Tendenz zur räumlichen Konzentration des Fremdenverkehrs im Alpenraum zu sehen. So entfielen beispielsweise 1972 in Tirol 60,5 Prozent der fast 30 Millionen Fremdennächtigungen auf nur 15 Prozent aller Gemeinden, die über die Hälfte (50,7 Prozent) des gesamten Tiroler Bettenangebotes verfügten. In Graubünden, das 1976 18 Prozent aller Schweizer Fremdennächtigungen verzeichnete, konzentrierten sich 65,9 Prozent aller Übernachtungen auf nur sieben Prozent der insgesamt 220 Gemeinden. Diese starke Konzentration wird aber von vielen Gästen als durchaus störend empfunden. Nach Befragungen des Deutschen Alpeninstituts in München hat zum Beispiel 1975 mehr als die Hälfte der Urlaubsgäste in den bayrischen Gemeinden Garmisch-Partenkirchen, Mittenwald und Oberammergau angegeben, daß diese Orte »stark überlaufen« seien. Die Zahl der Hotels und Pensionen hat überall stark zugenommen, in Tirol zum Beispiel zwischen 1961 und 1971 um 28 Prozent. In ganz Österreich wurden in diesem Zeitabschnitt jährlich 500 Hektar meist intensiv genutzter landwirtschaftlicher Boden verbaut. In diesem Betrag ist der Bodenverbrauch für den Straßenbau noch gar nicht berücksichtigt. In der Schweiz wurde in den letzten Jahrzehnten im Schnitt stündlich ein Quadratmeter Boden zubetoniert. Diese Zahlen sind besonders beunruhigend, wenn man bedenkt, daß in den Alpen – wie überhaupt im Hochgebirge – katastrophensicheres Bauland nur im beschränkten Umfang zur Verfügung steht bzw. in vielen Fällen bereits verbaut ist.

Die Zunahme der für die Verbauung freigegebenen Flächen und der verfügbaren Fremdenbetten läßt sich am Beispiel einiger Westschweizer Tourismusorte besonders drastisch demonstrieren: Während zum Beispiel Zermatt 1941 eine Fläche von 20 Hektar freigegeben hatte und 3100 Fremdenbetten existierten (die Dichte der Betten betrug statistisch betrachtet 155 pro Hektar), wurde 1971 bereits eine Fläche von 160 Hektar geopfert, und die Bettenzahl war auf 30.000 (Dichte etwa 190 pro Hektar) angewachsen. Ähnliche Entwicklungen gelten auch für die Orte Saas-Fee, Verbier und Leysin. Die Folge dieser Entwicklung war, daß schließlich eine Übersättigung des Bedarfes eintrat und die Bettenkapazität durch die Fremden nicht mehr voll ausgenutzt wurde. Woraus man die Lehre ziehen sollte, daß dem Fremdenverkehr im Hochgebirge nicht nur ökologische, sondern auch wirtschaftliche Grenzen gesetzt sind.

Die Tourismuslawine bekam sogar das kleine Fürstentum Liechtenstein zu spüren. Dipl.-Forst-Ing. Mario F. Broggi aus Vaduz berichtet dazu: »Während die Landwirtschaft in den beiden letzten Jahrzehnten einen augenscheinlichen Niedergang erlebt hat, nimmt der Fremdenverkehr und die Erholungsnutzung durch die einheimische Bevölkerung stark zu. Die Entwicklung setzte 1946 mit dem Durchstich des Straßentunnels in die liechtensteinische Alpenwelt ein. Die

Ortschaften Steg und Malbun entwickelten sich allmählich zu Feriengebieten. Frühere Viehställe wurden und werden zu Wohnungen umgebaut. Seit 1954 ist Malbun als Wintersportort ganzjährig genutzt. Die Gefahren der Zersiedelung und einer unkontrollierten planlosen Bautätigkeit haben sich Ende der fünfziger und anfangs der sechziger Jahre für das Alpengebiet in drastischer Weise abgezeichnet. Vor allem das Malbun-Tal war und ist solchen Beeinträchtigungen stärkstens ausgesetzt.«

Tourismus, die Goldgrube des 20. Jahrhunderts

Die Zahl der touristischen Honigtöpfe ist aber verhältnismäßig klein. Und deshalb führt die oft ersehnte Flucht aus der Masse für viele paradoxerweise wieder in die Masse hinein. Tourismus gilt in breiten Kreisen als die Goldgrube des 20. Jahrhunderts – ein regelrechter touristischer Goldrausch ist im Gange. Und der Urlaub als Kontrastprogramm zur industrialisierten Welt ist selbst eine Industrie geworden. Der österreichische Verhaltensforscher Prof. Otto Koenig rät, in den einzelnen Fremdenverkehrszentren vor allem Krankenhäuser zu errichten, weil in Zukunft mit einer kranken Bevölkerung zu rechnen ist.
Die Belastungsprobleme im Alpenraum sind also offenkundig. Aber die Prognosen für den Freizeit- bzw. Fremdenverkehrsbereich lassen ein noch stärkeres Ansteigen der Belastungen erwarten. Dazu einige Fakten: Die Zahl der von der österreichischen Tourismuswirtschaft angebotenen Gästebetten stieg im Zeitraum 1970/71 bis 1979/80 um rund 200.000 auf etwa 1,2 Millionen an. Das sind 20 Prozent und entspricht – grob geschätzt – einer Flächeninanspruchnahme von 2000 Hektar Bruttobauland. Die Zahl der Nächtigungen in allen Gästeunterkünften nahm im selben Zeitraum um fast 17 Millionen im Winter- und knapp fünf Millionen im Sommerhalbjahr zu. Etwa 85 Prozent der 118 Millionen Nächtigungen im Jahr 1979/80 entfielen auf das österreichische Alpengebiet. Wobei sich in den letzten Jahren die Konzentration vor allem im Westen des Bundesgebietes verstärkt hat. In einzelnen alpinen Gemeinden der Alpenrepublik stehen bereits mehr als 10.000 Gästebetten bereit. Auf einen Einwohner entfallen bis zu 8,5 Betten – in Einzelfällen mehr als 1000 Gästenächtigungen pro Einwohner und Jahr.
Hinsichtlich der Fremdenverkehrsentwicklung wird vom Österreichischen Institut für Wirtschaftsforschung für die achtziger Jahre zwar mit einer gegenüber den vergangenen zwei Jahrzehnten deutlich geringeren Zuwachsrate der Nächtigungen von 2,3 Prozent als wahrscheinlichstem Wert gerechnet (gegenüber 6,8 Prozent 1960–1970 und drei Prozent 1970–1979). Doch entspricht diese Zuwachsrate einem noch immer beträchtlichen Anstieg der Absolutwerte. Demnach wären für 1985/86 etwa 132 bis 134 Millionen und für 1990/91 etwa 147,5 Millionen Übernachtungen zu erwarten. Das würde im Vergleich zu 1979/80 einer Zunahme von 14 bis 16 Millionen bzw. von fast 30 Millionen gleichkommen. Eine vom Österreichischen Institut für Raumplanung vorgelegte regionali-

sierte Fremdenverkehrsprognose ergab nach der »gemäßigt optimistischen Variante« als Österreich-Summe für 1985/86 rund 133 Millionen Übernachtungen und für 1990/91 eine Frequenz von rund 142 Millionen. Während sich diese beiden Vorausschätzungen nach Ansicht von Experten durchaus realisieren können, erscheint die von der European Travel Commission erstellte Prognose, nach der um 1990 in Österreich mit rund 170 Millionen Nächtigungen zu rechnen sei, doch als übertrieben.

Das Österreichische Institut für Raumplanung hat seine Schätzung übrigens getrennt nach Sommer- und Winterhalbjahr durchgeführt. Der Anteil der Winternächtigungen an der Gesamtfrequenz hat im Lauf der sechziger Jahre von gut einem Fünftel auf ein Viertel und während der siebziger Jahre weiter auf ein Drittel zugenommen. Ein Fortschreiten der Verschiebung in der saisonalen Verteilung ist durchaus möglich. Und damit auch eine Konzentration der Fremdenverkehrsentwicklung in den alpinen Berggebieten von Pyhrn/Priel-Gebiet, westlicher Obersteiermark, Lungau und Oberkärnten bis zum Bregenzer Wald und Montafon. Nach der »gemäßigt optimistischen Variante« würde sich bis 1985/86 eine Zunahme der Winternächtigungen von 39,8 Millionen im Winterhalbjahr 1979/80 auf 46 bis 50 Millionen ergeben. Wobei – nach der sehr beträchtlichen Steigerung im Winter 1980/81 – der Wert von 48 Millionen eher überschritten werden dürfte. Für das Sommerhalbjahr 1986 ergab die Schätzung etwa 85 Millionen Übernachtungen gegenüber 78,2 Millionen im Sommerhalbjahr 1980.

Nach den modifizierten Schätzergebnissen der langfristigen touristischen Frequenzprognosen für das Schweizer Berggebiet wird für den Zeitraum 1975 bis 1990 zwar eine relativ mäßige Zahl der Hotel-Logiernächte erwartet, jedoch eine Frequenzsteigerung von insgesamt etwa zwei Dritteln bei Privatquartieren, Zweitwohnungen und ähnlichen Beherbergungsarten. Und für den Grenzraum Bundesrepublik Deutschland/Österreich prognostiziert man schließlich für die Zeit zwischen 1971 und 1990 eine Verdoppelung des Freizeitverkehrs im Winter und Frühjahr sowie eine Zunahme von 77 Prozent im Sommer.

»Als Tiroler bin ich Egoist . . .«

Während sich früher während eines ganzen Jahres höchstens an die hundert Gäste ins Kaunertal in Tirol verirrt hatten, zählt man nun rund 80.000 und mehr. Der Grund: Eine zwölf Kilometer lange Autostraße führt bis an den Fuß des Weißenseeferners, des längsten Tiroler Gletschers. Dort erwarten den Gast ein Parkplatz für 700 Autos und Busse, Schlepp- und Sessellifte sowie ein in 2750 Meter Höhe gelegenes Panorama-Restaurant für tausend und mehr Gäste. Kostenpunkt des Vorhabens: ca. 18 Millionen DM (130 Millionen Schilling). Allerdings gibt es auch massive Kritik: Denn – so meinen viele – es sind zum Beispiel die Anfahrtswege ins Kaunertal südlich von Landeck lawinengefährdet und damit nur bedingt befahrbar. Außerdem beträgt die Entfernung zu den nächsten Fremdenbetten 27 Kilometer, und die Bettenkapazität liegt im Umkreis von 40 Kilometern nur bei 2400. Für die Erschließung des Kaunertales ist unter anderen Hannes Gasser, Leiter der Alpinschule Innsbruck (mit 98 Bergführern übrigens die größte der Welt) aus einem einfachen Grund: »Weil das den Schifahrerstrom über den Reschenpaß in das Südtiroler Gletscherschigebiet abgräbt. Als Österreicher und Tiroler bin ich da Egoist ...«

Im Pitztal – ebenfalls in Tirol – entstehen für rund 57 Millionen DM (400 Millionen Schilling) Schlepplifte, Doppelsesselbahnen und natürlich auch ein Parkplatz direkt am Pitztaler Gletscher – fast doppelt so groß wie im Kaunertal. Das Projekt, vom Talschluß aus mit einer Standseilbahn durch einen Tunnel den Mittelbergferner in den Ötztaler Alpen zu erschließen, wurde von den Bürgermeistern der Talgemeinden (übrigens eine der ärmsten Gegenden Österreichs) mit Tirols Landeshauptmann Eduard Wallnöfer ausgehandelt, obwohl Fachgutachten der Abteilungen Sport und Landesplanung im Amt der Tiroler Landesregierung

- das Schigebiet als wenig abwechslungsreich, flach, von geringem Angebot im Vergleich mit anderen Gletscherregionen und durch frühe Besonnung ausaperungsanfällig,
- das Bettenangebot im Talbereich mit 6000 als ungenügend (zum Vergleich Hintertux: 31.000 Betten, Hochstubai: 13.000, Ötztal: 17.000)
- und die Erschließung durch Straßenausbau und Lawinenverbauungen

also sehr aufwendig bezeichneten. Denn nicht weniger als 90 Lawinenstriche gefährden die Straße durch das Pitztal. Mit tagelangen Sperren wegen Schneebrett- und Lawinengefahr muß also gerechnet werden.

Während zum Beispiel Hintertux im Zillertal in den sechziger Jahren die Kosten für den Ausbau des Schigebietes um den Olperer zum größten Teil aus Eigenmitteln aufbringen konnte, steckt etwa im Pitztaler Sommerschi-Projekt ausschließlich Fremdkapital: Die rund 57 Millionen DM (400 Millionen Schilling) teilen sich, wie das Nachrichten-Magazin »profil« recherchierte, zwei Tiroler Möbelfirmen, der Vater des Salzburger Schiweltmeisters David Zwilling und der bundesdeutsche Getränkekonzern Eckes, vertreten durch den Schischulleiter Leitner aus Pertisau am Achensee als Strohmann. Und während in Österreichs klassischen Gletscher-Schigebieten um den Dachstein, in Kaprun, im Zillertal, Stubai- und Ötztal genügend Grundreserven vorhanden waren, um den Einheimischen den Bau von Fremdenverkehrsbetrieben zu erlauben, gibt es im hinteren Pitztal so gut wie keinen Flecken auf nicht lawinengefährdetem Gebiet. Trotzdem wird weiter drauflos erschlossen: Im Herbst 1981 vertrieben Bagger, Schubraupen und Transporthubschrauber die letzten Sommerfrischler aus dem Pitztal. Bergfex Hannes Gasser hält das Projekt Pitztal übrigens für »zu wenig qualifiziert«. Und außerdem würde der entstehende Wirbel das Zentrum für Bergsteiger-Grundausbildungskurse auf der Braunschweiger Hütte für »echte« Bergsteiger uninteressant machen ...

Gewarnt durch die gerne praktizierte Überrumpelungsstrategie der Tiroler Landesregierung, verlangten übrigens bei Bekanntwerden der Pitztalpläne der Deutsche und der Österreichische Alpenverein ein Raumordnungskonzept und die im Tiroler Raumordnungsgesetz vorgesehene Schaffung eines Ruhegebietes um die Wildspitze, den »heiligen Berg Tirols« – wie es der Tiroler Landeshauptmann einmal formuliert hatte. Das Argument der beiden Alpenvereine: Die wirtschaftliche Fragwürdigkeit des Projektes rechtfertige nicht die hohen Kosten der Erschließung. Statt neue, einander konkurrenzierende Gebiete krampfhaft zu forcieren, seien die bereits bewährten zu optimieren. Denn neben den Besuchern aus dem süddeutschen Raum, denen ein Tagesausflug in das Pitztal entfernungsmäßig noch zuzumuten ist, braucht das Tal auch ein eigenes Publikum. Es gibt aber nur 3000 »winterfeste« Betten. Zum Vergleich: Der Großraum Kaprun kann mit 25.000 Betten aufwarten, das innere Ötztal mit 23.000, Neustift/Fulpmes im Stubaital mit 15.000 Betten. Im Pitztal müßte also der Bau von Apartments und Hotels angekurbelt werden. Der Vorsitzende des Deutschen Alpenvereins meinte dazu in einem Interview: »Mit 2,2 Hektar Baulandreserve zum Beispiel in St. Leonhard sind die Ausbaumöglichkeiten sehr begrenzt. Mit einem Wort – man müßte Hoteltürme ins Pitztal stellen.«

Tirols Landesvater vertröstete zunächst die Alpenvereine, ließ Gutachten umschreiben und gab den Pitztalern grünes Licht für den Gletscherzirkus. Mittlerweile hatte der Tiroler Landtag eine Ruhezone Ötztaler Alpen beschlossen – aber der Pitztaler Mittelbergferner war »zufällig« davon ausgenommen. Und noch ein bezeichnendes Detail: Die Investoren im Pitztal beanspruchten bereits beim Bau öffentliche Mittel und forderten »bei einem wirtschaftlichen Mißerfolg öffentliche Unterstützung«. Wer denkt da nicht unwillkürlich an Investitionsruinen, die der einheimischen Bevölkerung dann sogar die Chance vermasseln, wieder auf Rucksacktouristen zu hoffen, weil die Landschaft kaputterschlossen wurde.

Für beide Projekte, Pitz- und Kaunertal, erhoffen sich die Bürgermeister eine »goldene Zukunft«, was hingegen von Experten eher bezweifelt wird. Denn einmal ist, wie erwähnt, fast nur Fremdkapital vorhanden. Und zum anderen weiß man spätestens seit einer Untersuchung des Nationalen Forschungsprogramms der Schweiz über Regionalprobleme, daß sich jede extrem starke Ausrichtung auf den Fremdenverkehr in Berggebieten langfristig als nachteilig erweist. Touristische Monostruktur führt zu einem einseitigen Arbeitsplatzangebot. Auf einen einfachen Nenner gebracht: Wer nicht Teller waschen will, muß abwandern.

Ähnliche Probleme kennt man auch in Osttirol. Die Bürgermeister von Matrei, Virgen, Prägraten, Huben und Kals wollen eine neue Seilbahn im Südwesten des Großvenediger Gletschers bauen, um das ganze Jahr über Schitouristen in die 3500 Meter hohe Gipfelregion karren zu können. Ihr Ziel ist es, die Übernachtungszahlen der Gemeinden zu verdoppeln. Zur Erschließung der Südseite des Großvenedigers – übrigens im Kerngebiet des geplanten Nationalparks Hohe Tauern – will eine Nordtiroler Investorengesellschaft 20 Millionen DM (150 Millionen Schilling) flüssigmachen. Das Vorhaben scheiterte bisher am vehementen Widerstand der Alpenvereine. Der Österreichische Alpenverein besitzt in diesem Gebiet Flächen im Ausmaß von rund 300 Quadratkilometern. ÖAV-Vorsitzender Prof. Louis Oberwalder: »Es ist völlig undenkbar, daß wir uns hier auf irgendwelche Tauschgeschäfte einlassen. Sollte man aber an eine Enteignung denken, so wird zweifellos ein großer Sturm losbrechen – und darauf kann man sich verlassen –, wir werden diesen Sturm kräftig anfachen.« In der Zwischenzeit hat zu Beginn des Jahres 1982 Tirols Landeshauptmann Eduard Wallnöfer »starke Bedenken gegen die Planungen der Osttiroler Gemeinden für eine schitouristische Erschließung der Südseite des Großvenedigers mit Straßen, Seilbahnen und Liften und eine damit verbundene Enteignung des Österreichischen Alpenvereins« angemeldet. In einer Presseaussendung vom 14. Januar 1982 begrüßte der Österreichische Alpenverein dieses Nein zur Venediger-Erschließung und gab der Hoffnung Ausdruck, daß damit »der Nutzungskonflikt zwischen Tourismus und Naturschutz im Venedigergebiet – nicht zuletzt aus wirtschaftlichen Gründen – beigelegt zu sein scheint«. Der ÖAV betrachte – so heißt es ausdrücklich – die Epoche großtouristischer Erschließungen als abgeschlossen. Prof. Oberwalder vermutete in einer ersten Stellungnahme zu den Äußerungen des Landeshauptmanns, Wallnöfer wolle vermutlich erst die wirtschaftliche Entwicklung in den Gletscherschigebieten im Pitz- und Kaunertal abwarten. Der ÖAV-Vorsitzende sprach aber gleichzeitig die Befürchtung aus, daß die betroffenen Osttiroler Gemeinden nun die entsprechenden Flächen aus dem Nationalpark Hohe Tauern ausgeklammert haben wollen, um zu gegebener Zeit das Projekt Großvenediger doch noch realisieren zu können.

High noon über den Hochgebirgsregionen

In Österreichs Bergen wird fast überall gesprengt und betoniert, meldete die Illustrierte »Stern« vor nicht allzu langer Zeit. Acht Gletscher sind tatsächlich bereits dem Massentourismus ausgesetzt. Jetzt werden weitere zehn Regionen – mit dem bisher ausnahmslos wirksamen Argument »Warum nicht auch wir?« – ins Visier genommen. In Vorarlberg der Brandner Gletscher im Rätikon und der Vermuntferner in der Silvretta. In Tirol der Jamtalferner (Silvretta), Schlegeis (Zillertal) und Venediger-Süd (Osttirol). In Salzburg Venediger-Nord, Hocheiser und Naßfeld-Schareck und in Kärnten Wurtenkees-Schareck (Gernot Patzelt, Gletscherexperte der Universität Innsbruck, zum Wurtenkees: »Kurz, fad und den halben Sommer aper«) und Hochalmspitz. Im Run auf die letzten spaltenfreien Ganzjahres-Schihänge überbieten sich Wintersportgemeinden, Energiegewinnungs-Gesellschaften und Abschreibungs-Unternehmen. Dabei lastet eigentlich High noon über der alpinen Hochregion. Es werden zwar – wie man sieht – noch immer hektisch die letzten Claims abgesteckt. Aber hoch am Himmel kreisen bereits die Pleitegeier. So ist zum Beispiel das Schnalstaler Gletscherschigebiet in Südtirol bereits in arge Schwierigkeiten gekommen. 1980 hat die Gletscherbahn AG. einen Verlust von umgerechnet ca. 3,5 Millionen DM (25 Millionen Schilling) hinnehmen müssen. Hauptgrund für die Talfahrt war der schleppende Verkauf von Apartments, mit denen der Hauptbetreiber des Schizirkus, Leo Gurschler, eine entsprechende Infrastruktur aufbauen wollte, um

jene Schifahrermassen zu bekommen, die den Liftbetrieb erst rentabel machen. Entsprechend dieser Entwicklung hat die Südtiroler Landesregierung 1981 zum ersten Mal Anträge von Gemeinden auf Errichtung von Seilbahnen abgelehnt und dafür die Sanierung der pleitegefährdeten Anlagen am Hochjochferner im Schnalstal empfohlen.
In der Schweiz verbietet seit nunmehr vier Jahren eine Verordnung über die Konzessionierung von Luftseilbahnen Aufstiegshilfen in Gletscherregionen, wenn diese nicht im Bereich größerer Fremdenverkehrsorte liegen und für den Sommerschilauf besonders gut geeignet sind. Und in Frankreich scheiterte ein bereits finanziertes Mega-Projekt, das die beiden größten Schizentren Europas, Trois Vallées und Val d'Isere, verbinden sollte, am Einspruch der Regionalplanung. Nur in Österreich, so das Nachrichtenmagazin »profil«, herrscht weiterhin Goldgräberstimmung. Alle neuen Projekte gehen von der Voraussetzung aus, daß bisher noch kein Vorhaben pleite ging. Die ernste Krise, in die beispielsweise – wie erwähnt – der Schnalstaler Gletscherzirkus schlitterte (1981 war übrigens der Schuldenberg bereits auf 42 Millionen DM [300 Millionen Schilling] angewachsen), könnte sich aber bald ausweiten. Die Negativa im Schnalstal – nämlich ungünstige Verkehrslage, geringe Bettenkapazität und mangelnde Attraktivität der Anlagen – treffen ja auch für die meisten der in Österreich zur Diskussion stehenden oder bereits im Bau befindlichen Projekte zu. Die über Autobahnen leicht erreichbaren attraktiven und über genügend Betten verfügenden Gletscherschizentren wurden bereits bis Mitte der siebziger Jahre weitgehend erschlossen. Vor einer unüberlegten Entwicklung warnt auch Dr. Heinrich Klier von den Stubaier Gletscherbahnen, da selbst die bereits bestehenden Gletscherschigebiete schon finanzielle Einbußen in Kauf nehmen müssen. Die künftige Nachfrage nach Sommerschigebieten sieht auch der Münchner Dr. Walter Danz, der Leiter des Bergland-Instituts, aufgrund der energiepolitischen Veränderungen schwinden. Sein Argument: »Das Nachfragepotential dürfte wegen der Einschränkungen bei Zweit- und Dritturlauben künftig zurückgehen. Es geht also darum, die verhängnisvolle Koppelung von Energiegewinnung und Errichtung von Schizirkussen im Hochgebirge rechtzeitig zu beenden.« Die Konkurrenzierung der bereits ausgebauten Gletscherschigebiete, so Danz, wird daher stark zunehmen. Und die Gletscherflug-Touristik wird sich voraussichtlich aus ökonomischen, aber auch aus Überlegungen der Behörden heraus eher zurückbilden. Und abschließend: »Gletscherschigebiete, deren Erschließung jetzt geplant wird, könnten sich leicht als gigantische Fehlinvestitionen erweisen.«
Gegen die fortschreitende technische Erschließung wehren sich nur wenige Gemeinden. In Österreich sind das zum Beispiel Vent im Ötztal oder Galtür im Paznaun, die »Gletscher-Schizirkus? – Nein, danke!« sagen. Die Galtürer wissen, wovon sie reden: Nach drei Generationen Erfahrung im Fremdenverkehr hat man sich in diesem Dorf entschlossen, aus sozioökonomischen Gründen derzeit den Jamtalferner nicht zu erschließen. »Nach einer vollen Saison«, so der Bürgermeister Türtscher, »braucht das Dorf eine Pause.« Intakte Ehen und eine funktionierende Dorfgemeinschaft sind der Gemeinde wichtiger als ein paar Jahre mehr Bettenauslastung. Bürgermeister Türtscher: »Bei allen Entwicklun-

gen, die ich rundherum sehe, werden die Großkopferten noch großkopferter und die Armen noch ärmer.« In der Schweiz, und zwar im Oberengadin, haben schon zu Beginn der siebziger Jahre die Gemeinden Sils/Segl, Pontresina und Bever ihre noch unverdorbenen Seitentäler Val Fex, das Gebiet von Grevasalvas, den Eingang des Val Roseg, das Morteratschgebiet und das Val Bever zu ausgedehnten und zusammenhängenden Ruhezonen erklärt, in denen die Errichtung von mechanischen Transporteinrichtungen jeglicher Art und der allgemeine Motorfahrzeugverkehr untersagt sind. Die Gemeinde Samedan hat für den auf ihrem Territorium gelegenen Teil des Val Roseg 1976 ein Landschaftsschutzgebiet beschlossen, welches außerdem den Campingbetrieb, Freileitungen und die Kies- und Steingewinnung verbietet. Das sind wegweisende, aber noch vereinzelte Beispiele für einen großräumigen Schutz der bedrohten alpinen Landschaft.

Der »Klo-Steig« aufs Matterhorn

Der Andrang auf den Gipfeln der Modeberge in den Alpen hat bereits beängstigende Ausmaße angenommen. So berichtet zum Beispiel Hannes Gasser von selbst erlebten 147 Menschen am Mont Blanc und 116 Bergsteigern am Matterhorn, die sich gleichzeitig am Gipfel »im Wege standen«. Weitere Modeberge sind etwa der Großglockner – der täglich von 60 bis 100 Menschen bestiegen wird –, die Ötztaler Wildspitze oder das Zuckerhütl. Alpinschulleiter Gasser: »Das sind keine bergsteigerischen Unternehmen mehr, das ist ein Schafauftrieb.« Den Weg zum Matterhorn, das noch um die Jahrhundertwende ausschließlich von erfahrenen Bergsteigern erklommen werden konnte, säumen heute in regelmäßigen Abständen Klo-Häuschen, und die Firnfelder des Zugspitzenplateaus sind durch menschliche Exkremente verschmutzt. Auf mehreren Alpengipfeln hat man Plattformen errichtet, damit mehr Menschen Platz haben – und auf der Spitze des Schilthorns thront ein Drehrestaurant aus Stahl und Glas.
Selbst die bizarre Skyline des Hochgebirges scheint gegen massive Manipulation nicht mehr gefeit. Doch scheiterte der Plan, die Zugspitze (2963 Meter) mit einem knapp 40 Meter hohen künstlichen Höcker zu versehen. Deutschland – so lautete die Begründung – müsse endlich auch einen Dreitausender haben... Und auf dem 3454 Meter hohen Jungfraujoch im Berner Oberland sollte ein sechsstöckiges, drehbares Grat-Restaurant in Gestalt eines Super-Bergkristalls errichtet werden. »Drinnen«, so mokierte sich »DER SPIEGEL«, »sollen 720 Besucher bei Kaffee und Kuchen durch getönte Glasscheiben bis zum Schwarzwald lugen können.« Aufgrund der massiven – und sogar von den Planern als legitim erkannten – Proteste der Umweltschützer ist dieses Projekt in der Zwischenzeit gefallen. Der Innsbrucker Hannes Gasser meint zur Übererschließung der Alpen: »Das ist ein heißes Eisen. Auf Tirol bezogen glaube ich, daß das Maß der Erschließung erreicht ist. Wir hängen oben am Plafond. Mit weiteren Erschließungen sollte man vorsichtig sein.«

Industrielandschaften für Massentourismus

Das dichte Netz an Liften, Seilbahnen und Schipisten hat bereits viele Berggebiete ihrer natürlichen Funktion beraubt und sie in »Industrielandschaften für den Massentourismus« umfunktioniert. Zwischen Grenoble und Garmisch überzieht heute ein Spinnengewebe von über 12.000 Liften und Seilbahnen und an die 40.000 Pisten die Bergrücken und Hänge. Das reicht aber den Schifahrern offenbar noch nicht. Jetzt werden schon Gebiete verkabelt und verbaut, die bisher nur den Bergsteigern vorbehalten waren. In Zermatt steht zum Beispiel seit Herbst 1979 unterhalb des Matterhorns die höchstgelegene Luftseilbahn Europas. Zwischen Frühstück und Mittagessen können Halbschuh-Touristen ohne Seil und Pickel einen Viertausender erklimmen, denn die Seilbahn hat das 3884 Meter hohe Kleinmatterhorn zum »alpinen Konsumartikel« degradiert. Während das Landschaftsbild durch eine einzelne Seilbahn zumeist nur wenig beeinflußt wird und viele Menschen eine besonders kühn angelegte Bahn durchaus als Attraktion und eine Fahrt in der Gondel als besonderes Erlebnis empfinden, kann eine Ansammlung von mehreren Seilbahnen oder Schiliften einschließlich der dazugehörenden Pisten, Parkplätze, gastronomischen Betriebe und ähnliches mehr sehr schnell landschaftsverschandelnde Ausmaße annehmen. Da kann die alpine Region dann in Blitzesschnelle zur permanenten Großbaustelle werden: von einigen Hunderttausenden Liftstützen »geziert«, mit tiefen, braunen Narben im freundlichen Grün und mit einem nahezu vollautomatisierten Bergerlebnis als besonderem Service-Angebot.
Besonders heikel ist das Vordringen der Seilbahnen in die hochalpinen Bereiche, die auf Eingriffe zumeist äußerst sensibel reagieren. Am weitesten ist die Entwicklung in Tirol fortgeschritten, wo 1975 30 Prozent der Bergstationen der damals 216 Haupt- und Kleinseilbahnen in über 2000 Meter Höhe lagen. Unter den Schleppliften mit mehr als 360 Metern Länge traf dies 1973 auf 20 Prozent zu. Trotz des bereits umfangreichen Bestandes an verschiedenen Aufstiegshilfen (»Der Gast als Objekt auf dem Fließband« oder kurz als »Gefrierfleisch-Fließband« bezeichnet) gibt es noch immer eine beträchtliche Anzahl von konkreten Erschließungsprojekten. So standen etwa 1977 im Montafon in Vorarlberg acht größere Neuerschließungs- und Ausbauvorhaben zur Diskussion, deren Realisierung eine Erhöhung der Zahl der Seilbahnanlagen von 58 auf 127 (!) und fast eine Vervierfachung der Transportkapazität mit sich gebracht hätte!
Anderseits haben Seilbahnen einen entscheidenden Beitrag zur Entwicklung des Winterfremdenverkehrs geleistet. In vielen Gebieten bilden sie die Grundlage für einen Zwei-Saisonen-Betrieb und gewährleisten dadurch eine größere Wirtschaftlichkeit der umfangreichen Investitionen in die Fremdenverkehrs-Infrastruktur. So hat sich zum Beispiel in Österreich die Zahl der Winternächtigungen in den letzten 20 Jahren um mehr als das Viereinhalbfache erhöht. Noch mehr Bedeutung gewinnt die Entwicklung dadurch, daß pro Gast und Tag im Winter spürbar höhere Einnahmen erzielt werden als im Sommer. Entsprechend der Bedeutung des Seilbahnwesens für die Alpenrepublik Österreich – sie nimmt ja mit mehr als 3750 Liften und Seilbahnen eine einsame Welt-Spitzenstellung

ein –, hat das Österreichische Institut für Raumplanung diesen Sektor genau untersucht und 1978 ein »Österreichisches Seilbahnkonzept« erstellt. Daraus kann man unter anderem entnehmen, daß Seilbahnen ein bedeutender Wirtschaftszweig sind. So erzielten zum Beispiel allein die großen Unternehmen im Jahr 1977 rund 285 Millionen DM (zwei Milliarden Schilling) Umsatz. Im Montafon in Vorarlberg setzten die Seilbahnen einschließlich der Schlepplifte in der Wintersaison 1977/78 rund 14,5 Millionen DM (102 Millionen Schilling) um, was die bedeutende wirtschaftliche Stellung beleuchtet. Aber auch der Beschäftigungsfaktor ist nicht uninteressant. So dürften beispielsweise in Österreich während des Winters über 10.000 Personen bei den Seilbahn-Gesellschaften tätig sein, zeitweise – und zwar während der Hochsaison – sogar über 15.000. Allein in Tirol finden in dieser Zeit über 2400 bäuerliche Arbeitskräfte Winterbeschäftigung. Die Investitionen auf dem Seilbahnsektor belaufen sich in Österreich pro Jahr auf etwa mindestens 70 Millionen DM (500 Millionen Schilling) – und das ohne Berücksichtigung von Nebenbetrieben und -anlagen. Diese gewaltigen Investitionen ermöglichten auch die Entwicklung einer eigenen Seilbahnindustrie, die 1977 insgesamt 13 österreichische Unternehmen umfaßte, von denen sieben fast ausschließlich Seilbahnen produzieren. Diese Unternehmen beschäftigten rund 1000 Arbeiter und Angestellte.
Der erste Schilift im deutschsprachigen Alpenraum wurde übrigens 1936 in Lech am Arlberg errichtet. 1938 entstanden die ersten beiden Großanlagen. Nach dem Zweiten Weltkrieg, in den fünfziger und sechziger Jahren, begann das »große Rennen«. Die Zahl der Lifte und Seilbahnen stieg sprunghaft an: waren es zum Beispiel in Österreich 1958/59 erst 550, so zählte man bis zum Winterhalbjahr 1978/79 bereits über 3400, was eine Versechsfachung bedeutet. 1980 waren bereits 3750 Anlagen in Betrieb. Die Transportkapazität der österreichischen Personenseilbahnen wuchs von 290 Millionen Personenhöhenmetern pro Stunde Ende 1973 auf 460 Millionen Ende 1979 bzw. 500 Millionen in der Saison 1980/81 an. Nach einer Trend-Hochrechnung des Österreichischen Instituts für Raumplanung ist mit einer Erweiterung der Transportkapazität einschließlich der Schlepplifte auf 590 Millionen Personenhöhenmeter 1985/86 und auf 700 Millionen im Winter 1990/91 zu rechnen. Und diese Projektionswerte – so meinen die Wissenschafter – könnten sogar noch übertroffen werden. Der Seilbahn-Boom erstreckt sich übrigens nicht gleichmäßig über den österreichischen Alpenraum, es gibt ein deutliches West-Ost-Gefälle. Denn Vorarlberg, Tirol und Salzburg weisen beinahe zwei Drittel aller Aufstiegshilfen auf – das sind mehr als 2100 –, obwohl sich die Landesflächen dieser Bundesländer nur über rund zwei Drittel des österreichischen Alpenraumes erstrecken. Unter diesen Ländern nimmt wiederum Vorarlberg eine absolute Führungsrolle ein, das mit seinen rund 320 Seilbahnanlagen eine um 30 Prozent höhere Erschließungsdichte aufzuweisen hat als etwa Tirol oder Salzburg. Wie weit die Erschließung auf diesem Sektor vorangeschritten ist, zeigt die Tatsache, daß die drei Bundesländer Tirol, Vorarlberg und Salzburg mit einer Gesamtfläche von 22.400 Quadratkilometern über mehr mechanische Aufstiegshilfen verfügen als die Schweiz, die auf Rang fünf der von Österreich angeführten Weltrangliste liegt.

Ein weiterer Vergleich: Der Schweizer Gebirgskanton Graubünden – er ist etwas größer als das Land Salzburg – hat um die Hälfte weniger Seilbahnen und Lifte als das österreichische Bundesland.
In der »Europasport-Region« Kaprun/Zell am See im Pinzgau laufen bereits über hundert Schlepp- und Sessellifte, Gondelbahnen und Schrägaufzüge. Es gibt sogar eine unterirdische Standseil-Gletscherbahn. Das 3204 Meter hohe Kitzsteinhorn ist bis in eine Höhe von 3029 Metern durch Transportmittel erschlossen. In Kaprun/Zell am See gibt es 235 Kilometer Schipisten. Das entspricht der Strecke München–Bozen. Kommentar im Magazin »natur«: »Da ist jedes Maß verlorengegangen. Da wird der Berg nur noch als schiefe Ebene genutzt und der Schnee als Unterlage, auf der die Bretter gut gleiten.« Und Lothar Petter vom Alpenschutzverband meint: »In einem Tempo, das sich immer mehr beschleunigt, verbraucht Österreich sein bestes und wertvollstes Kapital: die alpine Erholungslandschaft. Wer diesen Verbrauch seit zwei Jahrzehnten mit offenen Augen verfolgt und die Verantwortlichen für diese Fehlentwicklung sucht, erkennt, daß diese an den Schalthebeln der wirtschaftlichen und politischen Macht sitzen. Allein im Namen des Fremdenverkehrs werden heute Werte verzehrt, von deren Zinsen derselbe Fremdenverkehr morgen und übermorgen leben müßte.«

Bremsen beim Seilbahnbau

In der Schweiz ist die Zahl der touristischen Transportanlagen zwischen 1950 und 1980 von 140 auf 1700 angewachsen. Insgesamt führen sie über eine Strecke von 1800 Kilometern, überwinden dabei einen Höhenunterschied von rund 500 Kilometern und sind in der Lage, nicht weniger als 1,1 Millionen Menschen pro Stunde zu befördern. Ein Viertel dieser Kapazität fällt allein auf den Bergkanton Wallis, der damit sein Fördervolumen in den vergangenen 25 Jahren um das Siebzehnfache gesteigert hat. Waren 1955 noch rund zwei Drittel aller Anlagen ganzjährig in Betrieb, so betrug dieser Anteil 1980 nur mehr rund 40 Prozent – denn ein Großteil der Aufstiegshilfen (im Fachjargon auch gerne als »Beschäftigungsanlagen« bezeichnet) sind heute Schilifte. Und trotz der eher schlechten wirtschaftlichen Lage der Schweizer Luftseilbahn-Unternehmen – von 1960 bis 1975 erhöhte sich der Anteil der defizitären Betriebe von 32 auf 38 Prozent – drängen noch immer relativ viele neue Unternehmen auf den Markt. Zwischen 1970 und 1975 wurden 309 Millionen Schweizer Franken in den Luftseilbahnbau investiert, 76 Millionen Franken mehr als zwischen 1965 und 1970. 1975/76 hat man die beachtliche Zahl von 24 neuen Konzessionen erteilt, die Hälfte davon ging an neugegründete Unternehmen. 1979 lagen insgesamt 60 Ansuchen bei den eidgenössischen Konzessionsbehörden. Führende Tourismusfachleute prognostizieren für die kommenden 30 Jahre dem Schweizer Alpenraum sogar noch weitere 30 bis 50 Seilbahnen und 200 bis 400 Schilifte! Die Behörden sind in der Zwischenzeit allerdings mit der Erteilung neuer Konzessionen sehr zurückhaltend geworden. Oberstes Ziel der neuen Vergabepolitik, die sich auf die am 8. November 1978 vom Bundesrat genehmigte Konzessionsverordnung stützt, ist es, zwischen mit touristischen Transportanlagen bereits erschlossenen Gebieten und Gebieten mit »stillen« Tourismusformen ein ausgewogenes Verhältnis anzustreben. Grundsätzlich soll der Ausbau bestehender Schigebiete vor der Erschließung neuer erfolgen. Neuerschließungen sollen auf Entwicklungsregionen mit überdurchschnittlichen Standortvorteilen beschränkt werden. Und wenn schon erschlossen wird, so soll das – wie in der Schweizer Konzessionsverordnung ausdrücklich festgehalten wird – möglichst umwelt- und nachfragegerecht erfolgen. Übermäßig störende Eingriffe in das Landschaftsbild sind zu verhindern, bei der Dimensionierung der Anlagen ist der beschränkten Belastungsfähigkeit der Landschaft vermehrt Rechnung zu tragen. Außerdem sollen die Anlagen nicht für Spitzen- bzw. Stoßzeiten dimensioniert werden. Ähnliche Überlegungen findet man im »Österreichischen Seilbahnkonzept«, wo neben anderen Forderungen auch eine »zurückhaltende Ausbaupolitik« empfohlen wird.

Der Alpenschutzverband für Vorarlberg hat übrigens gefordert, daß Seilbahnen und Lifte nicht mehr länger mit Steuergeldern gefördert werden sollten. »Es ist nicht zu verantworten«, so heißt es unter anderem in der 1981 beschlossenen Resolution, »wenn weite Kreise der Bevölkerung, die dem Naturschutz positiv gegenüberstehen, über ihre Steuergelder indirekt die Zerstörung ihres Lebensraumes finanzieren müssen.« Außerdem werden noch stärkere Auflagen betreffend Umweltschutz und Sicherheit sowie die Vermeidung von weiteren Beeinträchtigungen für die einheimische Bevölkerung gefordert.

Pistenplanung im »Teufelskreis«

Im gesamten Alpenraum dürfte es derzeit an die 40.000 Schipisten geben. Etwa 20.000 – also rund die Hälfte – führen über österreichische Berghänge zu Tal. Für ihre Errichtung mußten beispielsweise allein in Tirol und in Salzburg im Zeitraum zwischen 1970 und 1975 an die 800 Hektar Wald geopfert werden. Eine Erhebung der Abteilung für das Forstwesen des Amtes der Steiermärkischen Landesregierung ergab, daß in diesem Bundesland bisher 726 Hektar Waldflächen für Wintersportanlagen in Anspruch genommen sind, davon allein 190 Hektar im Gerichtsbezirk Schladming, was dort 1,36 Prozent der Waldfläche entspricht. Diese Flächenangaben muten zwar im Vergleich zur Gesamtwaldfläche nicht sehr groß an, jedoch sind die Rodungen in Gebieten mit einer starken Konzentration von Schisportanlagen bzw. in bereits unterbewaldeten oder ökologisch labilen Zonen schon als beträchtliche Eingriffe zu werten. Für das Gebiet von Schladming, wo bereits mehr als 32.000 Gästebetten, 83 Aufstiegshilfen und 155 Kilometer Schiabfahrten konzentriert sind, hat die Fachabteilung für das Forstwesen festgestellt, daß man sich aus ökologischen bzw. forstlichen Rücksichten sowie im Hinblick auf die angestrebte Erhaltung eines ansprechen-

Hier ist die Schiwelt noch heil (Saas-Fee, Wallis, Schweiz).

Seilbahnen und Lifte können vielen Menschen das Bergerlebnis erleichtern. Aber wo die Technik überhand nimmt, erleidet die Natur Schaden.

Oben: Komfort, aber auch gefährlicher Anreiz für Halbschuhtouristen: Bergrestaurant am Eisgrat in 3000 Metern Höhe.
Unten: Viele Individualisten ergeben auch eine Masse (Blick auf Walliser Viertausender).
Rechts: »Tapetenwechsel«, wie ihn viele Erholungssuchende lieben: Der Ort Grimentz im Val d'Anniviers im Schweizer Wallis.

Bisher vom Architektenzugriff bewahrt: Das Dörfchen Feld im Binntal (Wallis/Schweiz).

Oben: Freizeitarchitektur, die sich – wie hier in Anzère (Rhonetal/ Wallis) – noch in die Landschaft einpassen läßt . . .
Unten: . . . in Les Menuires (Frankreich) aber wie ein Fremdkörper wirkt.

den Landschaftsbildes bereits den Grenzen der Belastbarkeit nähert. Die Erteilung weiterer Rodungsbewilligungen, so wird betont, bedürfe besonders kritischer Prüfungen.

Wie manche Wintersportorte bei der Planung von Aufstiegshilfen und Pisten in einen wahren »Teufelskreis« kommen – obwohl jeder der einzelnen Schritte für sich allein durchaus sinnvoll und zweckmäßig erscheint –, hat der Schweizer Fritz H. Schwarzenbach folgendermaßen beschrieben: »Ein erster Schilift mit beschränkter Förderleistung und unpräparierter Piste findet in den Anfangszeiten des Pistenschilaufs großen Anklang. Die Zahl der Benutzer nimmt zu. An der Talstation des Liftes bilden sich in Stoßzeiten Warteschlangen. Der Besitzer des Liftes verstärkt nun die Förderleistung der Anlage, indem er die Transportgeschwindigkeit steigert und die Abstände zwischen den Bügeln verkürzt. Als Folge dieser ersten Maßnahme wird die Umlaufzeit des einzelnen Schifahrers im ›Pistenkreisel‹ – also in Aufstiegshilfe und Piste – geringer. Der Schifahrer schließt damit aber auch wieder schneller an die Schlange der Wartenden an – für den Betreiber des Liftes ergibt sich also nur ein Teilerfolg. Außerdem leidet die Naturpiste unter der starken Beanspruchung. Die Schneedecke wird an besonders ausgesetzten Stellen weggescheuert. An Orten mit feuchtem Untergrund treten Vereisungen auf, und an Steilhängen bilden sich die unbeliebten Buckelpisten. Fazit: Die Schifahrer drängen auf Abhilfe. Nun wird mit Pistengeräten die Schneedecke gewalzt und damit verfestigt. Die Piste kann nun auch bei geringer Schneehöhe befahren werden. Sie ist insgesamt widerstandsfähiger geworden, und Buckelpisten können unter Kontrolle gehalten werden. Im Frühjahr bleibt die Schneedecke außerdem länger erhalten. Allerdings treiben die Pflanzen in diesem Bereich später aus – und prompt beklagen sich die Landwirte über einen deutlichen Ertragsausfall. Außerdem ist zu berücksichtigen, daß der Einsatz von Pistengeräten aus Sicherheitsgründen im schwierigen Gelände das Anlegen spezieller Fahrspuren erfordert. Um rationell arbeiten zu können, müssen zu diesem Zweck Steine, Baumstrünke und andere Hindernisse beseitigt werden. Das geschieht im Sommer mit Baumaschinen, die das Gelände einebnen. Mit beträchtlichem finanziellem Aufwand hat man nun eine offene, planierte und wenig verbuckelte Piste geschaffen, die vor allem bei schwächeren und mittleren Schifahrern durchaus Anklang findet. Allerdings: Jetzt nimmt das Fahrtempo beträchtlich zu, und die Umlaufzeiten werden natürlich auch sofort kürzer. Außerdem bewirkt die geringe Ermüdung der Schifahrer eine erhebliche Steigerung der durchschnittlichen Abfahrtsleistung. Es müssen daher gar nicht viel mehr Menschen kommen – und trotzdem steigt die Frequenz der Lifte. Viele Schifahrer, die mit großer Geschwindigkeit (und nicht immer gekonnt) zu Tal rasen, brauchen Platz. Es schlägt die Geburtsstunde der ›Pistenautobahnen‹.

In der Zwischenzeit haben die vielfältigen Eingriffe in das Gelände zu heftigen Protesten von seiten des Natur- und Landschaftsschutzes geführt. Außerdem geht die ganze Sache ins Geld. Zum Aufwand für den Bau und die Pflege der Maschinen und der Piste addieren sich die beträchtlichen Kosten für die Begrünung des aufgerissenen und umgestalteten Geländes und zur Sicherung vor Erosion. Da die hohen Kosten nicht im vollen Ausmaß auf den Benutzer abgewälzt werden können, sucht das Unternehmen den Ausgleich über die Anwerbung neuer Schifahrer. Da die Werbung Erfolg hat, strömen neue Interessenten heran. Aber mit der neuerlich größeren Zahl der Schifahrer wachsen auch die Schwankungen zwischen Spitzen- und Minimalbeanspruchung der Transportanlagen, was sich betriebswirtschaftlich sehr ungünstig auswirkt. Es müssen außerdem zusätzliche Parkplätze bei der Talstation geschaffen werden. Das kann letztlich der Betrieb nicht schaffen, er rutscht an die Grenze der Eigenwirtschaftlichkeit ab. Der notwendige Ausgleich muß über den Abbau der Dienstleistungen und Einsparungen im Unterhalt gesucht werden. Damit büßt das Unternehmen jedoch an Konkurrenzfähigkeit ein und zehrt an der Substanz. Wie man sieht – ein wahrer ›Teufelskreis‹, der bis zum Zusammenbruch aus wirtschaftlichen Gründen führen kann.«

Dann stürzen die Wassermassen zu Tal

Bei der Rodung und der anschließenden Planierung von Abfahrtsschneisen an Waldhängen (zwischen 1969 und 1978 wurden allein in Österreich 1993 Hektar Waldboden fast zur Gänze diesem Zweck geopfert) werden in erster Linie die physikalischen Eigenschaften des Bodens gestört – es kommt zu vermehrtem Wasserabfluß und zu Erosion. Als besonders ungünstig haben sich das Abtragen der wasserspeichernden Humusschichte erwiesen, ferner die Veränderungen des Porenvolumens, der Verlust an im Boden gespeicherten Bioelementen, die mechanische Verdichtung des Bodens durch Beweiden, Begehen oder Befahren und nicht zuletzt die Verdichtung auf chemischem Wege durch die Pistenpräparierung. Untersuchungen in Achenkirch (Tirol) haben zum Beispiel ergeben, daß die Wasserspeicherungs-Fähigkeit auf der Sonnbergabfahrt, wo der Boden nur geringfügig verändert wurde, immerhin nur mehr halb so groß ist wie im angrenzenden Kiefernwald. Viel kritischer ist dagegen die Situation auf der Piste Christlum, wo die Speicherleistung sogar zehnmal geringer ist als im angrenzenden Wald. Das ist eine unmittelbare Folge der Bodenzerstörung, die hier stattgefunden hat. Wegen der schlechten Speicherkapazität des Bodens ist auf der Christlum-Abfahrt bei Niederschlägen von nur 15 Millimetern bereits ein Oberflächenabfluß zu erwarten, während der Boden der Sonnberg-Abfahrt an dichtbegrünten Stellen immerhin 70 Millimeter Niederschlag speichern kann. Zum Vergleich: Der angrenzende Waldboden ist mühelos in der Lage, 120 bis 140 Millimeter Regen zu speichern.

Es hat sich weiters gezeigt, daß auf der Christlum-Abfahrt bei einem wolkenbruchartigen Regen von 100 Millimetern pro Stunde ein Oberflächenabfluß von 40 Prozent auftritt, wobei sich eine Erosion von Feinmaterial von rund einer Tonne pro Hektar ergibt. Noch alarmierender sind Messungen auf einer Schipiste in Oberbayern ausgefallen. Dort wurde ein Oberflächenabfluß von sogar 80 Prozent registriert. Der Bodenabtrag ist in diesem Fall zehnmal größer als etwa bei der Tiroler Christlum-Abfahrt: Er beträgt damit zehn Tonnen pro Hektar!

Die Wassermassen, die in solchen Fällen zu Tal stürzen, bedrohen aber nicht nur die Schipiste selbst, sondern auch den benachbarten Wald. Dazu ein einfaches Rechenbeispiel: Bei einer »Schiautobahn« von 1,5 Kilometer Länge, einhundert Meter Breite und einem Oberflächenabfluß von 40 Prozent erhält der Wald während eines Katastrophenregens von 200 Millimetern zusätzlich 120 Millionen Liter Oberflächenwasser! Bei 80 Prozent Abfluß wären es sogar 240 Millionen Liter! Diese Wassermassen bedeuten für einen talwärts anschließenden Waldstreifen von zum Beispiel 100 Metern Breite eine 40- bis 80prozentige Mehrbelastung. Und dadurch können, vor allem bei unsachgemäßer Wasserausleitung aus dem Pistenbereich, leicht Waldbrüche ausgelöst werden. Diese Gefahr ist deshalb nicht zu unterschätzen, da heute bereits zahlreiche Bergwälder im Alpenraum durch Waldweide und Überhege des Schalenwildes überaltert und bereits so stark geschwächt sind, daß sie kaum mehr Schutzfunktionen übernehmen können. Ja, in zunehmendem Maße entstehen sogar Lawinen schon im Waldbereich.

In diesem Zusammenhang wendet sich der Innsbrucker Wissenschafter Prof. Alexander Cernusca vehement gegen die Argumente der Exponenten des Seilbahn- und Pistenbaus (»Jedem Ort seinen Schilift«), in denen behauptet wird, daß zum Beispiel in Tirol von einer Gefährdung des Waldes keine Rede sein könne, da ja die in den letzten zehn Jahren für Schipisten gerodete Fläche nur 0,32 Prozent des Tiroler Waldes darstelle und außerdem die Neuaufforstungen sowieso größer seien als die Rodungen. »Derartige Statistiken«, so der Wissenschafter bei einer Tagung in Mühlbach am Hochkönig, »stellen ganz grobe Verallgemeinerungen dar, ohne Berücksichtigung der besonderen ökologischen Zusammenhänge.« Bei diesen Berechnungen dürften natürlich nur Wälder in Hochlagen mit entsprechenden Schutzfunktionen berücksichtigt werden. Außerdem sei wohl unbestritten, daß durch Schlägerungen für eine Schiabfahrt ein Schutzwaldstreifen so weit geschwächt werden könne, daß er eben seine Schutzfunktion für darunterliegende Siedlungen verliere. Und Aufforstungen an einer anderen Stelle könnten die verlorene Schutzfunktion ebenfalls nicht ersetzen.

Im Sommer bis 60 Grad Bodentemperatur

Eine dichte Grasnarbe auf einer planierten Schiabfahrt kann durch die intensive Durchwurzelung des Bodens die Wasseraufnahmefähigkeit erhöhen und damit zu einer Verminderung der Erosionsgefahr beitragen. Aber auch bei gut begrünten Pisten sollte man beachten, daß die Wasseraufnahmefähigkeit etwa zur Zeit der Schneeschmelze – wenn die Böden noch teilweise gefroren sind – sehr klein und damit der Abfluß und die Erosionsgefahr entsprechend groß sind. So haben etwa Untersuchungen in der UdSSR gezeigt, daß von Wiesen bei gefrorenem Boden bis zu 92 Prozent des Wassers oberflächlich abflossen. War der Boden aber aufgetaut, so betrug der oberflächliche Abfluß nur mehr 16 Prozent. Diese

Gefahr besteht vor allem auf Pisten mit stark verdichteter Schneedecke, wo der Boden bereits im Frühwinter friert, während im angrenzenden Wald die ungestörte Schneedecke häufig ein Frieren des Bodens verhindert. Die Verschlechterung des Wasserspeicherungsvermögens wirkt sich natürlich auch unmittelbar auf den Wasserhaushalt der Pflanzen im Bereich der Pisten aus. Wie Forschungen gezeigt haben, kommt es im Laufe einer längeren Trockenperiode auf einer »Schiautobahn« zu einer raschen Abnahme des für die Pflanzen verfügbaren Wassers, und die oberirdischen Teile vertrocknen zum Großteil. Was aber auch kein Wunder ist, hat man doch im Sommer auf frisch angelegten Pisten Bodentemperaturen bis über 60 Grad Celsius gemessen. Dazu ist die Windgeschwindigkeit auf das Zwei- bis Fünffache erhöht. Prof. Cernusca: »Man sollte daher beim Bau von Schipisten die gewachsenen Böden weitgehend ungestört erhalten, das heißt, Planierungsarbeiten auf ein unbedingt notwendiges Minimum beschränken.«
Als wichtige und vor allem wissenschaftlich fundierte Hilfe haben sich inzwischen die »Richtlinien für Planung, Bau, Erhaltung und Pflege von Schiabfahrten und Langlaufloipen« erwiesen, die von einem Arbeitsausschuß der Konferenz der beamteten Naturschutzreferenten Österreichs erarbeitet und 1980 publiziert wurden. Oder die bereits 1979 vom Eidgenössischen Departement des Inneren veröffentlichten »Richtlinien über Eingriffe in die Landschaft im Interesse des Schisports«.

Die Wiederbegrünung dauert 500 Jahre

Besonders gefährlich für die Landschaft ist der Schipistenbau oberhalb der Waldgrenze. Davor warnen die Experten ganz besonders. Selbst bei größtem Aufwand bieten Pisten in diesem Bereich noch jahrzehntelang das Bild einer verwüsteten Landschaft. Denn diese Extremstandpunkte sind fast unbegrünbar. Und hier entstehen auch häufig irreparable Erosionsschäden und folgenschwere Muren. Da kann es schon einmal vorkommen, daß ein ganzer Berg zu Tal fährt. Auf der steirischen Planneralm, wo vor zehn Jahren Liftanlagen errichtet wurden, ist seither eine etwa zehn Hektar große vegetationslose Schotterwüste entstanden. Und von den rund 1700 Hektar Pisten in Tirol oberhalb der Waldgrenze wurden schon 200 Hektar verwüstet. »Dort wächst in den nächsten tausend Jahren nichts mehr«, klagt der Innsbrucker Berg-Hofrat Oswald Brugger.
Häufig ist es den Landschaftsplanern viel zuwenig bewußt, wie lange es dauert, bis die zerstörte Vegetation unter den ungünstigen Bedingungen des Hochgebirges wiederhergestellt ist. So geht etwa das Wachstum im alpinen Zwergstrauchgürtel so langsam vor sich, daß eine Pflanze rund 35 Jahre braucht, um voll auszuwachsen. Für den Aufbau eines stabilen Bodenprofils sind hier sogar mehrere hundert Jahre notwendig! Ein Quadratmeter Wurzelgeflecht des natürlichen Rasenteppichs im Hochgebirge wiegt etwa zwei Kilogramm. Auf der

gleichen Fläche leben 160 Regenwürmer und gut 2000 Insekten. Zusammen mit den Wurzeln halten sie den Boden porös, so daß er selbst einen einstündigen Platzregen von 100 Millimetern wie ein Schwamm aufsaugt. Wo allerdings unzählige Pistenraser den Schnee bretthart gepreßt haben, sinken die Überlebenschancen der Kleinlebewesen: Nur noch einen Regenwurm pro Quadratmeter hält es im verdichteten Erdreich, lediglich ein Zehntel der Insekten bleibt. Sobald die meisten bodenbewohnenden Arten fehlen, wird auch der Nährstoffkreislauf gestört, weil organische Abfälle nicht mehr ausreichend umgesetzt werden. In der alpinen Grasheide ist die Rekultivierung planierter Abfahrtsflächen ohnehin kaum möglich. Für eine standortgemäße Wiederbegrünung fehlen nämlich in dieser Höhenlage geeignete Rasenmischungen, da sich die wichtigsten Rasenbildner hier nicht mit Samen, sondern vegetativ fortpflanzen. Das vegetative Wachstum ist aber unter den ungünstigen klimatischen Bedingungen so langsam, daß es zum Beispiel rund 500 Jahre dauern würde, bis eine planierte Fläche von nur einem Quadratmeter von allen Seiten von selbst wieder voll mit Krummsegge zuwächst. Dieser Rasen besteht weitgehend aus Rhizomschwärmen, die mit einer Wachstumsgeschwindigkeit von nur 0,9 Millimetern pro Jahr durch den Boden vordringen. Oberhalb der alpinen Waldgrenze ist daher in den meisten Fällen das Abdecken mit Rasenziegeln die einzige zielführende Methode. Dazu müssen die Rasenziegel vor der Planierung abgehoben, auf Mieten zwischengelagert und schließlich auf die planierten Flächen wieder aufgebracht werden. Diese sicherlich sehr arbeitsintensive und kostspielige Methode wird zum Beispiel im Bereich der Großglockner-Hochalpenstraße seit Jahrzehnten mit Erfolg angewandt.

Die alpine Vegetation wird aber nicht nur durch den Schibetrieb beeinträchtigt, sondern auch im Sommer durch die Schuhe vieler Touristen und Bergsteiger. Während manche Pflanzenarten, wie etwa die Krummsegge oder die Mutterwurz, in der Lage sind, auch extrem hohen Trittbelastungen von 150 Wanderern pro Tag und Saison standzuhalten und etwa die Halbkugelige Teufelskralle auch auf von den Stahlkanten der Schier freigelegten Scherstellen ohne Produktionsminderung überlebt, reagieren Flechten, breitblättrige Gräser und einige Kräuter sehr bis extrem empfindlich. Manche verschwinden schon bei einer Trittbelastung durch weniger als zehn Touristen pro Tag und Saison.

Planierte Schipisten werden mehr oder weniger intensiv von natürlichen Arten aus der Umgebung besiedelt. Ein Effekt, der auf Scherstellen und Trittflächen vollkommen fehlt, da hier die Störung ja wiederholt auftritt. Unter der großen Zahl von Arten, die man auf Schipisten findet, sind besonders die Alpenwucherblume und der Zarte Windhalm erwähnenswert. Die alpinen Hauptrasenbildner findet man dagegen nicht oder nur ganz selten auf den Schipisten. Denn ihre Samenproduktion und Keimfähigkeit sind sehr gering. »Es wird also Generationen dauern«, so der Innsbrucker Botaniker Dr. Grabherr, »bis sich auf den planierten Schipisten wieder ein intakter Krummseggenrasen entwickeln wird.«

Schifahrer »fressen« Kühen das Heu weg

Durch den Schibetrieb und die Pistenpräparierung entstehen auch erhebliche Schäden an den landwirtschaftlich genutzten Flächen. Nach Untersuchungen in Tirol und in der Schweiz betragen die Ertragseinbußen zwischen 21 und 77 Prozent: 21 Prozent bei einem schwach frequentierten Babylift und 77 Prozent bei stark befahrenen Pisten mit häufiger Präparierung durch schwere Geräte. Neben diesen rein mengenmäßigen Ertragsausfällen kommt es aber auch zu merklichen Qualitätseinbußen. So hat man zum Beispiel bei einer Piste im Unterinntal in Tirol beim Heu Verluste des Eiweißgehaltes von 45 Prozent und von 25 Prozent beim Stärkegehalt nachgewiesen. Ursache dafür sind neben der Verdichtung der Schneedecke und deren längerer Lebenszeit im Bereich der Schipisten vor allem mechanische Schäden: etwa durch die Stahlkanten der Schier oder durch die Raupen der Pistenfahrzeuge. Fachleute fordern daher, daß Pistenfahrzeuge erst ab einer Schneehöhe von 30 Zentimetern eingesetzt werden sollten, an Steilhängen sogar erst ab 40 Zentimetern. Denn die modernen Geräte üben auf den Boden einen hohen Druck aus, es kommt zu Bodenverdichtungen bis in zehn und fünfzehn Zentimeter Tiefe. Der Untergrund wird hier so festgepreßt, daß er von Pflanzenwurzeln oft nicht mehr aufgelockert werden kann.
Ganz besonders gefährlich sind der sommerliche Gras-Schilauf mit Rollen-Schiern sowie der aus den USA kommende Sport »Slopern«, der einen ganzjährigen Betrieb der Schilifte in Aussicht stellt. Dabei wird ein einsitziges kleines Wägelchen – das einem Go-cart ähnlich sieht, mit einem Überrollbügel ausgestattet ist und auf breiten Gummireifen fährt – mit dem Fahrer in der Schleppliftspur bergwärts gezogen. Die Abfahrt geht dann über die grüne – oder meist ohnehin schon braune – sommerliche Piste, was vor allem während der Vegetationszeit zu schwersten Schäden führen kann.

Gefährlicher »Schneezement«

Da »Schneezement« und die »Schneefestiger« im wesentlichen Stickstoff-Düngemittel sind, werden sie gerne als harmlos oder gar als nutzbringend für die Vegetation hingestellt. Allerdings wird dabei verschwiegen, daß überhöhte Stickstoffdüngung aus verschiedenen Gründen die Vegetation gegen Umweltbelastungen anfällig macht. So wird zum Beispiel der Übergang in die Winterruhe verzögert, wodurch die Pflanzen zu spät ausreichend kältebeständig werden und durch Frühfröste Schaden erleiden können. Starke Stickstoffdüngung setzt außerdem die Fähigkeit zum Erwerb hoher Frosthärte bei verschiedenen Pflanzen herab, so daß sie im Winter stärker gefährdet sind. Chemische Präparierung wird vor allem bei zu kaltem, trockenem oder körnigem Schnee durchgeführt, der sich durch Treten oder durch Pistenfahrzeuge nur schlecht festigen läßt. Die Chemie hat sich natürlich auch dieses Bereiches bemächtigt und stellt »hilfreich« Kalziumchlorid, Natriumchlorid, Ammoniumsulfat sowie spezielle

Schneefestiger zur Verfügung. Prof. Cernusca: »Angesichts der ökologischen Folgen kann vor dem Einsatz derartiger Chemikalien nicht eindringlich genug gewarnt werden.«
Neben den Auswirkungen auf die Vegetation und den Boden muß man auch die Folgen für die Wasserqualität von Quellen und Gebirgsbächen in Rechnung stellen. Wenn die chemische Präparierung der Pisten weiter zunimmt, ist zu befürchten, daß die heute in vielen Wintersportorten ohnehin schon angespannte Versorgung mit Trinkwasser noch weiter verschärft wird.

Tiefschnee-Fans stören Rehe mehr als Flughafenlärm

An Schipisten angrenzende Waldflächen, vor allem Aufforstungen, werden in zunehmendem Maße durch Schifahrer geschädigt. Die Gefahr nimmt auch durch das in Mode gekommene Tiefschneefahren immer mehr zu. Der Grund für den Trend zum Tiefschnee liegt wohl darin, daß viele präparierte Schiautobahnen für geübte Läufer langweilig geworden sind. Außerdem wird ja auf den Pisten selbst das Gedränge immer größer, und auch die Zahl der rücksichtslosen Raser, die häufig schwere Unfälle verursachen, nimmt immer mehr zu. Schiabfahrten führen außerdem – wie Untersuchungen ergeben haben – zu starken und kaum überschaubaren Veränderungen im Wildbestand. Im Sommer können gut begrünte Pisten zwar die Äsungsverhältnisse etwa für das Schalenwild durchaus verbessern, und Wildbiologen haben ermittelt, daß bei einer optimalen Begrünung rund sechs Stück Rotwild pro 100 Hektar ausreichend Nahrung finden. Anderseits kommt es während der Vegetationszeit im Wald trotzdem zu Verbißschäden. Denn das Wild benötigt für die Verdauung Rauhfutter – zum Beispiel Zwergsträucher –, und das findet es auf den Pisten nicht. Im Winter fällt dann die Piste nicht nur als Nahrungsbasis aus, sie wirkt weit über die unmittelbar betroffene Fläche hinaus als Störfaktor. Sie beeinflußt damit zum Beispiel den gewohnten Äsungsrhythmus des Schalenwildes. Für das Rehwild hat man nachgewiesen, daß im Tiefschnee durch den Wald wedelnde Wintersportler weitaus nachhaltiger stören als etwa der Lärm in der Nähe eines Flughafens. Das ist damit zu erklären, daß sich ein geübter Schifahrer dem Wild schneller und lautloser zu nähern vermag als etwa der im Verhalten der Tiere »einprogrammierte« natürliche Feind, zum Beispiel ein Wolf. Die Folgen derartiger wiederholter Störungen: Das Wild wandert ab und konzentriert sich in noch ungestörten Gebieten, in denen dann ein Ansteigen der Verbißschäden zu erwarten ist.

Tourengehen als neues Lustsymbol

Tourenschilauf abseits der Pisten ist drauf und dran, zum neuen Lust- und Leistungssymbol pistenmüder Schifahrerscharen zu werden. An schönen Frühjahrswochenenden klemmen sich beispielsweise schon um drei Uhr früh Hunderte von Münchnern hinters Lenkrad, um zeitgerecht zum Auffirnen die klassischen Tiroler Schigipfel Zischgeles, Schöntaler Spitz oder Lüsenser Fernerkogel zu erreichen. Und Sonntag für Sonntag schwitzen Scharen von Wienern die liftlosen Voralpengipfel hinauf: den Göller, den Tirolerkogel bei Türnitz und die Veitsch über dem Mürztal. Nach Schätzungen der alpinen Vereine gibt es in Österreich erst einige zehntausend dieser sonntäglichen Brettelgeher. Aber die Fremdenverkehrswerbung und endlose Warteschlangen an Seilbahnen und Liften sorgen schon für kräftige Zuwachsraten. Im Talschluß von Lüsens im Tiroler Sellrain – Ausgangspunkt für eine Reihe lohnender Schi-Dreitausender – ist an März- und Aprilwochenenden kaum noch ein Parkplatz frei. Das neue Alpinzentrum Rudolfshütte des Alpenvereins in Salzburg mit 214 Betten muß gelegentlich sogar mehr als 400 Firnfreunden auf Tischen, Bänken und Fußböden ein hartes Nachtlager gewähren. Und die Haute-Route – die höchste, längste und anstrengendste Westalpendurchquerung vom französischen Mont Blanc bis Saas Fee in den Schweizer Walliser Alpen – gleicht in Schönwetterperioden streckenweise einem »von Unrat starrenden Trampelpfad«. Hier wird der Traum des Stadtmenschen von Freiheit und Abenteuer zur ernüchternden Wirklichkeit. Tagesleistungen von zehn Stunden, durch Schlechtwetter erzwungene Aufenthalte in vollgestopften Biwakschachteln und die Einsicht, daß hundert Individualisten auf einem Fleck auch wieder eine Masse ergeben, können Höhenlust und Bewegungsdrang sehr dämpfen. Statistisch gesehen lebt der Schitourist übrigens nicht gefährlicher als der Autofahrer. Von 19 Lawinentoten im Winter 1980/81 in Österreich entfielen sieben auf Schifahrer, drei auf Langläufer und immerhin sechs auf Straßenverkehrsteilnehmer.

Müllberge in den Bergen

Die Touristenmassen hinterlassen im Gebirge ihre Spuren vom Tal bis zu den Gipfelkreuzen. Berge werden in Müllberge verwandelt. Auf vielen Gipfeln und Graten, in Rinnen und Karen bietet sich heute in den Alpen ein trostloses Bild: Statt Akelei und Arnika grüßen Bier- und Cola-Dosen. Unterhalb der Zugspitze in den Deutschen Alpen lagert der Dreck zentnerweise, und am Wetterstein rosten über 50.000 leere Konservenbüchsen leise vor sich hin. Wer nach dem Berchtesgadener Weg fragt, bekommt die Antwort: »Immer nur den Bierdosen nach!« Vom Hallstätter Gletscher und vom Schladminger Gletscher in Österreich muß man pro Saison rund 50 Säcke mit leeren Getränkebüchsen abtransportieren. Und 1300 am Dachstein aufgestellte Müllsäcke sind stets randvoll. Wie Untersuchungen in Bayern ergeben haben, fallen im engeren Einzugsbereich von Bergstationen und auf den Pisten ganz erhebliche Abfallmengen an. So wurden auf den durch Seilbahnen erschlossenen Gipfelhängen bis zu 50 verschiedene Abfallteile pro Quadratmeter gezählt! Besondere Probleme bereitet die Abfallbeseitigung im Bereich der Bergstationen und -restaurants. So ist der Schweizer

Alpenclub wegen des starken Müllanfalls inzwischen dazu übergegangen, die Berghütten mit 70 Meter langen Schlauchkassetten auszustatten und den Abtransport entweder mit Hilfe der Seilbahnen oder durch Hubschrauber vorzunehmen. Befragungen von Gästen im bayrischen Alpengebiet haben gezeigt, daß bereits 43 Prozent der Gäste die Abfälle und Verschmutzungen im Bereich der Bergstationen und Bergrestaurants kritisieren. Die »Österreichische Gesellschaft für Natur- und Umweltschutz« und der »Verband Alpiner Vereine« schätzen, daß im Sommer 1981 etwa 4,5 Millionen Besucher in den österreichischen Bergen mehr als 4500 Tonnen Abfall und an die 90.000 Kubikmeter Abwasser zurückgelassen haben. Wie Lothar Petter, der Vorsitzende des »Österreichischen Alpenschutzverbandes«, berichtet, sammelten Mitarbeiter in 40 Berggebieten in Vorarlberg in den letzten Jahren 30 Tonnen achtlos weggeworfenen Müll ein. Und Karl Partsch, Biologe aus Sonthofen (BRD), entdeckte kürzlich im Illertal neben einem Niedermoor eine kommunale Mülldeponie.
Ganz besonders gefährlich sind die Abwässer aus den hochgelegenen Bergrestaurants für die Umwelt. Im Raum Garmisch-Partenkirchen bewirkten zum Beispiel frei versickernde Abwässer im Bereich einer Bergstation einen Anstieg von Kolibakterien im Wassereinzugsgebiet der Gemeinde. Geht man davon aus, daß in touristischen Wintersportgebieten ein Wasserverbrauch von 400 Litern pro Einwohner in 24 Stunden anzusetzen ist und daß der Wasserverbrauch der Schmutzwassermenge entspricht, so fallen etwa bei einem angenommenen durchschnittlichen Pistenaufenthalt von fünf Stunden pro Tag im Bereich einer Berg- oder Talstation 80 Liter Schmutzwasser pro Tag an. Für größere Schisportorte, wie zum Beispiel Savognin oder Saas Fee in der Schweiz mit einer Schifahreranzahl von rund 9000 bzw. 6500 Personen pro Tag, bedeutet das einen Abwasseranfall im Außenbereich von 743 bzw. 526 Kubikmetern pro Tag. Im Falle von Savognin entspricht das dem täglichen Abwasseranfall einer Gemeinde von annähernd 2000 Einwohnern.
Da eine Verlegung von Abwasserkanälen bis ins Tal viel zu kostspielig gewesen wäre, hat man zur Entsorgung des Bergrestaurants Eisgrat in den Stubaier Alpen in 3000 Meter Höhe eine spezielle Kläranlage installiert, die das Abwasser in keimfreies Brauchwasser verwandelt. So werden zuerst die Abwässer aus Küche und Toiletten mechanisch von Feststoffen gereinigt, die man in der hauseigenen Kehrichtverbrennungs-Anlage nahezu rückstandsfrei beseitigt und anschließend mit Kalkhydrat und Tonerde behandelt, um so eine bakterielle Zersetzung und das Entstehen von Faulgasen zu verhindern. Das vorgereinigte Schmutzwasser sammelt sich in einem Becken. Durch Zugabe von Chemikalien erreicht man eine Flockung der feinen Abfallstoffe, die Flocken kann man durch Zentrifugieren ausscheiden. Die verbleibenden organischen Stoffe werden dann einer katalytischen Oxydation unterzogen. Diese Reinigungsstufe ist übrigens eine Schweizer Erfindung. Das solcherart behandelte Abwasser erreicht schließlich rein theoretisch Trinkwasserqualität, wird aber trotzdem nur als Brauchwasser wiederverwendet. Das Trinkwasser kommt in speziellen Behältern mit der Seilbahn aus dem Tal. Sicherlich stellte die Entsorgung eines Fremdenverkehrsbetriebes dieser Größenordnung (500 Plätze) und unter derart extremen Stand-

ortbedingungen die Planer und Ingenieure vor schwierige Aufgaben. Aber wie man sieht – wo ein Wille ist, da ist auch ein Weg!
Aus einer im Auftrag der oberösterreichischen Landesregierung von Dipl.-Ing. Gradischnik (Graz) durchgeführten Studie über die »Abfallbeseitigung in den alpinen Regionen Oberösterreichs« geht hervor, daß derzeit von den in den Schutzhütten anfallenden Abfällen nahezu 50 Prozent ins Tal transportiert werden. Der Rest wird zum Teil in der Nähe der Hütte abgelagert (!), zum Teil im hauseigenen Ofen verbrannt. Pro Besucher und Tag ist nach dieser Studie mit 0,4 Kilogramm bzw. zwei Liter Müll zu rechnen. Ein relativ großer Teil der Abfälle entfällt auf Papier und Kunststoff-Bestandteile, auf Blechdosen, Flaschen und ähnliches Material. Da Mülldeponien hinter Schutzhütten nicht nur aus ästhetischen, sondern auch aus ganz handfesten geologischen und wasserwirtschaftlichen Gründen in Zukunft möglichst vermieden werden sollen, hat man drei verschiedene Beseitigungsarten untersucht: eine lokale Müllverbrennung, eine Vorzerkleinerung und Verdichtung des Abfalles mit anschließendem Transport ins Tal sowie den Abtransport der völlig unzerkleinerten Abfälle. Ein Kostenvergleich hat ergeben, daß für den wirtschaftlichen Betrieb einer Müllverbrennungsanlage die anfallenden Abfallmengen einfach zu gering sind und deshalb relativ hohe Kosten anfallen würden. Daher wird für Hüttenbetriebe mit einer jährlichen Frequenz von mehr als 10.000 Besuchern der Einsatz einfacher Müllverdichtungsanlagen empfohlen und der anschließende Abtransport ins Tal. In den übrigen Hütten, vor allem in isolierten Einzellagen, ist dagegen der Einsatz von mechanisierten Verdichtungs- und Zerkleinerungsgeräten rein wirtschaftlich nicht zu rechtfertigen, heißt es in der Studie.
Eine Befragung der Bergwanderer in Oberösterreich ergab übrigens, daß besonders die stark frequentierten Wege, Rastplätze und Gipfel immer mehr wilden Mülldeponien gleichen. Kritisiert wurde unter anderem die »schlechter gewordene Disziplin« der Touristen, aber häufig auch die voluminöse Art der Verpackung vieler Nahrungsmittel und Getränke. Müllsäcke im Gelände aufzustellen erscheint nur dort sinnvoll, wo sie auch regelmäßig entleert werden können. Also im wesentlichen nur bei talnahen Parkplätzen, Endstationen von Mautstraßen und Talstationen von Seilbahnen und Schiliften. Man hat auch überlegt, Bergwanderern an stark besuchten Punkten Müllsäcke mit maximal fünf bis zehn Liter Inhalt mitzugeben, in denen sie ihren Müll einsammeln und wieder zu den Abgabestellen bringen können. Ob eine derartige Maßnahme erfolgreich sein kann, ist zumindest fraglich, obwohl bei einer Befragung mehr als 90 Prozent sich dazu bereit erklärt haben. Aber schließlich bezeichneten es bei der gleichen Gelegenheit 70 Prozent »als ihre Gewohnheit«, die Abfälle wieder brav mitzunehmen. Bleibt die Frage, ob die Mülldeponien entlang der Wanderwege und auf vielen Gipfeln ausschließlich von den restlichen 30 Prozent stammen . . .

Siedlungswesen und Zersiedlungsunwesen: Die veruntreute Landschaft

Die veruntreute Landschaft – Da wendet sich der Gast mit Grauen – Ein Tourist »konsumiert« 750 Quadratmeter – Halb Europa will eine Zweitwohnung in der Schweiz – Der größte Schizirkus der Welt, eine Fehlplanung? – Anstvisionen eines Hieronymus Bosch – Waben für programmierte Schi-Roboter – Der provozierte »weiße Tod« – Der Staat kann Sicherheit nicht verordnen – 100 Jahre Schweizer Lawinenkataster

Die veruntreute Landschaft

Die steinernen Finger der Städte reichen immer weiter aufs Land hinaus. Die Unwirtlichkeit der großen Agglomerationen greift mit erschreckender Eigengesetzlichkeit auch auf die Ferienregionen über. Erholungslandschaften werden mit gestaltloser, konfektionierter Vororte-Architektur überzogen, die sich nicht wesentlich von neuentstandenen Wohnblocks in den Randgebieten der Städte unterscheidet. Das Zusammentreffen alter, historisch wertvoller Kulturlandschaften mit neuen Nutzungsformen ist bisher immer dramatisch und tragisch verlaufen. Die Integration neuer touristischer Bauten in die ursprüngliche Umwelt ist bislang – und zwar weltweit – kaum gelungen. Die Flucht aus den menschenfeindlichen Betonwüsten der Großstädte endet nicht selten in den nicht minder menschenfeindlichen Betonwüsten der Ferienstädte. Doch auch die als »traditionell« bezeichnete Bauweise hat wertvolle Orts- und Landschaftsbilder zerstört oder zumindest arg in Mitleidenschaft gezogen. Dazu gehört das phantasielose Bauen im Pseudo-Heimatstil, die ländliche Maskierung von schlechter Architektur mit ein paar ungehobelten Brettern, einer Eisenlaterne oder läppischer Bemalung. Der Architekt Friedrich Achleitner meint: »Allen Erscheinungen des Heimatstils ist bis heute eigen geblieben, daß sie eine oberflächliche, modische, hochmütige oder grotesk bornierte Haltung gegenüber ihren Vorbildern einnehmen.« Und weiter: »Zuallererst sind wir mit einer massiven und handfesten Front von Heimattümelei konfrontiert, ob sie nun in der Lederhose oder in chic verarbeitetem Loden auftritt ... « Die gekünstelte »Lederhosen-Architektur«, so der Münchener Denkmalpfleger Prof. Torsten Gebhardt, verdrängt zusehends die bäuerlich-barocke Baukunst vergangener Zeiten. Und wenn – so der Arbeitskreis Alpenregion des Deutschen Werkbundes – wie bisher pro Jahr etwa 1000 Objekte durch Abbruch oder Umbau verlorengehen, wird noch vor dem Jahr 2000 der historische Bestand völlig ausgelöscht sein.

»Seit Jahrtausenden formt der Mensch am Gesicht seiner Umwelt, und wer den Weg dieses Bemühens verfolgt, wird sich der Faszination nicht entziehen können, die dieses Ringen ausstrahlt«, schreibt der Wiener Architekt Gustav Peichl. »Es ist dies kein kontinuierlicher Vorgang. Im Gegenteil: Er weist bewegte Wandlungen der Mittel und der Ziele auf. Auch auf dem Gebiet der Architektur und der Umweltplanung. Die Sicherheit, mit der in früheren Zeiten Neues zum Alten gefügt wurde, mit der Häuser verschiedenen Stils trotz aller Kontraste zur Harmonie gebracht wurden, droht heute genauso verlorenzugehen wie das kontinuierlich weitergegebene Wissen von der Schönheit eines Ortes oder einer Landschaft. Eine andere, nach rein ökonomischen Kriterien ausgerichtete Denkweise greift um sich. Kurioserweise findet der heutige ›Städtebau‹ – oder was man dafür hält – auf freiem Lande oder rings um die Städte statt. Wiewohl die Landschaft das einzige tatsächlich nicht vermehrbare Gut ist, tun wir so, als ob Grund und Boden eine beliebig reproduzierbare Ware sei. Mit dem knappen Gut Landschaft wird verschwenderisch und bedenkenlos umgegangen. Es entstehen Alpträume einer verhüttelten und versiedelten Landschaft aus Beton und Asphalt. Es dominieren die maßstablosen, uniformen Großsiedlungen, die Renommierschachteln und die Luxuswohnburgen neuen Stils. Der öde Standort des Utilitarismus und die Ausschaltung der musisch-kreativen Kräfte beflügeln die Landschaftsfresser. Sie machen weder halt vor der Naturlandschaft noch vor der Stadt. Die Landschaft wird ihnen zum ärgerlichen Hindernis, zum Gegner, der mit Planierraupen und Betonmischmaschinen beseitigt wird. Verlogene Ländlichkeit und Pseudo-Heimatstil prägen ein neues Touristenumland: eine veruntreute Landschaft.«

Da wendet sich der Gast mit Grauen

Garmisch-Partenkirchen zum Beispiel, zur Jahrhundertwende noch eine idyllische Winter- und Sommerfrische, ist heute ein Gastronomie-Gigant mit weit über einer Million Übernachtungen, einer Spielbank, einem Konferenz-Zentrum und einem Eisstadion. Der Ort gilt bei Tourismus-Fachleuten als Musterbeispiel einer Kommune, mit deren Verstädterung die Gefahr eines zukünftigen Ruins gewachsen ist: »Da wendet sich der Gast mit Grauen ...« – »Den Architekten ist es nicht gelungen«, so Prof. Jost Krippendorf, »eine Freizeitarchitektur zu entwickeln, die diesen Namen verdient. Im Gegenteil: Die einzig plausible Erklärung dafür ist offenbar, daß ein Teil der Freizeitarchitekten mit der Kategorie derjenigen Spekulanten unter einer Decke steckt, denen schnell verdientes Geld wichtiger ist als architektonische Anliegen. Auch fügen sich die Ferienbaumeister allzuoft bereitwillig und liebedienerisch den skurrilsten Bauherrnwünschen, oder sie lassen sich von den Promotoren einen Baustil aufzwingen, der nicht in erster Linie auf Bedürfniskonformität, sondern auf Kosteneinsparung ausgerichtet ist. Sie bauen für das Baugewerbe – und nicht für den Tourismus. Was dabei herauskommt, wird noch kommende Generationen schrecken.« Neben dieser Spezies Architekten gibt es noch die Kategorie der »Selbstbeweihräucherer«, die sich ebenfalls wenig um echte Freizeitbedürfnisse kümmern. Sie setzen sich in erster Linie selbst Denkmäler. Oder sie konstruieren

an den Haaren herbeigezogene Bedürfnisse, um ihren Baustil zu rechtfertigen. So verteidigte ein berühmter Architekt eines seiner Bauwerke, welches den im dahinterliegenden Hotel wohnenden Gästen die Hälfte der ursprünglich herrlichen Aussicht auf See und Berge nimmt, mit den Worten, die unruhige Bergwelt bedürfe eines Haltes und einer Basis, und diese seien nun durch das langgezogene Dach seines Bauwerkes gegeben.
Die meisten Ferienarchitekten, besonders jene der neuen touristischen Großzentren im Alpengebiet, kommen vom Städte- und Industriebau. Sie haben keinerlei tiefere Beziehung zur Erholungslandschaft. Diese fehlenden geistigen und künstlerischen Voraussetzungen machen sie anfällig für jegliche Modeströmung. Die moderne Ferienarchitektur ist damit vorwiegend eine »Architekten-Architektur« und nicht gleichzeitig auch eine »Konsumenten-Architektur«. Und ebensowenig wie auf die Bedürfnisse des Konsumenten wird auf die Landschaft Rücksicht genommen. Pessimisten (oder sind es Realisten?) meinen, daß sich die Fremdenverkehrswirtschaft erst dann zu einer Umstellung ihrer Optik bereit finden wird, wenn landauf, landab zahlreiche Investitions-Ruinen den Unsinn blinder Expansion unübersehbar belegen.

Ein Tourist »konsumiert« 750 Quadratmeter

Wie groß der Landverbrauch der Menschen in der Europäischen Gemeinschaft ist, hat der französische Raumordnungsexperte Roger Baretje vor kurzem zu ermitteln versucht. Danach benötigt ein Erholungsuchender in den Naherholungsgebieten um die Großstädte 100 bis 300 Quadratmeter. Ein Tourist »konsumiert« in den Urlaubsorten sogar 750 Quadratmeter. Für einen einzigen im Hotel wohnenden Gast müssen im Schnitt 30 Quadratmeter Land erschlossen werden, für jeden Camper 50 Quadratmeter. Wer in einer Zweitwohnung Urlaub macht, verbraucht sogar die fünffache Fläche. Allein im bayrischen Alpenraum werden Jahr für Jahr rund zehn Quadratkilometer meist bester landwirtschaftlicher Tallagen überbaut. Das bedeutet den Verlust einer mechanisierungsfähigen Nutzfläche von rund 200 landwirtschaftlichen Betrieben, wenn man eine Durchschnittsgröße von zehn Hektar zugrunde legt. Bei Fortsetzung des Trends – so Bergland-Forscher W. Danz – »hätten wir in nicht einmal 50 Jahren keinen einzigen arbeitsfähigen landwirtschaftlichen Betrieb mehr in den ebenen Tallagen«. Alle Förderungsprogramme für die Bergbauern, so unterstreicht der Experte, wirken vor diesem Hintergrund grotesk. Auf der einen Seite wird die Bewirtschaftung von Steillagen und Almen mit Sonderprämien honoriert, und auf der anderen Seite werden letzte, nach ökonomischen Gesichtspunkten gewinnbringende nutzbare Talflächen nicht-landwirtschaftlich genutzt.
Die starke Nachfrage nach Bauland hat in den Zentren des Fremdenverkehrs zu unwahrscheinlichen Belastungen des Baulandmarktes geführt. Vielfach ist – da geeignete Flächen oft nur mehr sehr beschränkt zur Verfügung stehen – bereits akuter Baulandmangel eingetreten. Die Grundstückpreise in Gemeinden mit

hoher Fremdenverkehrsintensität nähern sich zunehmend jenen in den Verdichtungsgebieten. So betrug zum Beispiel der Kaufpreis für baureifes Land 1974 in Garmisch-Partenkirchen pro Quadratmeter 231 DM, im Gegensatz zu 65 DM in der kleinen Gemeinde Saulgrub und 136 DM in der Stadt München. Heute liegt der Quadratmeterpreis in Garmisch-Partenkirchen (»Deutschlands größtes Altersheim«) bereits über 1000 DM. Im Walliser Kurort Verbier stiegen die Preise für einen Quadratmeter Bauland im Dorfzentrum zwischen 1960 und 1980 von 50 auf 900 Schweizer Franken. Das hat zur Folge, daß selbst die Einheimischen häufig nicht mehr in der Lage sind zu bauen. Von Ortsfremden erstellte Wohnungen werden zu überdurchschnittlichen Mieten als Altersruhesitze oder Zweitwohnungen an finanzkräftige Ortsfremde abgegeben, die zu 94 Prozent zur sozialen Oberschichte zählen. Die hohen Mieten bedeuten damit auch für die Einheimischen – so sie nicht selbst Immobilien besitzen – eine starke finanzielle Belastung. Der deutsche Journalist Klaus Gerosa: »Zweitwohnungen und die Flucht der Städter aufs Land verbreiten den Siedlungsbrei in idyllische Gegenden. Wer heute von der Kampenwand im Chiemgau (Bayern) ins Land blickt oder von der Hochries nach Bad Aibling, weiß, was deutsche Bausparer schaffen können: zumindest die Landschaft.«
Welche Ausmaße die Neubautätigkeit in einzelnen Gebieten erreicht, läßt sich natürlich auch am Beispiel Österreichs belegen. So hat etwa die Wohnbautätigkeit in Tirol im Zeitraum zwischen 1961 und 1971 Formen angenommen, wie sie ansonsten nur in den Stadtregionen von Salzburg, Linz, Graz und Wien aufgetreten sind. 27 Prozent des gesamten Tiroler Wohnungsbestandes wurden nach 1961 errichtet. Von den zwischen 1961 und 1971 neu gebauten Wohnungen entfiel übrigens rund ein Viertel auf 43 Fremdenverkehrsgemeinden (ohne Innsbruck), das sind allerdings nur 15 Prozent der Tiroler Gemeinden, die 1972 jeweils mehr als 200.000 Nächtigungen verzeichneten. Nach Unterlagen des Amtes der Tiroler Landesregierung wurden 40 Prozent der außerhalb von Innsbruck errichteten Gebäude mit drei und mehr Stockwerken in diesen 43 Fremdenverkehrszentren erbaut. Die Gebäude bedeuten aber nicht nur eine hohe Siedlungsverdichtung, sie führen auch wegen ihrer Dimensionen bzw. wegen oft unzulänglicher architektonischer Gestaltung zu optischen Beeinträchtigungen des Landschaftsbildes. Die Errichtung mehrgeschossiger Hotelbauten und die damit verbundene Konzentration des Bettenangebotes hat jedenfalls dazu geführt, daß während der Saisonspitzen in den alpinen Fremdenverkehrszentren Siedlungsdichten erreicht werden, wie sie nicht einmal in großstadtnahen Verdichtungsräumen bestehen. In Rottach-Egern zum Beispiel, wo jede sechste Wohnung die Ferienwohnung eines Ortsfremden ist, stieg der Wasserpreis in den letzten zwölf Jahren um das Sechsfache – auch für Einheimische, die nicht vom Fremdenverkehr profitieren. In der Hauptsaison liegt die Besiedlungsdichte in Garmisch-Partenkirchen bei rund 47 Menschen pro Hektar, in Mittenwald bei 34 und im Oberammergau bei 31. Somit ist sie höher als beispielsweise im Landkreis München, wo 29 Menschen pro Hektar leben.
In den einschlägigen Wintersportorten steht die Zahl der Gäste in einem atemberaubenden Mißverhältnis zur Zahl der Einheimischen. Verbier, ein Dorf mit

4500 Einwohnern im Schweizer Wallis, weist heute 18.000 Fremdenbetten auf. In Zermatt, Crans-Montana, Leukerbad, Saas Fee und im Val d'Anniviers ist es ähnlich. Das Gedränge in den Retortensiedlungen in den französischen Westalpen steht nicht hinter den Metropolen wie Paris, London oder Rom zurück. In Tignes mit seinen 980 Einwohnern leben zum Beispiel zu den Saisonspitzen 24.500 Gäste. In Les Trois Vallées – »dem größten Schizirkus der Welt« – stehen mittlerweile Betten für 60.000 Menschen. Die Wohnsilos der in rund 2000 Meter Höhe in Gletschernähe erbauten Orte La Plague und Les Arcs kennzeichnen den vorläufigen Endpunkt dieser Entwicklung. Einheimische gab es hier nie: Die Schifahrer sind unter sich. Und die Zivilisation dringt immer tiefer in die Alpen ein. Wo vor hundert Jahren höchstens ein paar mutige Bauern siedelten, die das Risiko von Lawinen und Muren ignorierten, stehen heute Hotels und Penthäuser mit Parkplätzen. Als eines der alarmierendsten Beispiele für diesen Trend gelten die drei Orte Obergurgl, Untergurgl und Hochgurgl in den österreichischen Ötztaler Alpen. Nur 300 Einwohner betreiben dort 70 Hotels. Wenn die Gurgler dieser Expansion nicht selbst und schnell Grenzen setzen, wird das Tal im Jahr 2000 doppelt so viele Gäste beherbergen können – vorausgesetzt, daß dann überhaupt noch jemand kommt. Wissenschafter haben im Rahmen des von der UNESCO initiierten Projektes »Man and Biosphere« (MAB) seit vielen Jahren die Entwicklung studiert. Ihre Warnung lautet: »Wenn die Verfügbarkeit an Boden nicht eingeschränkt wird, wird der Tourismus den Tourismus kaputtmachen.« Wenn aber der Fremdenverkehr zusammenbricht, wird Gurgl wieder ins Mittelalter zurückfallen. Denn bis dort, wo heute bereits der blanke Fels zutage tritt, wieder die ersten Humusinseln entstehen, vergehen mindestens drei Jahrzehnte. Und bis wieder eine geschlossene Rasendecke gewachsen ist, auf der das Vieh weiden kann, dauert es über hundert Jahre. Freilich scheinen die Gurgler die Gefahr erkannt zu haben. Die Wälder, die noch stehen, sind heute streng geschützt. Die letzten Bergbauern erhalten Ausgleichszahlungen aus der Gemeindekasse, damit sie ihre Äcker und Wiesen weiterhin bewirtschaften. Und der Verkauf von Grundbesitz an Ortsfremde ist verboten. Ja selbst die Bautätigkeit der Einheimischen wird bereits streng kontrolliert.

Halb Europa will eine Zweitwohnung in der Schweiz

Das Problem des Zweitwohnungswesens zählt zu den wichtigsten Erscheinungen für die Raumordnung im 20. Jahrhundert. Für den Alpenraum zählt die Nachfrage nach Zweitwohnsitzen aller Art zu den bedeutendsten Faktoren der laufenden Entwicklung. Dem Druck auf den Grundstücksmarkt von seiten ausländischer Interessenten sind allerdings bisher nur die Schweiz und einzelne österreichische Bundesländer durch die entsprechende Handhabung von Grundverkehrsgesetzen entgegengetreten. Vier Elemente treffen im Hochgebirge – wie zum Beispiel im Falle von Graubünden – zusammen:

- eine extrem subventionierte Landwirtschaft, bei der 1976 die Höhe von Direktzahlungen etwa 30 Prozent des Einkommens betrug;

– eine bedeutende gründerzeitliche Hoteltradition – die ursprünglich auf die Oberschichte zugeschnitten war;
– ein sehr starker Ausbau der Parahotellerie (Privatquartiere, Zweitwohnungen usw.) und
– die Kommerzialisierung des Zweitwohnungswesens, die ein besonderes Kennzeichen der Schweiz darstellt.

Anstoß für diese Entwicklung, so die Geographin Prof. Lichtenberger (Wien), war das Gesetz über das Stockwerkseigentum im Jahr 1965 (das juristisch der Eigentumswohnung in Österreich entspricht), das die massive Einschaltung von Schweizer Banken in die Finanzierung von Apartmenthotels und Eigentumswohnungs-Komplexen zur Folge hatte. Durch die Ausweitung der Parahotellerie kam es sehr bald zu einem Bedeutungsverlust der gastgewerblichen Betriebe, auf die 1973 nur mehr 45 Prozent der Nächtigungen entfielen. Prof. Lichtenberger: »Das kann als Hinweis darauf gesehen werden, daß die partielle Ausgliederung der Wohnfunktion aus dem Fremdenverkehrssektor eine generelle Entwicklungstendenz darstellt, die von den jeweiligen politischen und ökonomischen Verhältnissen unabhängig ist. Spezifisch für die Schweizer Situation ist aber die Kommerzialisierung des Zweitwohnungssektors und dessen starke Beteiligung an den Übernachtungsziffern.« So entfielen etwa 1973 bereits 28 Prozent aller Nächtigungen in Graubünden auf Zweitwohnungen. Insgesamt stieg in der Schweiz die Zahl der Zweitwohnungen zwischen 1970 und 1975 von 131.000 auf 180.000 an. Das Forschungsinstitut für Fremdenverkehr (FIF) in Bern rechnet für die kommenden 30 Jahre mit der Verdoppelung der Gästebetten in der Schweiz auf rund 1,5 Millionen Einheiten. Der größte Teil davon wird aber nicht in Hotels, sondern in privaten Chalets und Zweitwohnungen stehen.

Für die bis zum Jahr 2010 in der Schweiz prognostizierten neuen 150.000 Ferienwohnungen (derzeit gibt es bereits etwa 270.000) werden 150 Quadratkilometer bester Erholungslandschaft entwertet. Das entspricht 8,5 Prozent des heute in der Schweiz bereits überbauten Areals oder der Fläche des Kantons Appenzell oder etwa der doppelten Fläche des Zürich-Sees. Schon heute sind in nicht wenigen schweizerischen Fremdenverkehrsgemeinden mehr als die Hälfte der Häuser Zweitwohnungen, etwa in Celerina (Graubünden). In Gstaad befindet sich ein Drittel der überbauten Fläche in ausländischem Besitz. Die meisten der Apartmentkomplexe, mit denen seit zehn Jahren die Seeufer im Tessin, die Rebberge im Waadtland und die Schiregionen im Wallis und in Graubünden zunehmend verbaut werden, wären ohne ausländische Käufer gar nicht realisiert worden. Allein in den letzten 20 Jahren wechselten Grundstücke im Umfang von fast 53 Quadratkilometern und im Gesamtwert von 13 Milliarden Schweizer Franken in ausländischen Besitz über. Und noch sind keine Anzeichen dafür bemerkbar, daß die ebenso geschäftstüchtige wie kurzsichtige Schweizer Tourismusbranche sich bekehren ließe. Hans Weiss von der Schweizerischen Stiftung für Landschaftsschutz und Landschaftspflege: »Wir haben in unserem kleinen Land ganz einfach nicht den Raum, um auch noch die Nachfrage halb Europas nach einer Zweitwohnung zu befriedigen.« Und weiter: »Nachbarländer wie Vorarlberg, Tirol und Südtirol haben die Gefahr dieses Raubbaues längst erkannt und gestatten den Grundstücksverkauf an Ausländer nur, wenn er staatspolitische, volkswirtschaftliche, kulturelle und soziale Interessen nicht beeinträchtigt. Wobei die finanziellen und wirtschaftlichen Interessen der Käufer oder Verkäufer nicht zählen. Und der Tourismus blüht in diesen Ländern genauso.« In Südtirol fehlt allerdings ein normaler Grundstücksmarkt vollkommen, weil zwar eine hohe Nachfrage, aber kein Angebot an Grundstücken besteht. Aus dieser Lage heraus ist auch verständlich, daß für den, der Grund an die öffentliche Hand abgeben muß (zum Beispiel für den Straßenbau), auch hohe Entschädigungen nicht den Verlust an landwirtschaftlichem Boden wettmachen können. Ein Erwerb von Grund für die Entschädigungssumme etwa bei Enteignungen ist daher in vielen Fällen einfach unmöglich. Und ähnliches gilt natürlich auch für den Zweitwohnungsmarkt.

Der größte Schizirkus der Welt, eine Fehlplanung?

Der sechste Wirtschaftsplan Frankreichs für die Jahre 1971 bis 1975 berücksichtigte den Tourismus in bisher noch nie dagewesener Weise. Zu Beginn des Jahres 1970 hatte die Regierung den sogenannten »Plan Neige« gutgeheißen, wonach in den kommenden zehn Jahren allein im französischen Berggebiet 350.000 zusätzliche Betten bereitgestellt werden sollten, so daß das gesamte Angebot in dieser Region – vor allem in Savoyen – auf etwa 500.000 Betten erhöht werden könne. Das ist doppelt soviel wie die gesamte schweizerische Hotelbettenkapazität einschließlich der Städte! »Führt das«, so fragte damals ein besorgter Sprecher des französischen Alpenklubs, »zu Pizzabuden auf dem Mont Blanc?« Ursprünglich bestand die Absicht, das Planziel in 20 Jahren zu erreichen, das Limit wurde dann aber doch auf zehn Jahre reduziert. Und tatsächlich schossen die »Wintersportorte der dritten Generation« in schneller Folge in die Höhe, wurden neue »Satellitenstationen« gebaut und ganze Hochtäler mechanisch erschlossen. Die futuristischen Ferienstationen in den französischen Hochalpen sind dann den Sommer über wahre Geisterstädte – zeitgenössische Pompejs – in der geschädigten Erholungslandschaft. In der Zwischenzeit hat man damit begonnen, die Umgebung dieser Geisterstädte aufzuforsten, im verzweifelten Bestreben, doch noch Sommergäste anzulocken. Und da bei Fachtagungen beanstandet wurde, daß zwar alle Fremdenverkehrseinrichtungen vorhanden wären, daß aber die entsprechende Kulisse fehle, weil zum Beispiel kein Vieh gehalten werden könne, lieferte man schließlich wieder Kühe als »Teile der Landschaft« mühsam 350 bis 500 Kilometer aus dem französischen Flachland an und behängte sie mit Glocken und Schellen – als Hintergrund für eine mißlungene Fremdenverkehrsplanung.
Vergleichbar den Shopping-centers der französischen Architektur feiert beim »Schi total« der dritten Generation funktionelles Design Triumphe. Ein Halbrund mäßig steiler Schihänge mit etwa 1000 Meter Höhenunterschied in der Schattlage von Hochtälern mit vier Monaten geschlossener Schneedecke bietet

bei den neuen französischen Schidörfern den ökologischen Hintergrund. Sonnseitig liegen dann die zentralen Verwaltungs- und Empfangsgebäude mit Ladenstraßen, Restaurants, Diskotheken sowie Sport- und Schwimmhallen. Berechnungsgrundlage für den architektonischen Verbund sind die Pistenkapazität, die Stundenleistung der Lifte, die Anzahl der Betten und Parkplätze. Das Angebot dieses Luxus-Tourismus wird über Pariser und internationale Agenturen offeriert, wobei die Integration privater Apartmenteigentümer die Anlaufschwierigkeiten überbrücken half und auch heute die fast ausschließlich winterliche Betriebsführung mit ermöglicht. »Auf kurze Amortisationsdauer gebaut, unter Minimierung der Kosten für die Entsorgung, ohne Bedachtnahme auf die einheimische Bevölkerung, sind die französischen Schistädte«, so Prof. Lichtenberger, »trotz aller Gegner zweifellos Prototypen einer zentralistisch gesteuerten Freizeitplanung, die dort Nachahmung finden werden, wo die magische Formel ›Schnee und Sonne‹ ökologisch anwendbar ist und eine wirtschaftlich und politisch aktive Bergbevölkerung fehlt.« Was eine große Illustrierte nicht von der Schlagzeile abhielt: »Wenn Sie Alpträume nicht fürchten, besuchen Sie den größten Schizirkus der Welt!«

Angstvisionen eines Hieronymus Bosch

Der Münchener Architekt Tino Walz unterscheidet bei den Erbauern der neuen Ferienstädte in den Alpen – vor allem in Frankreich und in der Schweiz – verschiedene Gruppen. Die Vertreter der ersten Gruppe weisen jede Anlehnung an ortsgebundene, ortstypische Elemente zurück. Sie vermeiden aber nicht nur eine Stilanpassung, sondern nehmen auch kein Baumaterial – etwa Naturstein oder Holz – aus der Umgebung. So findet man zum Beispiel in Flaine (Frankreich, 1600 Meter Seehöhe) eine großmaßstäbliche Architektur aus im Tal vorfabrizierten Betonelementen. In Les Menuires (Frankreich, 1880 Meter) dominieren Stahl- und Betonskelette in großstädtischer Rasterbauweise. In Lac de Tignes (Frankreich, 2100 Meter) wurde eine stark geschwungene, in der Höhenentwicklung gegliederte Kettenbauweise großen Ausmaßes mit Betonputz und viel Aluminium realisiert. Als Architekten-Vision in isolierter Höhenlage – aus vorfabrizierten Zellen angehäuft zu einer Riesenkonstruktion – gilt Aime La Plagne in 2100 Meter Seehöhe.

Auch die zweite Gruppe lehnt jede Anpassung an dörfliche Anordnung und alte Bauformen ab, will aber zu den Bergen durch Baukörpergestaltung und Materialwahl eine Verbindung schaffen. Hier ist unter anderem Avoriaz (Frankreich, 1800 Meter) zu nennen, wo man eine den Bergformen nachempfundene Modellierung der Baukörper – die vollständig mit Holzschindeln verkleidet sind – durchgeführt hat. In La Plagne (Frankreich, 1900 Meter) hat man normale, aufeinander abgestimmte Kuben, allerdings auch wieder großstädtischer Dimension, mit vorgeblendeten Holzbalkonfronten versehen und in Les Arcs (Frankreich, 1600 Meter) eigenwillig geformte Zeilen aus holzverblendeten Terrassen-

Häusern geschaffen. In der Schweiz, in Soleval-Lenzerheide (1450 Meter), zog man drei- bis vierstöckige, differenzierte Zeilenbauten mit Beton und Holz als Gestaltungselemente hoch.
Die Exponenten der dritten Gruppe übernehmen bewährte architektonische Grundformen und passen sie modernen Wohnbedürfnissen an. Sie suchen durch Gruppierungen die Wirkung von Dorfplatz und Dorfstraßen zu erzielen. Es werden auch ortsgebundene Materialien verwendet. Ein Beispiel dafür ist Anzère (Schweiz, 1500 Meter), wo man mäßig vergrößerte Chaletformen mit Apartments gebaut hat, holzverkleidete Häuser mit Satteldach auf einem Sockelgeschoß aus Naturstein. Oder Meribel (Frankreich, 1500 Meter), wo man Holz-Chalets auf Steinsockeln findet, etwa in der Größe von Ein- bis Dreifamilienhäusern. Gebaut wurden sie entlang den Straßen – und zwar ohne gestaltende Anordnung.
Die Vertreter der vierten Gruppe schließlich schlüpfen in ein vorhandenes Gewand und erreichen damit ein Maximum der Anpassung an ländliche Lebensformen. Das kann durch die Sanierung von völlig verlassenen Siedlungen geschehen, wie zum Beispiel Val Sporz in der Schweiz, oder durch den Ausbau verlassener Häuser und Ställe in den Dörfern, wie man das zum Beispiel in Zuoz – ebenfalls in der Schweiz – realisiert hat. Eine weitere, allerdings gewagte Variante ist das Hineinschlüpfen in ein altes Gewand, das man aber neu gemacht hat. Das »neue« Dorf in »originaler« Größenordnung von Gesamtanlage und Einzelbauten mit allen malerischen »zufälligen« Reizen – wie das etwa bei Sporz Crest Arsa in der Schweiz geplant wurde.
Architekt Tino Walz über einige seiner Eindrücke zu der modernen bzw. modernistischen Ferienarchitektur in den Alpen: »Beeindruckt und begeistert hat mich Avoriaz (Frankreich), dessen Bauten wie Riesenplastiken wirken. Die Größe hat mich dort am wenigsten geängstigt. Bewundert habe ich auch in Flaine (Frankreich) das Konzept und die architektonische Gestaltung vom Großen bis ins Detail – aber alles ist sehr kühl. Panischer Schrecken erfaßte mich zwischen den Riesendampfern, Silos und unfaßbaren, dreieckigen Hausbrocken von Les Menuires (Frankreich). In Lac de Tignes – ebenfalls in Frankreich – war ich fassungslos, doch neugierig gemacht von der manchmal grotesken Gestaltung, der gewagten Größenordnung und der Konfrontierung mit der Umwelt. Dagegen war ich in Anzère und Val Sporz in der Schweiz sofort zu Hause.« Und dann in einem bedeutsamen Nachsatz: »Die bizarre Gestaltung – expressive Form felsigen Charakters als Symbol neuer Gebirgsarchitektur – von La Daille (Frankreich) schließlich ließ mich an die Angstvisionen des Hieronymus Bosch denken, aber niemals an die Berge.«

Waben für programmierte Schi-Roboter

Wie groß sollen aber nun neue Reißbrett-Siedlungen wirklich werden? Nun, in Österreich, Bayern und in der Schweiz sind Neusiedlungen über 6000 Betten nicht notwendig und wären auch schwer zu belegen, da zu viele traditionelle Orte vorhanden sind und trotz vieler Mängel Maßstäbe setzen für Vielfältigkeit und Stimmungswechsel gegenüber der Stadt. Bei freier Wahl wird der Großteil der Urlauber den gewachsenen Ort wählen, auch wenn er – wie zum Beispiel St. Moritz, St. Anton oder Courchevel – keinen originalen Stil hat. In Frankreich und zum Teil auch in Italien stand dagegen für die neu mobilisierten Massen der Schifahrer nichts zur Verfügung. 1955 waren in allen damaligen französischen Winterkurorten – die übrigens zum Schifahren viel zu tief liegen – weniger Betten vorhanden als etwa in St. Moritz. Die Bergdörfer waren nur noch zum Teil bewohnt und boten wenig Reiz. Den Planern und Architekten eröffneten sich dadurch Möglichkeiten zu ungehemmter Entwicklung, da fast alle Neugründungen oberhalb der Dörfer liegen sollten. Und der Pariser wird offensichtlich von großen Dimensionen weniger erschreckt und wünscht das städtische Angebot an Vergnügungen und Nachtlokalen auch am Ferienort, was eine Mindestzahl von 8000 Betten verlangt. Eine Ausnahme machen die Orte, welche die »oberen Zehntausend« bevorzugen. Aber Tatsache ist und bleibt: In keinem anderen europäischen Land sind Planungen solchen Ausmaßes in den Bergen zu finden wie in Frankreich.

»Die erträgliche Größenordnung«, so Architekt Walz, »ist nicht absolut. Sie hängt wesentlich ab von der Entstehungsdauer. Werden solche Anlagen in wenigen Jahren nach einem Konzept und von einer Architektengruppe geschaffen, so ist bald der Grad erreicht, wo auch bei sehr guter Architektur die Anhäufung steril wirkt, der Gast sich programmiert fühlt und die Erlebnisfähigkeit abnimmt. Vielleicht aber will der neue Schi-Roboter-Mensch nichts anderes. Wird ein gutes Stammpublikum gewünscht oder Familientourismus, liegt die Größenordnung einer neuen Anlage bei maximal 4000 Betten. Müssen gößere Massen untergebracht werden, dann bleibt eigentlich nur die konzentrierende Bauweise in vielstöckigen, aufgereihten Gebäuden. Es wird sonst zuviel Landschaft oder – rein kommerziell betrachtet – zuviel ›Sportfläche‹ verbraucht. Unterkünfte für Massen müssen preiswert sein. Und dafür ist nun einmal der großstädtische, gerasterte Hochbau als Grundstruktur am besten geeignet. Dagegen gibt es bei mittleren Größenordnungen durchaus Alternativen: den Stil, der gerade modern ist, oder die heimischen Formen. Bei kleineren Anlagen besteht, so der Münchener Architekt, überhaupt kein Grund, bewährte heimische Konstruktionen zu vermeiden. Sie haben den unschätzbaren Vorteil, individuelle Gestaltung zu ermöglichen, ohne den Charakter des Ganzen zu stören. Die wenigen Kleinsiedlungen dieser Art sind natürlich etwas Exklusives, jedoch nicht wegen der zu hohen Kosten. Sie setzen beim Gast nur eine andere Beziehung zur Umwelt voraus, als sie der ›Wabenbewohner‹ hat, der sein Pauschal-Abonnement ausnützen und dafür ganz einfach zweckmäßig untergebracht werden will.«

Der provozierte »weiße Tod«

Im Gebirge leben, heißt mit den Gefahren leben. Im alpinen Raum gibt es keine absolute Sicherheit. Hochwässer und Lawinen sind nur in Grenzen kontrollierbar. Letztlich ist jeder für seine eigene Sicherheit verantwortlich. Die Einstellung der ländlichen Bevölkerung zu den Naturgewalten war und ist bis in die jüngste Zeit ausschließlich eine passive: Man meidet gefährdete Räume nach Tunlichkeit. Die Besiedlung der Alpentäler läßt dies deutlich erkennen. Die Talböden wurden gemieden, weil Überschwemmungen relativ häufig waren. Auf den Schwemmkegeln wußte man sehr wohl, welche Bereiche gefährlich waren. Nur dort, wo man der Gefahr absolut nicht ausweichen konnte, etwa weil man auf die Wasserkraft angewiesen war, nahm man sie bewußt in Kauf.

Der wirtschaftliche Aufschwung der letzten Jahrzehnte brachte einen ungeheuren Druck auf den Baulandmarkt. Die ländliche Bevölkerung, nicht zuletzt durch den Bargeldzufluß der Pendler, konnte sich den Wunsch nach einem eigenen Haus erfüllen. Die Sehnsucht vieler Menschen, aus den Ballungsräumen mit einer progressiv anwachsenden Umweltbelastung in die »unberührte« Natur zu fliehen, gab den Startschuß für den Zweitwohnungs-Boom. Beides führte zu einem rapid wachsenden Bedarf an Bauland. Und hier boten sich in erster Linie die durch Jahrtausende freigelassenen Gefahrenzonen an. Für die meist bäuerlichen Grundbesitzer waren diese Gründe auf den Schwemmkegeln landwirtschaftlich wenig wertvoll, anderseits war aber der Schotterboden bester Baugrund. Das instinktive Verhältnis des Menschen zu den Naturgewalten ist allerdings schon längst verlorengegangen. Während im ländlichen Raum noch ein gewisses Nahverhältnis zu den Naturgefahren geblieben ist, weil generationslange Erfahrung gelehrt hat, diesen Gefahren auszuweichen, hat sich die städtische Zivilisation durch die Nutzanwendung der naturwissenschaftlichen Erkenntnisse eine »Ersatznatur« geschaffen, in der die Sicherheit vor Elementargefahren weitgehend verwirklicht ist. Allerdings: Diese Entwicklung der Denkweise hat sich als gefährlicher Irrweg erwiesen. Denn die Zahl der Naturkatastrophen hat in den Alpen drastisch zugenommen, wie der Wiener Professor Herbert Aulitzky schon in einer 1974 im Auftrag des Europarates erstellten Studie gezeigt hat. 20.000 lawinengefährdete Hänge und 10.000 Wildbäche, deren Wassereinzugsgebiete durch falschen Waldbau verändert wurden, bedrohen Alpenbewohner und Touristen, weil die Siedlungstätigkeit und die Vergrößerung der Schigebiete an unzähligen Stellen die alten Sicherheitsgrenzen überschritten haben. Waren es 1945 nur etwa zehn größere Katastrophen in den Alpen, so erreichte man 1965 bereits einen Spitzenwert von 200 größeren Ereignissen. Mehr als 100 Menschen werden jährlich im Gebirge durch Lawinen getötet, 54 Prozent beim Schifahren. Österreich hält übrigens mit 36 Opfern im Jahresschnitt den Weltrekord an Lawinentoten. Aber trotz aller bekannten Gefahren und Risken liegen etwa in Österreich – vorsichtig geschätzt – etwa 500 Hotels in lawinengefährdeten Gebieten. Prof. Aulitzky: »Es ist eigentlich nur eine Frage der Zeit, bis eine größere Katastrophe passiert.«

Bei den Hochwasserkatastrophen der Jahre 1965 und 1966 in Osttirol und

Oberkärnten fielen zum größten Teil neuerrichtete Ortsteile den Fluten zum Opfer, während die alten Ortskerne weitgehend unversehrt blieben. Bei der Lawinenkatastrophe von Mallnitz (Kärnten) wurde im Winter 1974 eine Siedlung zerstört, die in einem lawinengefährdeten Gebiet errichtet worden war. Eine Analyse der Katastrophen von 1965 und 1966 in Tirol, die der Italiener Vitorelli erstellt hat, zeigt deutlich, daß die Ursachen in erster Linie in den von Menschen vorgenommenen Landschaftsveränderungen zu suchen sind:

- Rund ein Viertel aller Schäden entstand durch die Besiedelung von Gefahrengebieten;
- bis zu ein Zehntel der Unglücke hing mit falschen land- und forstwirtschaftlichen Maßnahmen zusammen;
- jeder fünfzigste Schaden trat in Zusammenhang mit Wege- und Straßenbaumaßnahmen auf;
- in einem Drittel der Fälle waren unterlassene Schutzmaßnahmen die Unglücksursache.

Der Glaube an die unbegrenzte »Machbarkeit« etwa in der Wildbachverbauung kommt regelmäßig dann in eine Krise, wenn Mur- und Überschwemmungskatastrophen eintreten. Natürlich wäre rein technisch noch viel machbar. Man könnte noch viel Beton und Eisen verbauen – aber eine derartige »Übertechnik« würde letztlich mehr Schaden als Nutzen bringen. Die Grenzen der »Machbarkeit« liegen dort, wo die Ästhetik des Landschaftsbildes und die Ökologie eines Fließgewässers ge- oder zerstört werden.

Der zunehmende Andrang in die alpinen Räume von Menschen, die die Gefahren nicht kennen oder falsch einschätzen, hat dazu geführt, daß es sich Gesetzgeber und Verwaltung zur Aufgabe gemacht haben, Sicherheit vor Lawinen und Wildbächen zu gewährleisten. Nicht zuletzt wegen des hohen volkswirtschaftlichen Schadens, den solche Ereignisse direkt oder indirekt verursachen. Entsprechende Vorschriften und andere legistische Maßnahmen führen aber leider nur zu einem ständigen Abbau der Selbstverantwortung. Die Frage der Sicherheit wird mit leichter Hand auf die Verwaltung abgeschoben. Und eine – mit welchen Mitteln auch immer – erlangte Baubewilligung wird einer verbrieften Sicherheit gleichgesetzt. Dieses durchaus falsche Sicherheitsgefühl wird noch dadurch verstärkt, daß die öffentliche Hand Schäden aus Naturkatastrophen im zunehmenden Maße ersetzt. Damit wird aber der Bürger nur zu der Ansicht erzogen, daß der Staat für die Sicherheit seiner Bürger voll verantwortlich ist und für die Schäden aufzukommen hat, auch wenn diese Sicherheit nicht gegeben war.

Im Österreichischen Forstgesetz 1975 wurde die staatliche Organisation der Wildbach- und Lawinenverbauung damit beauftragt, die durch Wildbäche und Lawinen gefährdeten Zonen zu kartieren und in sogenannten »Gefahrenzonenplänen« festzulegen. Im wesentlichen handelt es sich um die Ausscheidung der »roten Zonen«, die jene Flächen umfassen, »die durch Wildbäche oder Lawinen derart gefährdet sind, daß ihre ständige Benützung für Siedlungs- und Verkehrszwecke wegen der voraussichtlichen Schadenswirkungen des Bemessungsereignisses oder der Häufigkeit der Gefährdung nicht oder nur mit unverhältnismäßig hohem Aufwand möglich ist«. Die »gelbe« Gefahrenzone umfaßt alle übrigen

durch Wildbäche oder Lawinen gefährdeten Flächen, »deren ständige Benutzung für Siedlungs- und Verkehrszwecke infolge dieser Gefährdung beeinträchtigt ist«. 1979 gab es in Österreich 302 ausgearbeitete Gefahrenzonenpläne für die Wildbach- und Lawinenverbauung. An der Spitze lag naturgemäß Tirol (130 Pläne), gefolgt von Oberösterreich (63), Salzburg (40) und Kärnten (25). In weiteren 1500 Gemeinden dürfte noch ein entsprechendes Erfordernis bestehen.
Die Auswirkungen dieser Zonierung für das Baugeschehen sind in Österreich von der Kompetenz her Landessache. In Kärnten zum Beispiel ist durch einen Erlaß der Landesregierung für die »rote Zone« Bauverbot verfügt, in der »gelben Zone« sind in den Baubewilligungsbescheid die vom Sachverständigen der Lawinen- und Wildbachverbauung festgelegten baulichen Sicherheitsvorschreibungen aufzunehmen. Das Bundesministerium für Land- und Forstwirtschaft hat überdies durch einen Erlaß die Freigabe von Förderungsmitteln der Wildbach- und Lawinenverbauung in solchen Gemeinden unterbunden, in denen die Gefahrenzonenpläne nicht beachtet werden. Überdies müssen sich die Gemeinden bei den Verhandlungen hinsichtlich der Finanzierung von Bauprojekten rechtsverbindlich verpflichten, solche Förderungsmittel wieder zurückzuzahlen, wenn sie nach Verbauung gegen die Grundsätze der Gefahrenzonenpläne verstoßen. Diese an sich klare Konzeption bringt aber in der Realisierung einige Probleme mit sich. Zunächst stellt sich die Frage, welcher Grad von Sicherheit der Kartierung zugrunde gelegt werden soll. Die Durchführungsverordnung über die Gefahrenzonenpläne zum Forstgesetz 1975 charakterisiert das Bemessungsereignis als »ein Ereignis mit einer Wiederkehrwahrscheinlichkeit von zirka 150 Jahren«. Eine solche Gefahrenlinie in der Natur tatsächlich zu finden, bleibt dennoch problematisch. Denn ein 150jähriger Hochwasserabfluß zum Beispiel ist ein theoretischer Wert, der um so genauer ist, je länger die zur Verfügung stehenden Beobachtungsreihen zurückreichen. Aber leider gibt es an Flüssen und schon gar nicht an Wildbächen sehr lange Beobachtungsreihen. Und so müssen die Werte eben theoretisch errechnet, also extrapoliert werden. Man kann mit einiger Wahrscheinlichkeit sagen, daß weder der Planverfasser noch die Betroffenen ein 150jähriges Ereignis selbst erlebt haben.
Während man aber im Flußbau noch Hochwasserabflußmengen und Schäden einigermaßen in einen Zusammenhang bringen kann, wird die Sache bei Wildbächen schon um einiges schwieriger. Geschiebe, Holz, Verklausungen und Verwerfungen können bei gleichem Wasserabfluß sehr verschiedene Schadensbilder ergeben. Und selbst Zeugnisse früherer Katastrophen sind nur bedingt von Wert, weil inzwischen eingetretene Veränderungen den Katastrophenablauf sowohl in positiver wie auch in negativer Richtung wesentlich beeinflussen können.
Eine solche Änderung hat in den beiden letzten Jahrzehnten etwa der Wegebau im Gebirge mit sich gebracht. Die fortschreitende Asphaltierung der Wege, aber auch immer mehr Dach- und versiegelte Hofflächen führen in kleinen Einzugsgebieten zu einer merklichen Verschärfung der Hochwasserwelle. Das Zusammentreffen starker Schnee- und Regenfälle innerhalb weniger Tage hat etwa in Kärnten im Jahr 1975 sehr deutlich gezeigt, welche Gefahren eine Vernachlässi-

gung der Wegentwässerung mit sich bringen kann. Anderseits kann natürlich die rasche Erreichbarkeit kritischer Punkte im Katastropheneinsatz über gute Wege die Schäden wesentlich mindern.

Der Staat kann Sicherheit nicht verordnen

Die Lawinengefahr ist erst in jüngster Zeit, dafür aber um so dramatischer, in den Vordergrund getreten. Mehr noch als bei Hochwässern war früher die Begegnung mit dem »weißen Tod« auf die bäuerliche Bevölkerung beschränkt. Wo immer es ging, wurden Gefahrenbereiche in kritischen Zeiten gemieden. In den extremen Alpingebieten war aber aus Gründen der Wirtschaftsführung ein Ausweichen nicht immer möglich. Doch man lernte bald, die gefährdeten Objekte bestandssicher zu bauen und zu schützen. Fachmännisch durchgeführte Lawinenverbauungen sind übrigens, wie eine vom Wiener Universitätsprofessor Herbert Aulitzky durchgeführte internationale Befragung ergeben hat, noch immer mit Abstand die sicherste Methode im Kampf gegen den »weißen Tod«. Permanente Verbauungen wurden von Experten aus acht Staaten in aller Welt mit einem Sicherheitsgrad von 90 Prozent beurteilt. Es folgen die lokalen Lawinen-Prognosen von örtlichen Lawinenkommissionen (Sicherheitsgrad 70 Prozent), die als Grundlage für Bahn- und Pistensperren gelten. Dann kommen Handsprengungen (60 Prozent Sicherheit), der Einsatz von Sprengseilbahnen, die eine Zündung der Ladung etwa ein bis zwei Meter oberhalb der Schneedecke ermöglichen, und spezielle Rütteltische (50 Prozent), die künstlich Lawinen auslösen.

Der Lawinenschutz wurde zu dem Zeitpunkt zu einem Kardinalproblem, als der Schilauf geradezu explosionsartig zum Massensport – und nicht nur für die Alpenbewohner – wurde. Nun stellen Lawinen eine nur sehr schwer erkennbare Gefahr dar. Während etwa bei einem Wildbach die Zone der unmittelbaren Gefährdung relativ klar ist und sich Katastrophen im allgemeinen schon vorher abzuzeichnen beginnen und damit eine Evakuierung oder Flucht möglich ist, kommen Lawinen vorwiegend überraschend, schnell und unausweichbar. Prognosen sind wegen der Komplexheit der verschiedenen auslösenden Gründe schwierig. Oft treffen derartige auslösende Ursachen so selten zusammen, daß der Abstand zwischen den Katastrophenlawinen über mehrere Generationen reicht. Die Gefahr gerät so leicht in Vergessenheit. Und das um so mehr, wenn die letzte Lawine (an die man sich ohnehin kaum erinnern kann) keinen unmittelbaren Schaden angerichtet hat oder durch einen, wenn auch nicht näher definierten »technischen Fortschritt« als längst überwunden betrachtet wird. Unwissenheit und mitunter auch Verantwortungslosigkeit täuschen aber vielfach eine Sicherheit vor, die in der Realität gar nicht vorhanden ist. Die Gefahrenzonenplanung verfolgt hier die Absicht, die Siedlungen aus den gefährdeten Zonen fernzuhalten – sie reicht aber im allgemeinen nicht über die Gebiete des alpinen Schilaufs hinaus. In der Verwaltungspraxis wurden in Österreich bis vor wenigen

Jahren die Seilbahnen und Lifte lediglich auf die technische Sicherheit und die Lawinensicherheit der Anlage selbst hin überprüft. Ungeklärt blieb die Frage nach der Sicherheit des Schifahrers, sobald er den Lift- oder Seilbahnbereich verläßt. Die Lawinenkatastrophe von Gaschurn im Frühjahr 1975 brachte hier eine einschneidende Änderung. Durch einen Ministerialerlaß wurde festgelegt, daß alle Aufstiegshilfen in Österreich neu zu überprüfen sind und der Weiterbetrieb nur dann zu genehmigen ist, wenn nicht nur die Anlage selbst lawinensicher, sondern zumindest auch eine lawinensichere Abfahrtsmöglichkeit vorhanden ist. Dieser auf weitgehende Sicherheit zielende Erlaß zeigte aber sehr schnell die Problematik auf, wieweit Sicherheit unter den gegebenen Umständen auf dem Erlaßweg überhaupt gewährleistet werden kann. Die strenge Durchführung des Erlasses hätte nämlich die Schließung des größten Teiles der Aufstiegshilfen bedeutet – und damit wäre vermutlich der gesamte Winterfremdenverkehr zum Erliegen gekommen. In einem Expertengespräch wurde daher dieser Erlaß dahingehend interpretiert, daß bei bestehenden Einrichtungen die Sicherheit auch dann als gewährleistet gilt, wenn die Anlage in Gefahrenzeiten aufgrund des Gutachtens einer Lawinenkommission gesperrt wird und dadurch der Schifahrer nicht in die Gefahrenbereiche befördert werden kann. Die Beurteilung durch die Lawinenkommission bleibt trotzdem mit objektiven und subjektiven Mängeln behaftet. Denn die Mitglieder der Kommission beurteilen meist vom Talboden aus, während die Abbruchgebiete bis zu 1000 Meter höher liegen und bei den entsprechenden Wetterlagen weder erreich- noch einsehbar sind. Die Daten hochalpiner Wetterstationen sind ebenfalls nur bedingt brauchbar und führen meist nur zur Formulierung eher allgemein gehaltener Aussendungen der Lawinenwarndienste, die für den konkreten Einzelfall wenig aussagen. Es ist weiters zu berücksichtigen, daß die Sperre einer Lift- oder Seilbahnanlage meist mit wirtschaftlichen Verlusten verbunden und der Druck der Verantwortlichkeit für das einzelne Kommissionsmitglied nicht zu unterschätzen ist. »Mildernde Umstände«, die etwa durch das Kommissions-Kollektiv gegeben erscheinen, werden durch die Geschäftsordnung wieder aufgehoben: Denn wenn nur ein Kommissionsmitglied Bedenken anmeldet, ist die Anlage zu sperren. Die Freigabe nach erfolgter Sperre muß dann einstimmig erfolgen.
Wir können also folgendes Resümee ziehen: Die Begrenzung durch staatliche Eingriffe muß den Kompromiß zwischen dem Wünschenswerten und dem Erreichbaren finden, denn sie soll ja nicht jede Entwicklung zum Stillstand bringen. Es soll aber auch nicht der Eindruck entstehen, als könnten staatliche Planung und staatliche Maßnahmen eine absolute Sicherheit garantieren. Diese sollen dort eingreifen, wo der einzelne es nicht kann oder nicht will, ohne jedoch die Eigenverantwortlichkeit aufzuheben.

100 Jahre Schweizer Lawinenkataster

1872 beauftragte der damalige Kantonsoberförster Johann Coaz seine Kreisoberförster, eine Statistik der Lawinen des Kantons Graubünden aufzunehmen. Coaz wurde 1874 erster eidgenössischer Forstinspektor, und damit wurde die Aufnahmetätigkeit auf das ganze schweizerische Alpengebiet ausgedehnt. Mit einem Kreisschreiben vom 7. Januar 1878 ersuchte man die Kantonsforstämter, an einer schweizerischen Lawinenstatistik mitzuarbeiten. Dieser Termin kann als Geburtsdatum des Schweizer Lawinenkatasters angesehen werden. Die Eidgenossen haben damit eine mehr als einhundertjährige Tradition auf diesem lebenswichtigen Gebiet. Das eidgenössische Departement des Inneren veröffentlichte 1907 den Coazschen Lawinenkataster als »Lawinenkarte der Schweiz«. Diese Karte ist auch der Publikation von Coaz 1910 mit dem Titel »Statistik und Verbau der Lawinen in den Schweizer Alpen« als Anhang beigegeben. In den folgenden vier Jahrzehnten scheinen dann die Arbeiten am Lawinenkataster geruht zu haben. Die Sache wurde plötzlich wieder aktuell, als die beiden Lawinenzyklen von Januar und Feber 1951 katastrophale Verheerungen brachten. Die enormen Schäden an Leib und Gut führten zu Lawinenverbauungen großen Ausmaßes. Und sie reaktivierten die Arbeiten am Lawinenkataster. Außerdem tauchte damals zum ersten Mal die Idee von Lawinenzonenplänen auf. Als Grundlage solcher Pläne dienen die Lawinengefahrenkarten. 1954 wurde der erste Lawinenzonenplan durch das Kreisforstamt 1 des Kantons Bern für die Ortschaft Gadmen im Berner Oberland ausgearbeitet. 1960 begann das »Eidgenössische Institut für Schnee- und Lawinenforschung« (EISLF) ebenfalls solche Lawinenzonenpläne in Form von Gutachten für verschiedene Gemeinden zu erstellen. Ein erster wichtiger Abschnitt der Lawinenkartierung war 1975 abgeschlossen, als provisorische Richtlinien für die Bearbeitung der Lawinengefahrenkarten herausgegeben wurden. Das EISLF hat in den letzten 18 Jahren für 26 schweizerische Gemeinden detaillierte »Lawinengefahrenkarten« ausgearbeitet. Diese erstrecken sich über eine Gesamtfläche von 55.330 Hektar, wobei 561 Lawinen genau untersucht wurden. Dazu kommen noch die durch die kantonalen Forstdienste und private Planungsbüros ausgearbeiteten Lawinengefahrenkarten. Derzeit haben aber erst fünf der zwölf Gebirgskantone der Schweiz die Lawinenzonung gesetzlich verankert, und nur die Hälfte erwähnt ausdrücklich Gefahren- oder Lawinenzonen.

Landwirtschaft vor der Selbstaufgabe?

Bergbäuerinnen haben eine 80-Stunden-Woche – Eine Kuh frißt mit fünf Mäulern – Ohne Landwirtschaft keine intakte Landschaft – Wohlfahrtspolitik für »Grenzexistenzen«? – Es begann in der Steinzeit – Gastarbeiter schon im 18. Jahrhundert – Die Flucht in die Täler

Bergbäuerinnen haben eine 80-Stunden-Woche

In den letzten Jahrzehnten beginnt die Landwirtschaft in den Berggebieten mehr und mehr, ihren harten existentiellen Kampf aufzugeben, was angesichts der ständigen Überforderungen kein Wunder ist. Denn im Bergland ist auch heute im Durchschnitt eine Sechzig-Stunden-Woche noch durchaus die Regel. Und die Arbeitsleistung der Bergbäuerinnen, deren Männer noch zusätzlich außerhalb der Landwirtschaft tätig sind, wird von Experten sogar auf 75 bis 80 Stunden pro Woche geschätzt. In Österreich ist die Zahl der in der Land- und Forstwirtschaft beschäftigten Erwerbstätigen von 1934 bis 1971 von 37 auf 15 Prozent zurückgegangen – also um mehr als die Hälfte. Damit sind aber die Arbeitskraft-Reserven der Landwirtschaft auch weitgehend erschöpft. Immer mehr Bergbauern wagen heute außerdem den Schritt zum Nebenerwerb. Der Entschluß, das Einkommen aus dem »zu klein gewordenen Betrieb« zu ergänzen, fällt etwa in Österreich meist dann, wenn die »Bedrängnisgrenze« bei 60.000 bis 80.000 Schilling pro Betrieb (DM 8500,– bis DM 11.500,–) erreicht wird. Bei täglichen Fahrten zur Arbeitsstätte bringt ein Nebenerwerb eine Reihe von Vorteilen: Der Tagespendler bleibt seiner Familie und seinem Hof verbunden, und der außerhalb des Hofes erzielte Lohn steigt schneller als das Einkommen aus der Landwirtschaft. Das trägt aber wiederum zum Kaufkraftanstieg in der Gemeinde bei. Und die Familie kann dabei mithelfen, das Leben und die öffentlichen Einrichtungen des Wohnortes intakt zu halten. Tagespendler verrichten meist Akkordarbeit im benachbarten Großwald, Lohnarbeit in Sägewerken, beim Straßen- oder Kraftwerksbau, bei Entwässerungen und Kultivierungen oder bei Wildbach- und Lawinenverbauungen. Erfreulich ist, daß die öffentliche Hand den beauftragten Firmen im Regelfall – zumindest in Österreich – den Einsatz lokaler Arbeitskräfte zur Pflicht macht.

Die Nebenerwerbslandwirtschaft hat aber auch Nachteile: Sie führt zu einer ständigen Überforderung der Arbeitskräfte. Besonders betroffen sind, wie bereits erwähnt, die Bäuerinnen, die neben den Feldarbeiten und den Verrichtungen in Stall und Haushalt meist auch Betriebsleiteraufgaben erfüllen müssen. Nicht selten kommt dabei die Betreuung der Kinder zu kurz. Wo Kinder selbst schon Pendler sind und noch auf dem elterlichen Hof leben, können sich durch das Beisammensein von Geschwistern mit anderem Arbeitslohn und »normalem«

Arbeitsrhythmus nur schwer überbrückbare Differenzen entwickeln. Ein erheblicher Nachteil dieser gemischt-beruflichen Tätigkeit ist weiters das Festhalten an der gewohnten intensiven Landbewirtschaftung – obwohl Arbeitskraft und -zeit der Familie ja nahezu halbiert sind. Der Überbesatz an schlecht ausgenützten landwirtschaftlichen Maschinen ist ebenfalls häufig auf diese Situation zurückzuführen. Da der Abstand zwischen den Einkommen der Klein- bzw. Bergbauern und den Industriearbeiterlöhnen ständig zunimmt und auch die Freizeit auf Kosten der Arbeitszeit in der Industrie immer länger wird, steigt die Zahl der Nebenerwerbsbetriebe zum Beispiel in Österreich unaufhaltsam an. Die nebenberufliche Landbewirtschaftung ist damit zu einem Faktor geworden, der heute aus den agrarpolitischen Konzepten einfach nicht mehr ausgeklammert werden kann.

»Unser Bergland ist ein großer ökologischer Ausgleichsraum, der einen lebenswichtigen Faktor der Gesunderhaltung der Menschen in den industriellen Ballungsgebieten darstellt«, meint der Klagenfurter Universitätsprofessor Ludwig Löhr. Die Erhaltung dieses Erholungsraumes setzt aber ein intaktes Bergbauerntum voraus, das nicht nur Nahrungsmittel produziert, Straßen und Siedlungen sichert und kulturelle Eigenart verkörpert, sondern durch seine Arbeit die Landschaft pflegt und damit das Fundament bewahrt, auf das der Fremdenverkehr nicht verzichten kann. Anderseits ist es naheliegend, daß der Mangel an Arbeitskräften und ihre ständige Überforderung die auf den Berghöfen verbliebenen Menschen dazu zwingt, viele Nebenaufgaben – die zwar weniger nahe liegen, dafür aber keinesfalls unwichtig sind – nur flüchtig auszuführen oder gar zu unterlassen. Gemeint sind damit zum Beispiel die Erhaltung von Güterwegen oder Ausbesserungen, die etwa der Fahrweg zur Alm erforderlich macht. Weiters das Instandhalten von Wasserabzugsgräben oder Schutzbauten gegen Hochwasser, Lawinen, Geröll und Erosion. Schließlich sind auch noch die Durchforstungsarbeiten nicht zu vergessen, die Arbeiten im Wald nach Wind- und Schneebruch und noch vieles andere mehr. Hat ein Bergbauernhof im Nebenerwerb zum Beispiel noch Gäste, so wird der für die Landwirtschaft übrigbleibende Zeitraum – so der Bauer Tagespendler ist – überhaupt nur auf Sonn- und Feiertage eingeschränkt. Soll die ganze Familie nicht total überfordert werden, so muß vereinfacht und rationalisiert werden, wo es nur immer geht. Und so fällt eben einiges »unter den Tisch«. Es ist kein Zufall, wenn Elementarschäden vornehmlich im Wirkungsbereich von Nebenerwerbsbetrieben festgestellt werden, wo die Betroffenen einfach keine Zeit finden, die drohenden Gefahren rechtzeitig abzuwenden. Aus der Sicht der Landschaftspflege wird daher die Nebenerwerbslandwirtschaft eher kritisch beurteilt. So meint etwa E. Höpler: »Für den Landschaftsschutz bleiben Pendlern keine Kräfte. Wer soll es überwachen, wenn der Landschaftsschutz unterbleibt? Die Nebenerwerbslandwirte sind keine Landschaftsschützer. Ihr Verbleib auf dem Hof kann sogar eine Gefahr für die bedrohte Landschaft sein.«

Im bayrischen Alpengebiet schieden bereits um 1970 jährlich rund 140 Betriebe mit einer Gesamtfläche von rund 700 Hektar aus der Landwirtschaft aus. Die Grünlandwirtschaft bildete damals noch das Fundament der etwa 13.000 Bergbauernbetriebe. Aber nur etwa 40 Prozent verfügten über eine Nutzfläche von zehn Hektar und mehr. Bis 1990 wird die Zahl der in der Landwirtschaft tätigen Personen, wie manche meinen, um ein Drittel zurückgehen. Man sieht sich damit mit der Tatsache konfrontiert, daß pro Jahr rund 160 bis 200 Betriebe ihre Tätigkeit einstellen werden. Und es besteht durchaus die Gefahr, daß sich dieser Trend noch beschleunigt. Wenn aber überhaupt ein – übrigens unabdingbar notwendiges – Grundnetz von landwirtschaftlichen Betrieben im Berggebiet erhalten werden soll, dann muß die Funktion der Bergbauern neu definiert werden. Sie kann dann nicht mehr in erster Linie bei der Nahrungsmittelproduktion liegen, sondern in der Aufgabe, Freiflächen zu erhalten und zu pflegen. Denn nur vier- bis fünffach so große Betriebe oder noch größere hätten eine Chance, weiter zu bestehen.

Der Rückgang bäuerlicher Betriebe in der Alpenregion umfaßt die Täler ebenso wie die Almwirtschaft. Zwischen 1954 und 1972 wurden rund 200 bayrische Almen mit einer Gesamtfläche von 8000 Hektar aufgelassen. Bis 1992 muß man – sollte sich nichts Gravierendes ändern – mit einem Ende der Bewirtschaftung auf mehr als 300 Almen im Ausmaß von rund 15.000 Hektar rechnen. Das bedeutet einen jährlichen Verlust von etwa 500 Hektar Weide- und Freiflächen.

In der Schweiz liegen heute schon über 80.000 Hektar Almflächen brach. Wenn die Entwicklung weiter so fortschreitet, werden es um die Jahrhundertwende 260.000 Hektar sein. Ob auf diesen Flächen, die zusammen so groß sind wie der Kanton Tessin, jemals wieder ein richtiger Bergwald wachsen wird, muß allerdings bezweifelt werden.

In Österreich ist bereits jede fünfte Alm ungenutzt. In den letzten 20 Jahren wurde ein Drittel weniger Vieh auf saftige Gebirgsweiden getrieben. Nach den Ergebnissen des Alpkatasters 1950–52 entfielen damals in Österreich 1,721.201 Hektar oder 20,5 Prozent der Gesamtkatasterfläche auf Almen. Die Statistiker registrierten zum Zeitpunkt der Erhebung 6019 gemischte Almen, 3746 Galtalmen (für Rinder bis zum dritten Lebensjahr), 838 Melkalmen, 187 Schaf-, 19 Pferde- und zehn Stieralmen. 1974 – aus dieser Zeit stammen die letzten verfügbaren Daten – betrug die Almkatasterfläche nur mehr 17 Prozent der Gesamtkatasterfläche. Überraschenderweise hat sich, wie aus Untersuchungen des Wiener Geographen und Universitätsdozenten Dr. Othmar Nestroy hervorgeht, die Zahl der Almen in Österreich zwischen 1950–52 und 1974 nicht reduziert, sondern hat sogar um ein Prozent – das sind 146 Almen – zugenommen. »Die großen Verschiebungen«, so der Wissenschafter, »ergeben sich hinsichtlich der Nutzung.« Denn die bestoßenen Almen (also die mit Vieh beschickten) sind um 14 Prozent oder 1498 weniger geworden, die nicht bestoßenen dagegen haben sich verfünffacht (1654 Almen). Einer der Gründe dafür liegt in der Veränderung des Tierbestandes. Denn während vor rund zwei Dezennien noch die Milchkühe

dominierten, wandelte sich seither das Bild in Richtung Jungtierhaltung. Und die Jungtiere – der Fachmann spricht von Galtvieh – brauchen nur wenig Betreuung. Was in Zeiten großer Personalknappheit enorme Vorteile bringt: Gab es in Österreich 1952 noch mehr als 18.000 Arbeitskräfte auf den Almen, so standen 1974 nur mehr etwas mehr als 7500 zur Verfügung.
Stark im Rückgang begriffen ist die Kuhalpung auch im kleinen Fürstentum Liechtenstein. Weideten 1943 noch 1071 Kühe auf den Bergwiesen, so waren es 1979 einschließlich »Gasttieren« aus der Schweiz nur mehr 337. Wie Mario F. Broggi, Diplom-Forstingenieur aus Vaduz, berichtet, fallen die Almen an vielen Stellen mangels Pflege, aber auch durch die »archaischen Bewirtschaftungsformen«, der Versteinung und dem Unkraut anheim. Und abgelegene Weidegebiete werden überhaupt nicht mehr oder nur sehr sporadisch bestoßen. Interessant ist in diesem Zusammenhang die Tatsache, daß Liechtenstein trotz seines ausgesprochenen Gebirgscharakters waldarm ist. Wald und Busch nehmen in den Hochlagen des 160 Quadratkilometer umfassenden »Kleinstaates im Herzen Europas« nur ein Drittel ein – eine Folge der extensiven Weidewirtschaft in den vergangenen Jahrhunderten. Die alten Bauernregeln, daß »der Wald die Alpen warmhält« und »der Wind mehr Gras als das Vieh frißt«, treffen daher für Liechtenstein nur bedingt zu. Schon eher die Erkenntnis, daß »eine Kuh mit fünf Mäulern frißt – nämlich mit dem Maul und vier Füßen«. Denn der Weidebetrieb zerstampfte den Waldboden und vernichtete die natürliche Verjüngung. Und außerdem wurden in den früher abgelegenen Hochlagen umfangreiche Schlägerungen durchgeführt.

Ohne Landwirtschaft keine intakte Landschaft

Die in den Alpen nicht mehr bewirtschafteten Flächen fallen also entweder brach, oder sie werden aufgeforstet. Je nach Umfang oder Geschwindigkeit dieser Entwicklung ergeben sich daraus zwangsläufig einschneidende Veränderungen des Gefüges der Kulturlandschaft. So können zum Beispiel die mit Fichtenmonokulturen aufgeforsteten Grenzertragsböden den Charakter einer Tallandschaft in ein bis zwei Jahrzehnten völlig verändern. Und brachfallende Flächen an Berg- und Hanglagen können Erosionen, Wildbach- und Lawinengefahren heraufbeschwören. Aber gerade in einem Erholungsgebiet, wie es die Alpen nun einmal sind, bedeutet Brachfallen oder Aufforsten bisher landwirtschaftlich genutzter Flächen zugleich auch eine Einschränkung des vom Tourismus verlangten Landschaftsbildes mit einem Wechsel von Wald und offenen Flächen, von Hell und Dunkel, von Sonne und Schatten. Darin – und nicht in einer geschlossenen Waldfläche – besteht die Anziehungskraft dieser Region.
Erich Geiersberger stellte während der zweiten Tagung des Deutschen Werkbundes Bayern zum Thema »Die Zukunft der Alpenregion« 1971 in der Bayerischen Akademie der Wissenschaften fest: »Ohne entsprechende Landnutzungspläne wird die agrarische Nutzung erst in der Alpenregion, später auch in den Tallagen

verdrängt. Die Landwirtschaft kann in Zukunft nur noch auf technisierungswürdigen Flächen und in ebensolchen Gebäuden betrieben werden. Dies erfordert dominant Neubauten von Stallgebäuden. Wegen der extremen Witterungsverhältnisse sind die Kosten aber so hoch, daß der Aufwand bei einem stagnierenden bzw. sinkenden Milchpreis auf keinen Fall verzinst werden kann. Die Verwilderung wird also bis in die untersten Tallagen, ja bis in das Flachland vordringen. Wenn – wie bisher – die Entwicklung dem freien Spiel der Kräfte überlassen bleibt, verliert die Alpenregion ihren eigenständigen Charakter.«

Erfreulicherweise wird aber die Bedeutung der Agrarwirtschaft in ihren positiven, aber auch negativen Auswirkungen auf die Umwelt heute immer mehr erkannt. »Angesichts der sich rapide verschlechternden Umweltsituation«, so der Linzer Agrarwissenschafter Prof. Hans Bach, »kann der agrarische Beitrag zur Umweltgestaltung nicht länger als ›unbeabsichtigte Nebenwirkung‹ bagatellisiert werden. Die Schaffung und Pflege der Kulturlandschaften und die schonende Einfügung in den Naturhaushalt sind so wenig selbstverständlich wie die Umweltbelastung durch die industrialisierte Landwirtschaft erträglich ist.« Der gesamte Alpenraum ist durch seinen hohen Anteil an natürlichem Grünland auch agrarisch wichtig. Zudem wächst die umweltpolitische Bedeutung der Berggebiete mit der zunehmenden Inanspruchnahme der Flächen als Erholungsgebiete für die Menschen der Ballungszonen. Und oft sind die für die Landwirtschaft ungünstigen Standorte für den Fremdenverkehr besonders günstig. Der Bauer des Alpenlandes gestaltet das Bergland zur Kulturlandschaft, er formt die Bergdörfer, prägt den Stil der Höfe. Und er ist es, der die für den Fremdenverkehr unerläßliche Infrastruktur dieser Gebiete erhält.

Der Fremdenverkehr des Alpenraumes setzt voraus, daß die Berggebiete intakt, also ökologisch in Ordnung bleiben und das Landschaftsbild nicht zerstört wird. Die Erhaltung der besiedelten Landschaften verlangt aber, daß auch extreme Flächen bewirtschaftet werden. Das, was heute noch der Bergbauer leistet, kann man schon der hohen Kosten wegen nicht mit angestellten »Landschaftspflegern« machen. Werden aber die Berglandschaften nicht bewirtschaftet oder überläßt man sie weitgehend der Aufforstung, dann bleiben sie auf Dauer nicht besiedelt. Und auch die nachhaltige Nutzung der alpenländischen Wasserreserven für die allgemeine Trinkwasserversorgung und die Energiegewinnung setzt eine agrarische Bodenbewirtschaftung voraus, meint Prof. Bach. »Ohne Bauern«, so der Wissenschafter, »würde das Bergland bestenfalls ein mit Zäunen und Verbotstafeln abgeschirmtes Großwald- und Jagdgebiet sein.« Im Berggebiet ist auch der Familienbetrieb in der Landwirtschaft jeder anderen Betriebsstruktur wirtschaftlich überlegen. Nur er gewährleistet die Integration der verschiedenen Betriebsfaktoren unter den erschwerten Bedingungen des Bergraumes. Das im Familienbetrieb vorhandene »Denken in Generationen« führt – so Prof. Bach – zu nachhaltiger Bewirtschaftung und damit zum in der Regel naturpflegenden und umweltrichtigen Verhalten, auf das es im alpinen Raum so sehr ankommt. Das Betriebszählungs-Ergebnis 1970 in Österreich hat gezeigt, daß die Erbfolge bei den Bergbauern häufiger gesichert ist als bei den Talbauern. Die größere Heimatverbundenheit ist damit ein wichtiger umweltpolitischer Faktor.

In der Tat hat sich zum Beispiel in der Agrarpolitik der EWG ein grundsätzlicher Wandel vollzogen. Noch bis zum Ende der sechziger Jahre wurde immer wieder ins Treffen geführt, daß alle Maßnahmen des Staates zur Unterstützung der Bergbauern mit der Hypothek einer auf die Dauer unhaltbaren Wohlfahrtspolitik belastet seien. Um so mehr, als mit dem Fortschritt der Technisierung und Rationalisierung in der Niederung der Einkommensunterschied zwischen Berg und Tal dauernd ansteige. Von den Bauern im Tale wurde darauf hingewiesen, daß sie allein imstande wären, die Selbstversorgung mit Nahrungsmitteln für das Inland zu decken und daher die landwirtschaftliche Produktion im Hochgebirge überflüssig sei, die sowieso dem Außenhandel nur das Problem des Exportzwanges zu Dumpingpreisen anlaste. Noch 1962 vertrat der Vizepräsident der EWG, Sicco L. Mansholt, bei der FAO-Konferenz in Rom die Auffassung, daß Bergbauern Grenzexistenzen seien, für die im Rahmen der EWG kein Platz wäre.
Inzwischen sind die Alpen zum »Dachgarten Europas« geworden. Das Problem hat sich damit von der Erhaltung der bergbäuerlichen Betriebe auf die Erhaltung der Kulturlandschaft verschoben. Und damit aus dem Bereich der Agrarpolitik in das Ressort der Raumordnungspolitik. Dadurch wurden auch die Funktionen des Bergbauerntums neu definiert. Dieser Wandel der Auffassung äußerte sich übrigens auch bei den Funktionären der EWG. So gab zum Beispiel am 22. Feber 1973 der holländische Europakommissär Pierre Lardionis in Brüssel ein umfangreiches Subventionsprogramm für die Bergbauern der Gemeinschaft bekannt. Und seit 1974 werden die Landwirte in den von der Natur benachteiligten Bergregionen in Italien, der BRD und Frankreich aus dem Europäischen Agrarfonds unterstützt. In Österreich und der Schweiz überlagern und beeinflussen sich wechselweise bergbäuerliche Selbsthilfemaßnahmen in Form innerbetrieblicher Vereinfachung und außerbetrieblicher Zusammenarbeit mit staatlichen Maßnahmen. Politischen Standesvertretungen kommt dabei eine wichtige Rolle zu. Kooperative Zusammenschlüsse besitzen in manchen Alpenteilen – so Prof. Lichtenberger – eine alte Tradition. Am weitesten ist die Form der Zusammenarbeit in der Schweiz entwickelt, mit landwirtschaftlichen Baugenossenschaften und Waldkooperationen.

In den anderen Staaten haben derartige Zusammenschlüsse nur lokale Bedeutung, wie zum Beispiel die Kuhstallgemeinschaften in Südtirol, Trentino und Friaul. Staatliche Maßnahmen umfassen einerseits Direktzahlungen, wie etwa in der Schweiz, wo seit 1954 Familieneinkommen, die unter einem bestimmten Betrag bleiben, aufgestockt werden – und anderseits auch indirekte Beträge. Das können Anbauprämien für Futter- und Brotgetreide sein, Zuschüsse zur Großviehhaltung, Zuchtprämien und vieles andere mehr. Sozialpolitische Maßnahmen reichen von der Einführung einer Bauernpension – so in Österreich im Jahr 1971 – bis zur Errichtung von Schulbuslinien und der Bezahlung von Internatsbeiträgen für Bauernkinder. Und in jüngster Zeit haben sich die Schwerpunkte aller Staaten auf Maßnahmen zur Verbesserung der Infrastruktur verlagert. Es wird der Bau von Güter-, Forst- und Almwegen, von Materialseilbahnen oder

Die Alpen: Luft-, Wasser- und Erholungsreservoir für ganz Europa.

Aufstiegshilfen erschließen heute selbst ausgesetzte Gipfel (Chamonix).

Tourismus mit menschlichem Gesicht (Mürren im Berner Oberland/Schweiz).

Das Matterhorn galt lange Zeit als unbezwingbar. Heute hat es der Massentourismus für sich vereinnahmt.

die Elektrifizierung bzw. die Wasserversorgung forciert. Aufforstung steht ebenso auf den Programmen wie Lawinenverbauung, Ent- und Bewässerung, Kommassierung sowie – wie etwa in der Schweiz – Dorfauflockerung und -erneuerung.

Es begann in der Steinzeit

Während im Alpenvorland auch während der letzten Eiszeit menschliche Siedlungen bestanden, wurden die Bewohner der Alpen durch die Unbilden des Klimas aus dem Inneren des Gebirges wohl ganz vertrieben. Nach dem Rückzug der Gletscher drangen dann die Siedler wieder schrittweise in das Alpeninnere vor. Es waren Träger einer jungsteinzeitlichen Kultur, die bereits Ackerbau und Viehzucht betrieben. Die Pfahlbausiedlungen an den Schweizer Vorlandseen, an den Seen des Salzkammergutes und in Kärnten bezeugen bereits den Bestand einer relativ hoch entwickelten agrarischen Technik. Das ist, wie der Wiener Hochschullehrer Prof. Franz vermerkt, erstaunlich. Denn die frühesten Formen des Ackerbaues in Mesopotamien, in Ägypten, im Tal des Indus und in China sind als die Voraussetzung der ersten Hochkulturen gar nicht viel früher entstanden. Wesentlich für die Entwicklung der alpinen Kulturlandschaft war, daß sich Ackerbau und Viehzucht gemeinsam entwickelten, während das in anderen Teilen der Erde nicht der Fall war. Dort entstanden einerseits seßhafte Ackerbaukulturen und anderseits die Kulturen nomadisierender Hirten. In der Bronzezeit setzte aus verschiedenen Richtungen eine intensive Besiedlung der Alpen ein. Illyrer kamen vom Süden, indogermanische Völker vom Norden, Etrusker und Gallier vom Westen. Die Hallstattkultur wird den Illyrern zugeschrieben. Zu dieser Zeit gab es bereits Kupfer- und Salzbergbau, und es existierten Handelsbeziehungen mit den Nachbarvölkern. Dabei überquerte man auch schon hochgelegene Alpenpässe, wie etwa den Brenner oder den Reschenpaß. In der La-Tène-Zeit, etwa 400 vor Christus, wanderten die Kelten vom Westen in die Alpen ein und unterwanderten die rätisch-illyrische Vorbevölkerung. Sie errichteten Holzhäuser nach Art der Almhütten, gewannen Salz, gruben in den Hohen Tauern nach Gold und in den Norischen Alpen nach Eisen. In der Folge besetzten dann die Römer die Alpen, deren Eingliederung in das römische Imperium unter Augustus (31 vor Christus bis 14 nach Christus) abgeschlossen war. Die illyrisch-keltische Bevölkerung wurde romanisiert und hat sich stellenweise, so die Rätoromanen in der Ostschweiz, die Ladiner in Südtirol und die Friauler in den Venetianer Alpen, bis heute erhalten. Nach dem Zusammenbruch des Römischen Reiches begannen in der zweiten Hälfte des 6. Jahrhunderts von Osten her die Slawen, von Norden die Alemannen und Bajuwaren die Alpen zu besiedeln. Sie gaben der Landschaft vielfach einen anderen Charakter als die illyrisch-keltische Vorbevölkerung. Denn während diese in Dörfern siedelte, gründeten Germanen und Slawen vielfach Einzelhöfe, wobei sie mindestens bis ins 10. Jahrhundert günstige Plätze in Talnähe bevorzugten. Erst später, und zwar unter dem Druck der wachsenden Bevölkerung, wurden auch die Seitentäler und die Steillagen in die Besiedlung einbezogen. Die Kolonisation, die vorwiegend von Klöstern und weltlichen Grundherrschaften getragen wurde, leitete auch eine Vergrößerung der Almzonen ein. Auf Kosten der Wälder wurden weite Flächen zu Weideland gemacht. Diese weitreichende Rodungsbesiedlung war etwa mit Ende des 13. Jahrhunderts größtenteils abgeschlossen, wenn auch gebietsweise große Schlägerungen noch später stattfanden – wie zum Beispiel in Vorarlberg und in Tirol.

Die wirtschaftliche Bedeutung der Almen muß schon im 13. und 14. Jahrhundert gewaltig gewesen sein. Denn die Almzinseinnahmen des Landesfürsten von Tirol betrugen zum Beispiel 115.000 Stück Käse (ein Stück zu 500 bis 1000 Gramm), die des Erzbischofs von Salzburg 40.150 Stück, des Landesfürsten der Steiermark 40.000 Stück und des Klosters Admont (ebenfalls in der Steiermark) allein 30.247 Stück. Der Almraum wurde in dieser Periode im gesamten gesehen noch einmal erweitert. Denn wegen der zunehmenden Klimaverschlechterung, der Religionsschwierigkeiten der Bewohner der Schwaighöfe und nicht zuletzt aus der Not der vielen Krisen mußten viele der Schwaighöfe aufgegeben werden und wurden zu Almen. Bauern- und Religionskriege erschütterten den alpinen Raum. Anderseits wirkten sich verschiedene Rechtsvorschriften der Landesfürsten und Grundherren bereits hemmend aus. Für den Salz- und Erzbergbau wurde immer mehr Holz benötigt, man erließ Weide- und Schlägerungsvorschriften. Der Kampf um Wald und Weide begann.

Als im 14. Jahrhundert die Höhenbesiedlung zum Stillstand kam, war dafür nicht nur der Mangel an geeignetem Land maßgebend, sondern auch die fortschreitende Klimaverschlechterung. Während es im 12. und 13. Jahrhundert besonders warm und trocken war, setzte zu Ende des Mittelalters kühleres Wetter ein. Dieser Klimaverschlechterung fielen nicht nur Bergbauernhöfe an der obersten Siedlungsgrenze zum Opfer, sie führte auch zur Einstellung einer Reihe von Bergwerken. Und damit erfuhr auch der Handel eine fühlbare Einschränkung. Im 16. Jahrhundert sollen beispielsweise allein in Kärnten im Handelsverkehr zwischen den Bergwerken in den Hohen Tauern und Venedig an die 50.000 Saumtiere eingesetzt gewesen sein.

Gastarbeiter schon im 18. Jahrhundert

Die alpine Landwirtschaft war bis knapp vor der Zeit der Industrialisierung (um 1840) eine autarke Selbstversorgungswirtschaft, die in den dafür geeigneten Räumen vom Anbau von Getreide und später auch Kartoffeln sowie von der Viehwirtschaft lebte. Die Höfe produzierten vorwiegend für den Eigen- und Lokalbedarf, und auch die Grundherren wurden – soweit ein Abhängigkeitsverhältnis bestand – üblicherweise mit Naturalien beliefert. Es gab allerdings örtliche Ausnahmen in wirtschaftlich besser erschlossenen Gebieten, in denen die Zinsung schon seit dem 14. Jahrhundert in Geld geleistet wurde. Die Wirtschaften selbst waren eher bescheiden. Und man fragt sich heute, wie es überhaupt möglich war, die meist große Zahl von Familienmitgliedern und das Gesinde erhalten zu können. In weiten Teilen des gebirgigen Österreich gab es zum Beispiel in Zeiten starker Übervölkerung auf einem Hof kaum mehr als zwei bis drei Kühe und einige Galtrinder. Häufig mußten die Jungtiere aus Futtermangel im Herbst nach dem Almabtrieb verkauft werden. Das war für einen Hof auch meist die einzige Gelegenheit für eine größere Einnahme. Obwohl die Berggebiete auf die Zucht von Galtrindern und schweren Zugochsen spezialisiert waren und beispielsweise im 18. Jahrhundert der Viehexport – wie Franz Zwittkovits berichtet – aus Kärnten und Osttirol nach Italien eine wichtige Einkunftsquelle des Landesfürsten war, blieben die Erlöse für den einzelnen gering. Größere Rinderbetriebe bestanden in Österreich damals nur im Pinzgau und den angrenzenden Nordtiroler Bezirken, in der Obersteiermark und in den Ausläufern der Gurktaler Alpen. Die alpine Landwirtschaft war in vielen Gebieten auf Nebenerwerb angewiesen. Etwa auf Fuhrwerks- und Vorspanndienste, Saumverkehr, Beschäftigung im Bergbau und in der Salzverarbeitung, in der Eisenverarbeitung und -vermarktung. Weiters suchte man Beschäftigung im Forst, bei der Holzbringung, der Flößerei und in den waldreichen Gegenden in der Köhlerei. Dazu kamen regional noch Verdienstmöglichkeiten in Sägewerken, Mühlen, der Hausindustrie, im Hausierhandel und nicht zuletzt durch die Saisonarbeit im Ausland. In dieser Frühform der »Gastarbeit« zogen aus etlichen stark übervölkerten Räumen während der Saison Männer, Frauen und sogar Kinder auf Wanderschaft.

Die Almwirtschaft stellte früher schon wegen der natürlichen Gegebenheiten einen wichtigen Bestandteil der Bergbauernwirtschaften dar. In den Almzonen herrschte ein ausgeklügeltes System der Beweidung und der Heugewinnung. Franz Zwittkovits: »So weideten die Kühe auf den besten Gründen meist in tieferen Lagen noch innerhalb des Waldes, das Galtrind in den abgelegeneren und höheren Gebirgsabschnitten und die Schafe im unwirtlichen Gelände nahe der Gletscher- und Felsregion. Die Pferde wurden vornehmlich auf saure Wiesengründe getrieben, während die Zugochsen in Arealen mit trockenem Gras gehalten wurden.« Die Beweidung der Almflächen reichte aber oft nicht aus, das Vieh während der gesamten Saison zu ernähren. Das Futter mußte daher in mühevoller Arbeit in den unzugänglichsten Gebieten gesammelt und in großen Bündeln herangeschafft werden. Daneben bestanden vielfach um die Hütten herum eingezäunte Wiesen – sogenannte Almanger –, die besser gepflegt und zum Teil mehrfach geschnitten wurden. Das hier gewonnene Heu diente als Reserve bei Schlechtwetter. Die arbeitsintensive Almwirtschaft benötigte relativ viel Personal – aber das war zu dieser Zeit noch in ausreichender Menge vorhanden. Zu Ende des 19. Jahrhunderts machten in den günstigen österreichischen Almgebieten übrigens über sechs Prozent der Bevölkerung die Almwanderung mit. In der Zeit von 1840 bis zum Ersten Weltkrieg verschlechterte sich dann die wirtschaftliche Lage in den Alpenländern zusehends: Der Bergbauernraum wurde zu einem Problemgebiet.

Von besonderer Bedeutung für die Veränderungen war die auf Betreiben von Hans Kudlich erfolgte Bauernbefreiung des Jahres 1848 für Österreich und die

Schweiz (in Bayern schon 40 Jahre früher), die faktisch die kontinuierliche Fortsetzung der Reformbestrebungen Maria Theresias und Josephs II. darstellte und einer allgemeinen Entwicklung entsprach. Dadurch wurden die früher an die Scholle gebundenen Arbeitskräfte mobiler, die landwirtschaftlichen Betriebe im Spiel der freien Kräfte aber auch krisenanfälliger. Der Bauer erhielt das Recht, über Grund und Boden frei zu verfügen, ihn zu verkaufen oder durch Kredite zu belasten. Das führte, so Zwittkovits, in den Nordostalpen Österreichs, vor allem in den Voralpen Niederösterreichs und in der Obersteiermark, zum Abverkauf zahlreicher bäuerlicher Betriebe, die für jagdliche Zwecke erstanden wurden.

Zugleich erhielt der Bauer nun das Recht der freien Berufswahl. Gleichzeitig wuchs das Angebot von Arbeitsplätzen in der Industrie und in anderen, vorwiegend städtischen Berufen. Diese Entwicklung ist übrigens unter der Bezeichnung »Bauernlegung« in die Geschichte eingegangen. Genaue Erhebungen über die Zahl der zwischen 1860 und 1914 »gelegten« Bauernhöfe liegen zwar nicht vor. Aber manche Wissenschafter schätzen, daß allein in Niederösterreich und in der Steiermark 35.000 Betriebe mit 450.000 Hektar Wirtschaftsfläche ihre Selbständigkeit verloren haben. Im gleichen Zeitraum nahm auch in den westlichen Alpenländern Österreichs die Zahl der bäuerlichen Betriebe ab, und zwar vor allem im rätoromanischen Freiteilungsgebiet, wo im Erbfall der Grundbesitz auf alle Erben gleichmäßig aufgeteilt wurde. Die Realteilung führte zu einer extremen Aufsplitterung, und die so entstandenen Zwergbetriebe waren bald nicht mehr lebensfähig. Aus Untersuchungen geht hervor, daß zum Beispiel im Westtiroler Realteilungsgebiet zwischen 1860 und 1940 in 65 Gemeinden 1722 bäuerliche Betriebe – meist Zwergbetriebe – aufgelassen wurden. Das waren immerhin 32,2 Prozent aller zum Zeitpunkt der Untersuchung – also 1942 – noch existierenden Betriebe.

Die Flucht in die Täler

Zu wirtschaftlich-sozialen Problemen kamen noch naturbedingte Rückschläge. Es gab ungünstige Erntejahre. Das Klima wurde feuchter und kälter, und die Gletscher rückten bis zum bekannten Hochstand von 1850 bis 1860 vor. Die Folge davon war, daß das Getreide in den Grenzlagen nicht mehr reif wurde, Anbauflächen durch Naturereignisse vernichtet wurden und im Gebirge die Hochweiden aufgelassen werden mußten. Dazu kam an vielen Orten eine starke Überweidung als zusätzlich zerstörendes Element. All das führte zur Abwanderung der ländlichen Bevölkerung, die in den Bergen als »Höhenflucht« bekannt wurde. Anderseits kam es sehr bald in den inneralpinen Tälern und in günstigen Bereichen des Alpenvorlandes zu starken Bevölkerungsverdichtungen, insbesondere in den neu aufkommenden Industrierevieren, und zur Verstädterung während der Gründerzeit. Diese Vorgänge hinterließen natürlich auch tiefe Spuren in der Almwirtschaft. Im Salzkammergut und in Teilen der nordöstlichen

Steiermark trat etwa der Staat die Rechtsnachfolge der Landesfürsten sowie der säkularisierten kirchlichen Stellen an. Das bedeutete aber, daß in vielen Fällen die Almwirtschaft endgültig aufgegeben wurde, weil der Staat nur in den seltensten Fällen in der Lage war, die Alpung mit Zinstieren aufrechtzuerhalten. In weiten Teilen der kalkalpinen Steiermark und in Oberösterreich kam es schon damals zu einem argen Verfall dieser Wirtschaftsform. Abweichend davon verlief die Entwicklung in Westösterreich. Die andere Naturausstattung des Raumes, eine unterschiedliche Besitzstruktur und andere Erbgewohnheiten ermöglichten hier – trotz Betriebsreduzierungen – zumindest in der Almzone eine gleichlaufende Bewirtschaftung.

Zu den großräumigen landschaftsverändernden Umbildungen kamen noch weitere Faktoren. So ließen die Aufgabe etlicher Bergmähder und die Aufteilung von Almwäldern auf deren Boden neue, kleine Almen entstehen. Das Abweichen von der autarken Hofwirtschaft, die Umstellung im Anbau und die Marktsituation sorgten für weitere Umstrukturierungen bei den Almbetrieben. Man hielt nun weniger Pferde, Ziegen, Schafe und Schweine, und auch die Rinderalpung veränderte sich. Während man bald überhaupt keine Ochsen mehr hielt, wurden die Kühe in tiefere Lagen verlegt. Oft unterblieb der Kuhauftrieb überhaupt. Und auch die Sennereiwirtschaft auf den Almen nahm ab, lediglich die Galtviehhaltung konnte ihre bisherige Stellung behaupten.

In den Jahren des Ersten Weltkriegs, der Zwischenkriegszeit mit der Weltwirtschaftskrise und während des Zweiten Weltkriegs traten, wie Zwittkovits berichtet, im Bergbauern- und Almwirtschaftsraum keine nennenswerten Veränderungen ein, obwohl diese Zeit für die Bevölkerung sicherlich sehr hart und voller Schicksalsschläge war. Beim Viehbestand kam es während der Kriege und in den ersten Nachkriegsjahren zu kaum mehr zu unterbietenden Tiefständen, was sich vor allem bei der Versorgung der Bevölkerung katastrophal auswirkte. Aber bald stabilisierte sich die Lage wieder. Die Bergbauern- und Almwirtschaft zeichnete sich gerade in diesen schweren Zeiten durch eine erstaunliche Kontinuität aus.

Der nächste Umbruch fiel dann in Österreich wesentlich später in die Zeit einer ausgesprochen wirtschaftlichen Konjunkturperiode, die etwa mit der Bewältigung der kriegsbedingten Rückschläge, der Neuformierung der Zweiten Republik und der freien Entfaltung der Produktionskräfte nach Abschluß des Staatsvertrages im Jahr 1955 anzusetzen ist. Auf den Almen wurden nun meist nur mehr Kühe und Galtvieh gehalten. Aber selbst dieses »reduzierte Programm« wurde immer kleiner, bedingt durch Personalknappheit, die geringe Arbeitsproduktivität des Almpersonals, den beschränkten maschinellen Einsatz für die Futterbeschaffung und die Erzeugung von Milchprodukten. Und außerdem ließ sich die Milch im Tal einfach leichter verkaufen.

Forstwirtschaft und Jagd

Der Traum von der »heilen Welt« – Vor 14.000 Jahren begann es zu sprießen – Schlaraffenland für Forstschädlinge – Die Tanne stirbt – »Haustierhaltung« im Wald – Bei Wildschäden ist Österreich Weltspitze – Blei-Gemsen im Zillertal – Kadmium-Nieren, nein, danke! – Noch immer Fallout-Rückstände in Rehen – Ein Hektar Buchenwald bindet 68 Tonnen Staub – Forstwirtschaft mit der Gießkanne? – »Schwarzer Atem« bedroht »grüne Lunge« – Wie sauer darf's noch werden? – Aluminium-Bombe im Waldboden

Der Traum von der »heilen Welt«

Seit Jahrhunderten haben Dichter den Wald besungen und gepriesen. Ob eichendorffsche Wälder rauschten oder die Rehe aus dem in einschlägigen Kinoschnulzen ausgeschlachteten »Silberwald« sprangen: Für viele Menschen ist der Wald der Rest einer schon lange verlorenen, aber immer wieder erträumten »heilen Welt« geblieben. Allerdings: Heil ist die Welt in unseren Wäldern schon lange nicht mehr. So entstanden zum Beispiel als Folge riesiger Kahlschläge im Montanzeitalter künstlich geschaffene Monokulturen (»Holzfabriken«), die den Experten heute großes Kopfzerbrechen bereiten. In einer falsch verstandenen »Bambi-Mentalität« wurde das Wild quasi zum lebenden Gartenzwerg unserer Kulturlandschaften hochstilisiert. Heute stellt sich die Frage, wie man die vielfach zur »Haustierhaltung im Wald« degradierte Jagdwirtschaft wieder auf ein vernünftiges Maß bringt und wie man – und das möglichst rasch – das an vielen Orten akut gefährdete ökologische Gleichgewicht im Wald ins Lot bringen kann. Dazu kommen Wunden, die durch Straßen- und Kraftwerksbauten, durch Fabriken und Siedlungen, durch Hochspannungsleitungen und viele andere Eingriffe der Technik in den Bergwäldern geschlagen wurden. Und nicht zuletzt machen der Tourismus und die fortschreitende Luftverschmutzung den »grünen Lungen« zusehends zu schaffen. Aber wir sollten mit unseren alpinen Wäldern sorgsam umgehen. Denn wir brauchen sie dringend. Morgen wahrscheinlich noch mehr als heute.

Vor 14.000 Jahren begann es zu sprießen

Etwa 12.000 bis 14.000 Jahre vor Christus setzte nach den Eiszeiten im Alpenraum langsam Erwärmung ein. Zu Beginn des Spätglazials waren die Alpen weitgehend unbewaldet. Es gab nur vereinzelt Vegetationsinseln, die aus dem Gletschermeer herausragten. Sie wuchsen auf eisfreien steilen Berghängen, wie

man das heute noch etwa bei Chamonix sehen kann. Im Vorfeld der Alpen gab es am Ende des Spätglazials Steppenheiden mit einzelnen Gehölzinseln, bestehend aus Lärchen, Zirben und Fichten. Wärmeliebende Vegetation fehlte überhaupt, und zwar auch am Südabfall der Alpen. Die Erwärmung erfolgte zunächst sehr rasch. Etwa 9000 bis 10.000 Jahre vor Beginn unserer Zeitrechnung gab es ein Wärmeoptimum. Da konnten Wald- und Bergkiefer einwandern und auch die Zirbe. Diese Baumarten wuchsen in Höhen bis etwa 1600 Metern zusammen mit einer Heidevegetation. Dann kam etwa 8000 vor Christus ein Klimarückschlag, und die Waldgrenze sank wieder auf etwa 800 bis 1000 Meter ab. Die Gletscher stießen im Zuge dieser »Schlußvereisung« noch einmal vor. Etwa 7000 Jahre vor Beginn der Zeitrechnung setzte dann die endgültige Wiederbewaldung ein. Sie hat in den Ostalpen etwa folgenden Verlauf genommen: Zunächst wuchsen bis etwa 2000 Meter hinauf Latschen und Bergkiefern, Zirben und Lärchen. Vorübergehend gab es auch ein Vordringen der Hasel, nach der in Mitteleuropa eine Epoche – die sogenannte »Haselzeit« – benannt ist. Dann kam aber schon sehr rasch vom Südosten her die Fichte. Sie begründete eine Fichten-Eichen-Mischwaldzeit, die für die Ostalpen ganz spezifisch ist. In diesen Mischwäldern gab es bereits die Linde sowie Esche und Ahorn. Später wanderten etwa gleichzeitig Tanne und Buche ein. Die Tanne hat in der Bronzezeit (etwa 2000 vor Christus) ein Maximum erreicht, die Tannenwälder waren im gesamten inneralpinen Gebiet verbreitet. Als das Klima etwas feuchter wurde, konnte sich auch die Buche entsprechend ausbreiten. In der Hallstatt- und der La-Tène-Zeit hat sich die heutige Waldgliederung herausgebildet.
In den Westalpen war die Entwicklung dagegen ganz anders. Dort ist schon sehr früh in die Kiefernwälder die Tanne eingedrungen, die vom Apennin her kam. »Dadurch, daß praktisch die gesamten Westalpen von der Tanne beherrscht waren, konnte sich die Fichte nur sehr langsam gegen Osten durchsetzen, so daß die heutigen Tannen-Fichten-Buchen-Wälder der Randalpen völlig unterschiedlich entstanden sind«, berichtet der Wiener Waldbau-Professor Hannes Mayer.

Schlaraffenland für Forstschädlinge

Da reine Nadelholzbestände – wie etwa die bekannten »Fichtenwüsten« – im Vergleich zu Laubbäumen wesentlich höhere Massen- und Wertleistungen erbringen, entstanden im 19. Jahrhundert riesige Flächen von durchaus standortfremden Nadelbaum-Monokulturen. Einen absoluten Tiefpunkt erreichte der Waldzustand etwa in der Mitte des 19. Jahrhunderts. Als Hochwässer, Lawinen, Steinschläge und Muren unzählige Katastrophen auslösten, erhielten die Alpenländer Österreich, Bayern und die Schweiz Forstgesetze mit Bestimmungen zur nachhaltigen Waldbewirtschaftung. Diese Forstgesetze waren übrigens die ersten Landeskultur- und Naturschutzgesetze Mitteleuropas.
Trotzdem gab es natürlich auch Fehlentwicklungen. So wurde und wird immer wieder der »Siegeszug der Fichtenwüsten« als abschreckendes Beispiel ange-

führt. Sie sind – so wird argumentiert – nicht nur ein »Schlaraffenland für Forstschädlinge«, wie etwa Borkenkäfer und Nonne, sondern auch Hauptschuldige an der Zerstörung der natürlichen Waldsysteme. »Prinzipiell«, so Prof. Mayer, »ist gegen diese Argumente nichts zu sagen. Unzulässig ist aber die Pauschalverdammung der Fichte gerade in Gebirgsländern wie Österreich und der Schweiz, wo diese Baumart bis auf wenige voralpine Tieflagenstandorte mit wechselnden Mengen durchaus natürlich vorkommt.« Im österreichischen Wald besitzt die Fichte zum Beispiel einen durchschnittlichen Baumartenanteil von 62 Prozent, der allerdings ökologisch sehr unterschiedlich zu bewerten ist. Denn zwischen 1300 und 1900 Meter kommen reine Fichtenwälder im subalpinen Bereich natürlich vor, und zwischen 600 und 1300 Meter sind fichtenreiche Wälder im montanen Bereich ebenfalls nichts Außergewöhnliches. Lediglich zwischen 300 und 600 Meter, wo von Natur aus hauptsächlich Laubbäume wie Buche oder Eiche wachsen, wurden durch den Anbau von Fichten die oftmals kritisierten »Holzplantagen« geschaffen. Wirklich standortwidrig sind allerdings, wie Prof. Mayer meint, etwa in Österreich nur rund zehn Prozent der gesamten Fichtenfläche, das sind vielleicht 200.000 Hektar. Sie müßten aus ökologischen und wirtschaftlichen Gründen umgewandelt werden.
Für den starken Fichtenanbau in den letzten Jahrhunderten gibt es mehrere Gründe. So wächst diese Baumart etwa in Tieflagen doppelt so schnell wie Laubbäume. Man setzte sie erfolgreich bei der Sanierung von durch Katastrophen zerstörten Waldgebieten ein, und die Fichte bewährte sich schließlich auch bei der Aufforstung von aufgelassenen Almen, Weiden und unrentabel gewordenen landwirtschaftlichen Flächen. Sie ist damit schlicht und einfach zum »Brotbaum« zumindest der österreichischen Forstbetriebe geworden. In den mittleren und höheren Gebirgslagen sind fichtenreiche Bestände durchaus stabil – es handelt sich schließlich um natürliche Standortgemeinschaften. »Dagegen bedürfen die in Tieflagen im letzten Jahrhundert aus ökologischer Unkenntnis, wirtschaftlicher Not, aus Zwangssituationen und anderen unüberwindbaren Schwierigkeiten heraus begründeten standortwidrigen Fichtenreinbestände eines Umbaues in nachhaltig leistungsfähigere und auch ökologisch stabilere Mischbestände«, unterstreicht der Wiener Waldbaufachmann. Windwurfkatastrophen und Krankheiten sollten eigentlich schon lange zu der auf einem schwäbischen Gedenkstein formulierten Erkenntnis geführt haben: »Willst du deinen Wald vernichten, so pflanze nichts als Fichten!«

Die Tanne stirbt

Der Waldzustand hat sich in vielen Teilen der Alpen in den vergangenen 100 Jahren drastisch verschlechtert. Etwa in Bayern: Während man ursprünglich eine Verteilung von 45 Prozent Fichte, 25 Prozent Tanne und 30 Prozent Laubbäume vorfand, veränderte sich dieses Verhältnis in den seit 1920 angelegten Beständen zu 80 Prozent Fichte, ein Prozent Tanne, 17 Prozent Laubbäume und

zwei Prozent Lärche. Besonders negativ wirkt sich bei dieser Zusammensetzung der Rückgang der tiefwurzelnden Tanne aus. In Österreich hat diese Baumart in den letzten 100 Jahren mehr als 80 Prozent ihres Areals verloren! Aber nicht allein die fehlende oder ungünstige Mischung der Bergwälder schwächt ihre Schutzfunktion, sondern auch die zunehmende Überalterung und Vergreisung. Beide Faktoren begünstigen elementare Veränderungen. So konnte in einigen Gebieten des Allgäu festgestellt werden, daß sich dort die Erosionsfläche in den letzten 150 Jahren verdreifacht, in besonders benachteiligten Zonen sogar vervierfacht hat. In einer 1971 erschienenen Untersuchung über den Waldzustand im oberbayrischen Hochgebirge wurde nachgewiesen, daß die wasserwirtschaftlich bedenklichen bis sehr bedenklichen Waldungen zirka 40 Prozent der rund 180.000 Hektar umfassenden Holzbodenfläche des oberbayrischen Bergwaldes bedecken. Davon sind etwa 70.000 Hektar so stark aufgelichtet und vergreist, daß mit ihrem Zusammenbruch in den nächsten Jahrzehnten gerechnet werden muß.
Wie kam es dazu? Nun – sicher hat in früheren Jahrhunderten die Waldweide von Rindern, Schafen, Ziegen und Pferden dazu beigetragen. Die dadurch hervorgerufenen Schäden manifestierten sich vor allem in einer Bodenverdichtung, im Zertreten junger Pflanzen und dem Verbeißen junger Triebe der Laubbäume. Die Folge war eine Auflichtung der almnahen Wälder, ein rascherer Wasserabfluß – und höhere Kosten für Neuanpflanzungen. Innerhalb der letzten 100 Jahre ist aber die Waldweide etwa in Oberbayern auf ein Drittel bis ein Viertel ihres ehemaligen Umfanges zurückgegangen. Sie behindert heute kaum noch die Verjüngung der Wälder. In Verbindung mit dem Rückgang der Almwirtschaft ist sogar damit zu rechnen, daß sich dieses Problem mehr oder weniger von selbst löst.

»*Haustierhaltung*« *im Wald*

Durch etwa acht Jahrhunderte war die Jagd im Hochgebirge ein Teil der »Nährfunktion« des Waldes. Die Siedler versuchten mit ihren relativ primitiven Mitteln Fleisch zu erbeuten und die Raubtiere von ihren Viehherden fernzuhalten. Sie konnten fast nur unerfahrenes, junges oder schwaches Schalenwild sowie gelegentlich ein größeres Raubtier erlegen. Da auch die Großraubtiere in einer ausbalancierten Lebensgemeinschaft fast nur junge und schwache Tiere erbeuten, hat sich durch diese Art der Jagd kaum eine Veränderung in der Zahl und im sozialen Aufbau der Schalenwildbestände ergeben. Außerdem konnte zum Beispiel das Rotwild jeden Herbst aus dem äsungsarmen Hochgebirge in die Auwälder der Niederungen ziehen und kehrte erst im Frühjahr wieder zurück. Die jagdliche Nutzung bewirkte in diesen Jahrhunderten keine Veränderung des Gleichgewichtes von Pflanzendecke, Pflanzenfressern und Raubtieren. Das änderte sich, als die höfische Jagd das Hochgebirge entdeckte. Damit wandelte sich auch das Ziel der Jagd vollkommen. War sie früher in erster Linie Nahrungserwerb, so wurde sie nun eindeutig vom Vergnügen bestimmt. Da die Zahl des jagdlich begehrten Schalenwildes zunächst sehr klein war, erfolgte vorerst eine gezielte Erhöhung der Bestände. Dazu mußten alle hinderlichen Faktoren ausgeschaltet werden – und damit vor allem die Großraubtiere. Charakteristisch dafür ist zum Beispiel, daß die Abschußprämien für einen Wolf oder Luchs im Jahr 1815 von vier auf 75 Gulden hinaufgesetzt wurden. Die Folge war, daß die Großraubtiere Bär, Wolf und Luchs bis zur Mitte des 19. Jahrhunderts völlig ausgerottet wurden. Wer eines dieser Tiere erlegt hatte, wurde auch von der Bevölkerung wie ein Held gefeiert. Denn gelegentlich hatten ja Bär und Wolf auch einmal ein Schaf, eine Ziege oder ein Rind geschlagen. Noch in der ersten Hälfte des vorigen Jahrhunderts begann man außerdem damit, das Rotwild im Hochgebirge zu füttern. Hauptgrund für diese Hilfeleistung war der Wunsch, die Tiere am Abwandern zu hindern. Denn wenn das Wild – wie gewohnt – im Winter ins flache Land hinauszog, wurde es meist auch dort erlegt. Allerdings von einem anderen . . .

Bestandserhöhung, Schonung der jungen und schwachen Tiere und die winterliche Wildfütterung führten schließlich zu einer immer stärkeren Belastung des ökologischen Gleichgewichtes. Die Zahl des Rot- und Gamswildes nahm nicht nur sehr rasch zu, auch der soziale Aufbau der Schalenwildbestände veränderte sich merkbar. Denn in einer ungestörten Lebensgemeinschaft werden etwa 50 Prozent der Kälber oder Kitze von Raubtieren erbeutet oder fallen dem Daseinskampf in anderer Weise zum Opfer. 1857 wurde etwa durch Verordnung bestimmt: »Das Schießen und Fangen von Rehgeißen, Wildkälbern, Gams- und Rehkitzen . . . ist zu keiner Zeit gestattet.« In früheren Jahrhunderten hatten die erfahrenen und damit sozial »reifen« Tiere ein deutliches Übergewicht. Die bewußte Schonung der Jungtiere führte aber nun zu einem eindeutigen Übergewicht der sozial »unreifen« Altersklasse. Georg Meister: »Das soziale Gefüge veränderte sich radikal, die Schalenwildpopulationen wurden sozial ›desorganisiert‹.« Bereits zur Mitte des 19. Jahrhunderts gab es zwei- bis dreimal mehr weibliche als männliche Tiere bei Rot-, Reh- und Gamswild. Dieses extreme Übergewicht der weiblichen Tiere war die Voraussetzung für die »Explosion« der Schalenwildbestände in den folgenden Jahrzehnten. So hat sich zum Beispiel der Rotwildbestand in den Staatsjagden des oberbayrischen Hochgebirges von rund zehn Stück pro 1000 Hektar im Jahr 1858 auf etwa 50 Stück im Jahr 1971 erhöht. Und auch der Gamswildbestand wuchs auf ein Mehrfaches seiner ursprünglichen Größe an. Zum Stichtag 31. März 1968 wurden von den Revierinhabern in Bayern insgesamt 16.500 Stück Rotwild, 15.800 Stück Rehwild und 15.000 Stück Gamswild angegeben. Das sind insgesamt mehr als 47.000 Stück Schalenwild. Dazu Bergforscher W. Danz: »Wir leisten uns den Luxus, mehr Hirsche, Rehe und Gemsen im Berggebiet zu unterhalten als Nutzvieh!« Angesichts dieser Zahlen sticht das Argument einer drohenden Ausrottung des Schalenwildes nicht, wenn seitens Einsichtiger eine drastische Reduzierung der Wildbestände gefordert wird. Gliedert man die Revierinhaber der rund 300 Jagdreviere des bayrischen Alpenraumes in die Gruppen »staatliche Verwaltungsjagden«, »Bauernjagden« und »übrige«, dann fallen unter die zuletzt genannte Gruppe

55 Prozent der Revierflächen und 71 Prozent der Reviere. Die Inhaber der »übrigen Jagden« sind fast ausschließlich Repräsentanten der gesellschaftlichen Oberschicht. Nur jeder Fünfte hat seinen Hauptwohnsitz im Alpengebiet, vier Fünftel wohnen in Großstädten. Das bedeutet, daß weit über die Hälfte aller Reviere von Personen bejagt werden, die mit den besonderen Verhältnissen im Gebirge kaum genügend vertraut sein dürften. Und tatsächlich sind die Wildbestände in dieser Gruppe von Jagdrevieren zum Teil ganz erheblich höher als in den anderen Gruppen. W. Danz: »Erst die Kenntnis der Sozialstruktur der Revierinhaber bzw. der Jäger macht es verständlich, warum der Reduzierung des Schalenwildbestandes nahezu unüberwindliche Schwierigkeiten entgegenstehen – obwohl die negativen Auswirkungen einer so verstandenen Jagd längst bekannt sind. Die Irrationalitäten ›Statussymbol Hochgebirgsjagd‹ und ›hoher Wildbestand als Prestigeobjekt‹ einer zahlenmäßig verschwindend kleinen Gruppe führen nicht nur zu hohen volkswirtschaftlichen Verlusten an landeskulturellen Werten. Sie beeinträchtigen, ja verhindern sogar gebietsweise die Ausübung von Daseinsgrundfunktionen, da der Wald inzwischen so geschwächt ist, daß er seine Schutzfunktionen nicht mehr erfüllen kann.«
Ökologisch besonders nachteilig wirkt sich der Verbleib des Rotwildes auch während der Winterzeit im Gebirge aus. Hier wird das Wild in den meisten Fällen nur mit Heu gefüttert. In den Auwäldern hatte es aber früher überwiegend Knospen und Zweige abgeäst. Diesen unbedingt notwendigen Anteil an »zäher« Äsung mußte sich das Wild nach der Einführung der Winterfütterung nun im Hochgebirge selbst suchen. Und natürlich wurden bald alle jungen Bäumchen und Sträucher »verbissen«. Zunächst nur auf den Sonnseiten, nach einigen Jahrzehnten aber auch auf den schattigen und daher nicht so beliebten Hängen. Himbeeren, Brombeeren, Holunder-, Heidel- und Vogelbeeren verschwanden mit jenen Bäumchen, die dem Wild ganz besonders gut schmeckten, immer mehr aus dem Gebirgswald. Wo früher auf den Schlägen eine dichte Kraut- und Strauchschicht dem Schalenwild beste Äsung bot, wachsen heute fast nur noch saures Gras und Disteln. Obwohl die Schäden durch das Wild Jahrzehnte hindurch nicht mehr zu leugnen sind, galt und gilt zum Teil auch heute noch ein Forstmann, der es wagt, dieses Thema öffentlich anzuschneiden, als Außenseiter. Denn – wie es einmal ein Experte so schön formulierte: »Das Denken versagt immer, wenn die Leidenschaften zu herrschen beginnen.«

Bei Wildschäden ist Österreich Weltspitze

Es wäre eine feine Sache, wenn Hirsche und Rehe die von der Almwirtschaft aufgegebenen Flächen abäsen und so für den Fremdenverkehr freihalten würden. Aber das funktioniert leider nicht, denn aus verschiedenen biologischen Gründen kann nun einmal das Schalenwild nicht die Aufgaben des Weideviehs übernehmen. Dagegen droht der Gebirgslandschaft wegen der Verbiß- und Schälschäden eine Gefahr, die zumindest bisher von den Revierinhabern nicht

erkannt oder einfach ignoriert wurde. Nach glaubwürdigen Erhebungen verschiedener Forstbehörden beläuft sich etwa in Bayern der durch das Schalenwild angerichtete Schaden Jahr für Jahr auf rund 40 Millionen DM. Dabei sind in diesem Betrag die sich nicht unmittelbar abzeichnenden Langzeitschäden noch gar nicht berücksichtigt. Dozent Eiberle von der Eidgenössischen Technischen Hochschule in Zürich meint dazu: »Unsere Wälder sind unter dem Einfluß der Wildschäden im Begriff, sich in ihrer Baumartenmischung und Struktur langsam in einer Weise zu verändern, die den primären Interessen der Allgemeinheit nur abträglich sein kann.« Für Österreich hat man hochgerechnet, daß durch überhöhte Schalenwildbestände Schälschäden angerichtet werden, die etwa 23,5 Millionen Festmeter – das ist etwa der zweifache Jahreseinschlag (also die Holzernte) – mehr oder weniger stark beeinträchtigen. Der jährliche direkte finanzielle Schaden beträgt nach Berechnungen des Wiener Waldbau-Professors Hannes Mayer rund 750 Millionen Schilling (oder 100 Millionen DM), der indirekte ist dreimal so hoch. Somit muß der Gesamtschaden pro Jahr mit etwa zwei bis zweieinhalb Milliarden Schilling (ca. 357 Millionen DM) veranschlagt werden. Prof. Mayer: »Bezüglich der Wildschäden ist Österreich leider ›Weltspitze‹ und wird nur noch von Neuseeland übertroffen, wo die Nachfahren des seinerzeit von Kaiser Franz Joseph ausgesetzten heimischen Wildes noch mehr Verwüstungen anrichten.«
Nach Angaben der schweizerischen Wildschadens-Kommission aus dem Jahr 1974 beträgt die Gesamtschadensbelastung in ungezäunten Verjüngungsflächen etwa 2,3 Millionen Schweizer Franken. Eine etwas ältere Schätzung aus 1959 sprach von einem Schaden in der Höhe von rund sechs Millionen Schweizer Franken, der in den Wäldern alljährlich allein durch das Rehwild verursacht wird. Wodurch nachhaltig ein Kapital von 200 Millionen Franken verlustig ging. Durch den Verlust der Verjüngungsfähigkeit – so sind zum Beispiel in Österreich etwa zwei Drittel der Verjüngungsflächen extrem verbissen – besteht in erster Linie für die Schutzwälder akute Gefahr. Besonders bedroht sind sonnseitige Standorte, denn dort hält sich das Wild natürlich bevorzugt auf. »Wenn nicht bald in vergreisten Schutzwäldern die künstliche Verjüngung mit Kosten von rund 30.000 bis 50.000 Schilling (4000–7000 DM) pro Hektar eingeleitet und durch eine Lösung der Wildfrage gesichert wird«, so warnt Prof. Mayer, »werden in den nächsten zwanzig bis fünfzig Jahren bei akuter Gefährdung von Siedlungen und Verkehrswegen nur noch technische Verbauungsmaßnahmen mit Kosten von drei bis fünf Millionen Schilling (400.000–700.000 DM) je Hektar Katastrophen verhindern.« Ähnlich sieht es bei der Hochlagenaufforstung aus, die mit erheblichen öffentlichen Mitteln subventioniert wird. Überhöhte Wilddichten stellen auch hier einen Erfolg in Frage. Denn durch die hohen natürlichen Ausfälle von 40 bis 60 Prozent auf den extremen Standorten und durch die langsame Entwicklung der Pflanzen wirkt sich schon ein relativ geringer Wildverbiß vernichtend aus. Prof. Mayer: »Ohne entsprechende Lösung der Wildfrage brechen in absehbarer Zeit Schutzwälder auf größeren Flächen zusammen. Die Schäden durch Erosion, Lawinen, Steinschlag und sonstige Ereignisse können unter Umständen lebensbedrohende Ausmaße annehmen.« Wenn die

gegenwärtigen Tendenzen weiter anhalten, so wird – wie Experten meinen – in 100 bis 140 Jahren der Bergwald in Höhen von über 1400 Meter bis auf wenige Reste verschwunden sein. Bereits heute brechen von den rund 1000 Lawinenstrichen in den bayrischen Alpen etwa drei Viertel unterhalb der natürlichen Waldgrenze ab. Eine gezielte Aufforstung könnte das verhindern. Sie kann aber nur dann gelingen, wenn der Wildbestand so weit reduziert wird, daß die jungen Pflanzen auch ohne Wildschutzzäune aufwachsen können. Diese Voraussetzung ist aber derzeit in vielen gefährdeten Gebieten nicht einmal für die Fichte gegeben. Das bedeutet: Das gestörte Gleichgewicht zwischen Wald und Wild muß schleunigst wiederhergestellt werden. Oder, wie es der Waldbaufachmann Prof. Mayer ausdrückt: »Der ständige ökologische Aderlaß muß gestoppt werden.« Als vordringlich wird dabei – zumindest von der Seite der Forstleute – eine Ökologisierung der Jagdwirtschaft verlangt. Denn ein immer größerer Teil der Jäger besitzt heute keine unmittelbaren Beziehungen mehr zu Grund und Boden – und damit auch wenig Beziehungen zu Wald und Flur. Ein beträchtlicher Teil der Jagenden faßt diese Tätigkeit als Sport auf. Sie sind primär am Schuß und an der Trophäe interessiert. Jäger sind heute zwar jagdtechnisch umfassend ausgebildet. Für Wildbiologie und -ökologie bleibt neben der Schießtechnik, der Bewertung von Trophäen und Abhandlungen über jagdliches Brauchtum kaum noch Zeit. »Die Ökosysteme, in denen gejagt wird, sind für viele Jäger ein Buch mit sieben Siegeln«, kritisiert der Forstmann. Da aber die direkten und indirekten Schäden im Ökosystem Wald bereits groß bis gefährlich groß sind, kann man nicht 20 bis 30 Jahre warten, bis eine neue Generation von Jung-Waidmännern mit einem stärkeren Ökologiebewußtsein das Sagen hat. Daher wird es notwendig sein, möglichst rasch die Jägerprüfung zu erweitern und Wildbiologie und Waldökologie zu gleichrangigen Ausbildungszielen zu machen. Außerdem wäre es wünschenswert, wenn in Zukunft in den jagdlichen Entscheidungsgremien mehr mit der Natur verbundene und ökologisch ausgebildete Jäger tätig sein würden anstatt jener Hobby-Schützen, die ohne innere Beziehung zur Natur, zum Wald und zu ökologischen Zusammenhängen den Finger krumm machen.

Blei-Gemsen im Zillertal

Ihre liebe Not mit dem Rot- und Rehwild sowie mit den Gemsen haben aber nicht nur die Forstleute, sondern – wenn auch aus ganz anderen Gründen – zunehmend die Jäger selbst. Denn heute verschonen Chemie und Umweltgifte nicht einmal mehr die alpinen Wildtiere. Wie Untersuchungen am Forschungsinstitut für Wildtierkunde an der Veterinärmedizinischen Universität in Wien gezeigt haben, sind zum Beispiel die Gemsen im Tiroler Zillertal in bereits recht beachtlichem Ausmaß bleiverseucht. Die höchsten Konzentrationen dieses giftigen Schwermetalls wurden in den Nieren von drei- bis achtjährigen Tieren nachgewiesen. Das wird damit erklärt, daß Tiere dieser Altersklasse den höch-

sten Stoffwechselumsatz haben. Darüber hinaus speichern junge Gemsen Blei stärker in den Knochen als alte Exemplare. Der Bleigehalt der Gamsnieren ist übrigens auch von der Jahreszeit abhängig. Denn während die Tiere im Sommer auf etwa 2000 Meter Seehöhe leben und daher von den Autoabgasen des fremdenverkehrintensiven Ganzjahres-Schigebietes nur relativ wenig tangiert werden, schlägt sich ihre Gewohnheit, den Winter meist nur auf rund 1250 Meter (und damit in der Nähe der »Bleizone«) zu verbringen, in einem nachweisbar höheren Schwermetallgehalt während der kalten Jahreszeit nieder. Dr. Frieda Tataruch vom Forschungsinstitut für Wildtierkunde: »Eine akute Gesundheitsgefährdung der Gemsen ist aufgrund der von uns gefundenen Bleiwerte noch nicht gegeben. Allerdings ist die Frage der chronischen Giftigkeit noch lange nicht geklärt. Es ist durchaus im Bereich der Möglichkeit, daß eine Langzeitbelastung des Organismus durch Umweltschadstoffe – konkret durch das Blei – zu einer erhöhten Anfälligkeit der Tiere gegenüber anderen Krankheiten führen kann. Denn in Belastungs- und Streßsituationen – so zum Beispiel während der Tragzeit, wenn ein Kitz gesäugt wird oder bei Hunger und großer Kälte – kann es sehr wohl zu einer plötzlichen Freisetzung des in den Knochen gespeicherten Depot-Schwermetalls und damit zu einer akuten Bleivergiftung kommen.«
Weniger dramatisch als beim Blei ist die Belastung der Zillertaler Gemsen durch Quecksilber. Dieses Schwermetall, das vor allem über Industrieabgase in relativ großen Mengen in die Atmosphäre gelangt, hat den Vorteil, daß es aus den Nieren relativ rasch wieder freigesetzt wird. Die Tatsache, daß auch beim Quecksilber im Winter die höchsten Belastungen in den Gemsennieren gefunden wurden, deutet abermals auf die höhere Belastung der Vegetation und damit der Äsung in Talnähe mit diesem Schwermetall hin. »Alles in allem«, so weiß die Wildtier-Expertin Dr. Tataruch aber zu beruhigen, »stellt Quecksilber derzeit sicherlich keine Gefahr für das Schalenwild dar.«

Kadmium-Nieren, nein, danke!

Im Gegensatz zu Blei und Quecksilber wird Kadmium vom Organismus nicht wieder ausgeschieden. Da es sich vor allem in den Nieren ablagert, fanden die Wiener Wissenschafter folgerichtig die höchsten Kadmium-Konzentrationen im Organ einer über 15 Jahre alten Geiß. Aber auch sonst fand man bei den Zillertaler Gemsen beträchtlich viel Kadmium, das wiederum zum Teil aus den Auspuffgasen stammt (vor allem bei Verwendung von Diesel), zum Teil bei der Verbrennung von fossilen Heizmaterialien, wie zum Beispiel Öl oder Kohle, frei wird. Dieses Umweltgift wird daher auch noch weiter von Luftströmungen vertragen als das Blei. Dazu kommt, daß Kadmium – wenn auch in sehr geringen Mengen – natürlich im Boden vorkommt, durch Umweltverschmutzung also ein Summationseffekt entsteht. Über die Wirkung des Kadmiums im Organismus ist bisher noch relativ wenig bekannt. »Trotzdem liegen die von uns ermittelten Werte«, so Dr. Tataruch, »für die Gemsen noch nicht im toxischen Bereich.«

Allerdings: die Kadmium-Nieren der Alpentiere sind für den menschlichen Genuß sicher nicht mehr geeignet. Bei der Muskulatur kann dagegen – und das betrifft alle drei Schwermetalle (Blei, Quecksilber und Kadmium) – nach Ansicht der Wiener Forscher noch von keiner Gesundheitsgefährdung des Konsumenten gesprochen werden.
Interessanterweise ist die Belastung der Tierwelt im alpinen Bereich mit chlorierten Kohlenwasserstoffen deutlich rückläufig. Diese Umweltgifte sind in Insektiziden, Herbiziden und Fungiziden – also Insektenvertilgungsmitteln, Pflanzenschutzmitteln und Pilze vernichtenden Präparaten – enthalten. Ihr deutlichster Nachteil: Sie halten sich in den Ökosystemen relativ lange, weil sie nur sehr langsam abgebaut werden. Bei den Wildtieren speichern sich die chlorierten Kohlenwasserstoffe vor allem im Fettgewebe. Vergleichsuntersuchungen, die vor acht bis zehn Jahren und jetzt von den Wiener Wildtierkundlern durchgeführt wurden, haben gezeigt, daß von vielen chlorierten Kohlenwasserstoffen in alpinen Wildtieren praktisch nur mehr das Hexachlorbenzol (HCB) nachweisbar ist. Von dem man übrigens gar nicht so genau weiß, woher es eigentlich in so großen Mengen stammt. Im Gegensatz zu der deutlich fallenden Tendenz der Kohlenwasserstoffe im Depotfett finden sich in den Schalen vor allem der Greifvögel-Eier noch immer relativ hohe Rückstände – eine Folge der sogenannten »Nahrungskette«, in deren Verlauf sich selbst recht geringe Giftmengen schließlich zu einer durchaus schädlichen Menge potenzieren.

Noch immer Fallout-Rückstände in Rehen

Zwanzig Jahre nach den Atombombenversuchen der USA und der Sowjetunion in der Atmosphäre sind im Knochengewebe und in der Leber von Rehen aus Österreich noch immer Radionuklide – vor allem Strontium und Radiocäsium – feststellbar. Und selbst die chinesischen Atombombenversuche der letzten Jahre spiegeln sich im Radionuklidgehalt von Gewebeproben. Das haben kürzlich Forschungen ergeben, die von Dr. Franz Tatzber und Dr. Karl Irlweck vom österreichischen Forschungszentrum Seibersdorf durchgeführt wurden. Die Dosis dieses künstlichen Fallouts ist allerdings recht gering. Denn es hat sich gezeigt, daß das Rehwild durch die natürlich vorhandene Radioaktivität etwa um eine Größenordnung höher belastet wird als durch die Rückstände der Bombenversuche. Da sowohl das amerikanische als auch das sowjetische Versuchsgelände auf der nördlichen Halbkugel lagen, kam es zum Beginn der sechziger Jahre vor allem in der Zone zwischen dem 30. und dem 60. Grad nördlicher Breite zu einer maximalen Anreicherung durch radioaktiven Fallout. In Mitteleuropa hat man seit dem Inkrafttreten des Verbotes von Atomtests immer wieder einschlägige Untersuchungen über den Transport der künstlichen Radionuklide und die Belastung des Lebensraumes über den Niederschlag durchgeführt. Die jüngste Arbeit der österreichischen Wissenschafter zeigt nun, daß auch nach zwei Jahrzehnten die Belastung der Biosphäre heute noch feststellbar und über diesen

Zeitraum praktisch unverändert geblieben ist. Vor allem die Radiocäsium-Werte sind in den Rehwildgewebeproben seit etwa zehn Jahren nahezu unverändert. Trotzdem brauchen sich die Liebhaber von zartem Rehbraten den Appetit nicht verderben zu lassen: Die derzeitige Fallout-Konzentration ist, was die Auswirkungen auf den Menschen betrifft, »sicher zu vernachlässigen«.

Ein Hektar Buchenwald bindet 68 Tonnen Staub

Im Hinblick auf giftige Umweltverunreinigungen zählt der Wald zu den empfindlichsten Vegetationsformen überhaupt. Er kann schon bei Abgaskonzentrationen zugrunde gehen, die die menschliche Nase überhaupt nicht wahrnimmt. Damit kann der Wald auch nichts Wesentliches zur Reinigung giftgashaltiger Luft beitragen – auch wenn er bis etwa 300 Kilogramm Schwefeldioxyd pro Hektar und Jahr fixieren kann. Das heißt aber natürlich nicht, daß dem Wald keine Filter- und Schutzwirkung zukommt. Durch seine Strukturierung kommt es zum Beispiel zu größeren Turbulenzen und Windströmungen, wodurch etwa Abgase verdünnt werden. Vor allem aber fördert der Wald die unterschiedliche Erwärmung bzw. die nächtliche Abkühlung und damit vertikale Luftströmungen und Frischluftzufuhr.
Wesentlich ist auch die Sauerstoffproduktion. Berechnungen haben ergeben, daß zum Beispiel die Sauerstoffproduktion des Schweizer Waldes pro Jahr rund 2,5 Millionen Tonnen beträgt, das sind etwa 250 Gramm pro Quadratmeter. Nimmt man an, daß ein Mensch im Jahr rund 250 Kilogramm Sauerstoff veratmet, so vermag zum Beispiel ein Hektar Wald im Schnitt gerade den Sauerstoffbedarf von zehn Personen zu decken. Oder, anders ausgedrückt: Der Schweizer Wald ist imstande, die Atemluft für zehn Millionen Einwohner zu regenerieren, also von Kohlendioxyd zu befreien. Die vollständige Verbrennung von einem Kilogramm Benzin, Kerosin und ähnlichen Treibstoffen braucht rund 3,5 Kilogramm Sauerstoff. Ein Jumbo-Jet, der pro Flug 100 Tonnen Kerosin verbrennt, benötigt somit 350 Tonnen Sauerstoff oder soviel, wie 140 Hektar Wald pro Jahr produzieren. Würden übrigens die 350 Flugpassagiere des Jumbo-Jets in 200 Autos reisen, würden sie noch rund 20 Prozent mehr Sauerstoff verbrennen – denn ein Pkw braucht etwa 350 Gramm Sauerstoff pro Kilometer Fahrstrecke.
Ein weiterer wesentlicher Faktor ist die filtrierende Wirkung eines Waldes. So kann ein Hektar Fichtenwald 32 Tonnen Staub binden, ein Hektar Buchenwald sogar 68 Tonnen! Das bedeutet, daß der Wald im Extremfall ein Mehrfaches seines Kronengewichtes zu fixieren vermag. Auch die lärmschluckenden Funktionen sind beachtenswert. Ein dichter mehrstufiger Jungwald vermindert zum Beispiel den Lärmpegel um durchschnittlich 0,16 Dezibel pro Meter. Ein Wald von 250 Meter Tiefe würde damit den Verkehrslärm um 35 bis 45 Dezibel vermindern. Im freien Feld wäre dazu eine Entfernung von 1,8 bis 2 Kilometer nötig. Da die hohen und unangenehmen Schallfrequenzen von Wäldern besser als tiefe Frequenzen reflektiert und durch Resonanzschwingungen der dünnen

Pflanzenteile absorbiert – also sozusagen »verschluckt« – werden, stellt der Wald auch ein recht selektives akustisches Filter dar.
Unter den verschiedenen Vegetationsformen besitzen Wälder darüber hinaus die größte benetzbare und transpirierende Oberfläche. Damit werden sie zu einem wichtigen Instrument der Regulierung des Wasserhaushaltes. Besonders in Hochlagen bewirkt der Wald eine gleichmäßige Verteilung der Niederschläge. Im Schatten der Bäume schmilzt im Winter der Schnee langsamer, und die Schmelzwässer belasten Bäche und Flüsse daher nicht so arg. Ein großer Teil des Regens wird übrigens vom Wald bereits in den Kronen aufgefangen. So kann etwa ein Fichtenbestand während der Sommermonate rund 41 Prozent des Regens auffangen, in den Kronen eines Kiefernbestandes bleiben 24 Prozent »hängen«, und im Buchenwald sind es rund 20 Prozent. Im subalpinen Zirbenwald bleiben bei einer Niederschlagshöhe von 30 Millimetern gut 60 Prozent – das sind 18 Millimeter – vor dem Erreichen des Bodens »hängen«. Die Bewaldung vermag aber auch die Fähigkeit des Bodens, Wasser zu halten, wesentlich zu erhöhen. Versuche haben gezeigt, wie sehr während der Vegetationsperiode das Bodenwasser durch den Baumbewuchs entzogen wird. Nach der Schneeschmelze wird der Wassergehalt des Erdreichs – von kurzen, auf Regenperioden folgenden Zeiten abgesehen – durch das beständige Saugvermögen der Wurzeln der Waldbäume stark reduziert. Diese Saugkraft beträgt bis zu 15 atm und macht es damit möglich, dem Boden das in mittelgroßen Poren vorhandene »pflanzenverfügbare« Wasser zu entziehen. Dagegen halten kleinere Poren ihr Bodenwasser gegen Schwerkraft und Saugkräfte der Pflanzen sozusagen »eisern« fest. Im Gegensatz dazu verweilt das Wasser in den groben Poren des Bodens nur kurze Zeit – es gehorcht damit den Gesetzen der Schwerkraft. Berücksichtigt man nur die mittelgroßen Poren, so kann zum Beispiel ein Sandboden 84 Millimeter Niederschlag in einer nur einen Meter dicken Bodenschichte zurückhalten. Das ist etwa zehnmal soviel, wie im Kronendach eines dichten Bestandes verbleibt. Lößlehmbraunerde kann 243 Millimeter und vollkommen undurchlässiger Tonboden 178 Millimeter in einer Ein-Meter-Schichte speichern. Durch die ständige Verdunstung über die Blätter während der Vegetationsperiode wird schließlich die Aufnahmekapazität des Bodens nach jedem Regenguß sehr schnell wiederhergestellt. Die Transpiration stellt daher auf indirektem Weg ebenfalls eine wesentliche Ursache für die abflußmindernde und hochwassersenkende Funktion des Waldbodens dar. Immerhin kann etwa ein Birkenwald pro Hektar und Tag 47.000 Liter Wasser verdunsten, ein Buchenwald 38.000 Liter, ein Lärchenwald 47.000, ein Fichtenbestand 43.000 und ein Kiefernwald immerhin noch 23.500 Liter. Das Zusammenspiel von Baumkronen und Wasserspeicherfähigkeit einer natürlichen und gut durchwurzelten Bodenschicht ist daher in der Lage, Niederschläge im Bereich zwischen 94 und 253 Millimetern zu binden, was etwa dem Ausmaß eines Katastrophenregens entspricht. Im Rahmen der Lawinenvorbeugung und des Lawinenschutzes sorgt der Wald – so er gesund und gepflegt ist – für die möglichst gleichmäßige Verteilung des Schnees im Gelände und reduziert auf diese Weise die Lawinenabbruchsmöglichkeiten.

Erst vor wenigen Jahren haben österreichische Umweltwissenschafter im Hinblick auf die Situation in den alpenländischen Wäldern die bange Frage gestellt, ob denn die Forstwirtschaft in den kommenden Jahrzehnten vor allem ihre monotonen Fichten-Plantagen künstlich beregnen muß. Das wäre jedenfalls ein weltweites Novum: Forstwirtschaft mit der Gießkanne. Denn, so die Ökologen, wenn weiterhin so gründlich drainagiert, jede feuchte Wiese und jedes Moor trockengelegt wird, wenn die Kanalisierung selbst kleinster Bäche in sterilen Bruchsteinrinnen (»Schnellwasser-Ableitung«) nicht bald auf ein vernünftiges Maß reduziert werde, drohe dem »grünen Herzen des Kontinents« in nicht allzu ferner Zeit eine fortschreitende Versteppung in allen Höhenlagen. Die Vorstellung, daß man den Wald (»Ich bin der Wald, ich bin uralt...«) nicht nur künstlich düngen – was seit Jahren an manchen Stellen bereits praktiziert wird –, sondern in absehbarer Zeit möglicherweise auch noch gießen muß, erscheint ungeheuerlich. Trotzdem gibt es eine Reihe von Anzeichen, die eine »Forstwirtschaft mit der Gießkanne« als zumindest möglich erscheinen lassen.
So konnten Wissenschafter mit Hilfe von Fernerkundungs-Satelliten sowie mit Falschfarben-, Infrarot- und thermischen Rückstrahlungsmessern von Flugzeugen aus nachweisen, daß die Wärmeabstrahlung eines Kahlschlages fast so hoch ist wie die einer Asphaltstraße. Daß dadurch auch die Gefahr von Waldbränden und Vegetationsschäden enorm zunimmt, ist kein Wunder. Was dieses »Wüstenklima« für das Aufkommen von Jungpflanzen bedeutet, ist auch für den Laien leicht einzusehen. »Das Mikroklima in einer Jungfichten-Monokultur ist eben viel erbarmungsloser als in einem lockeren Mischwald«, weiß der Ökologe Dr. Werner Katzmann vom Bundesinstitut für Gesundheitswesen in Wien. Das hat aber, wie Forstinsider – freilich hinter vorgehaltener Hand – versichern, dazu geführt, daß 80 Prozent der Fichtenneupflanzungen zugrunde gehen. Nur 20 Prozent überleben extremen Hitzestau und Wildverbiß. Früher, als im grünen Tann noch ein anderes Klima herrschte, war das Verhältnis umgekehrt.
Daß die ökologische Zeitbombe bereits tickt, ist evident. So galten bereits Mitte der siebziger Jahre 61.000 Hektar in Österreichs Wäldern als echte Rauchschadensgebiete, weitere 71.000 Hektar waren »negativ beeinflußt«. (In der Zwischenzeit spricht man bereits von 200.000 Hektar Schadensflächen!) »Nimmt man diese 132.000 Hektar Wald zusammen und rechnet pro Hektar etwa 500 Bäume, so kommt man auf die beachtliche Zahl von 66 Millionen Bäumen, die durch Abgase geschädigt oder negativ beeinflußt sind«, erklärte Dipl.-Ing. Friedrich Schwarz, Landesforstdirektor von Oberösterreich. 1983 trifft dieses Schicksal demnach bereits an die hundert Millionen Bäume.
Im Tiroler Inntal liegt die Belastung mit Schwefeldioxyd im Raum Kufstein rund dreimal so hoch wie in der Großstadt Wien. Allein die örtlichen Zementwerke verheizen pro Tag an die 8,5 Tonnen Öl. Tannen sterben bei derartigen Zuständen unweigerlich ab. Fichten schaffen es – meist – noch. Ebenfalls »gerade noch« schaffen es die Bewohner von Hallein in Salzburg. Allerdings: Lungenspezialisten konstatieren überproportional viele Fälle von Bronchitis – und zwar schon

bei Babys – »schwarze Lungen« und Atembeschwerden. Der Arzt Dr. Helmut Wihan: »Die Verunreinigungen durch Schwefeldioxyd und Staub sind schlichtweg ein Wahnsinn.« Luftmeßergebnisse des Amtes der Salzburger Landesregierung haben nun auch das Gesundheitsministerium in Wien alarmiert. Denn die umliegende Industrie verpestet die Halleiner Luft immer mehr. Von vier möglichen Güteklassen wird die Stadt an der Salzach in die dritte eingestuft. Hauptverursacher ist übrigens eine Papierfabrik.

»Schwarzer Atem« bedroht »grüne Lunge«

Eine Umweltkatastrophe von »unvorstellbarem Ausmaß«, die alle bisherigen Belastungen der alpinen Wälder weit in den Schatten stellt, könnte das Problem des »Sauren Regens« bringen. Denn das, was über Mitteleuropa vom Himmel fällt, hat mit dem Niederschlag vorindustrieller Zeiten nur noch den Namen gemeinsam. Jetzt gehen nicht mehr Wasser, sondern verdünnte Lösungen von Schwefel- und Salpetersäure nieder. Aggressiv genug, um nicht nur Pflanzen, sondern selbst Marmor, Stein und Eisen zu zerstören. Und die Folgen des »Schwarzen Atems«, der die »grünen Lungen« angreift, sind bereits allenthalben sichtbar. Nicht nur etwa in den großen Industrierevieren, sondern auch im Gebirge. Als erste fallen die Tannen dem Säureregen zum Opfer. Im Bayrischen Wald steht es um diese Baumart so, »daß einem die Augen tränen«, wie der Münchener Forstbotaniker Prof. Peter Schütt in einem »SPIEGEL«-Interview kürzlich feststellte. Aber auch weniger empfindliche Nadelbäume sind bereits vom Siechtum befallen. Am Westhang des Bayrischen Waldes modern bereits vier Fünftel aller Fichten. »Im Herbst 1980«, so Prof. Schütt, »häuften sich erstmals die Schäden an den Fichten. Im Winter haben die Schäden stürmisch zugenommen, sowohl an Zahl wie auch an Intensität. Viele Bäume gehen in wenigen Wochen ein.« Nach Feststellungen des »Bundes Naturschutz« sind in Bayern 55.000 Hektar Nadelbaumbestand am Ende. Unweit von München starben hundertjährige Fichten innerhalb von 14 Tagen vollständig ab. In ganz Europa dürften bereits rund 500.000 Hektar Nadelwald schwer betroffen sein. Dr. Karl-Friedrich Wentzel, Landesbeauftragter für Naturschutz in Hessen (BRD): »Der Säureregen, der besonders die Gebirgswälder gefährdet, ist neben den großflächigen Rodungen in der Dritten Welt die zweite große Tragödie.«
Das neue Umwelt-Übel scheint dem Wald mehr zu schaden als die Summe jener Gefahren, die der Forstwirtschaft seit Jahrzehnten zu schaffen machen: Rotfäule und Rüsselkäfer, Waldbrand und Wildverbiß. Für die Forstexperten addieren sich die Schadensmeldungen zu einem Krankheitsbild, das manchen schon den Zusammenbruch des gesamten Ökosystems befürchten läßt. Das große Baumsterben ist offenbar eine Komplexkrankheit, die aber eine gemeinsame Hauptursache haben dürfte: die zunehmende Luftverpestung, insbesondere durch Schwefeldioxyd (SO_2). Es kommt aus Ölheizungen, Auspufftöpfen und – vor allem – aus den Schloten von Kraftwerken, Erzhütten und Raffinerien. Untersu-

chungen beweisen, daß der Verbrauch schwefelhältiger Brennstoffe seit Jahren weltweit ansteigt – und parallel dazu auch der Schwefeldioxyd-Gehalt des Regens. Die Zentren des Schwefeldioxyd-Ausstoßes in Europa liegen zur Zeit in Mittel- und Südengland, Nordfrankreich, in den Benelux-Staaten, im Raum Moskau, Leningrad, Kiew, in Norditalien, insbesondere aber in West- und Ostdeutschland, der ČSSR und in Polen. Die skandinavischen Staaten, aber auch Österreich und die Schweiz, die ja beide relativ wenig luftverschmutzende Industrien aufweisen, werden durch Fernbelastungen merklich beeinträchtigt.

Wie sauer darf's noch werden?

Bis zum Jahr 1990 wird, wie man in der US-Studie »Global 2000« nachlesen kann, die Verbrennung von Kohle um 13 Prozent, die von Öl um 58 Prozent zunehmen. Und jetzt rächt sich auch die »Hochschornsteinpolitik« der siebziger Jahre, die dazu geführt hat, daß etwa im Ruhrgebiet die SO_2-Belastung geringer geworden ist, letztlich aber nun auch industrieferne Zonen – wie zum Beispiel das Alpengebiet – mit giftigen Abgasen »bedient« werden. Schwefelspuckende Monster-Schlote, so prangerte »DER SPIEGEL« in einer Titelgeschichte an, teilweise höher als 300 Meter, wirken seit Jahren auf der nördlichen Erdhalbkugel wie chemische Waffen – nur etwas weniger rasch. Der »Bund für Umwelt und Naturschutz Deutschland« (BUND) sieht »die grünen Lungen des Landes vom schwarzen Atem angeweht«. Und der Göttinger Bodenkundler Prof. Bernhard Ulrich meint resignierend: »Die ersten großen Wälder werden schon in den nächsten fünf Jahren sterben. Sie sind nicht mehr zu retten.«
Schwefel – jener Stoff, an dessen Geruch im Mittelalter der Teufel zu erkennen war – wird freigesetzt, wann immer fossiler Brennstoff verfeuert, verflüssigt, vergast oder verstromt wird. Jährlich gehen derzeit beispielsweise auf die Bundesrepublik Deutschland rund 3,5 Millionen Tonnen SO_2 nieder, die doppelte der 1950 registrierten Menge. Auf Österreich schweben 318.000 Tonnen, auf das Areal der Schweiz 139.000 Tonnen nieder.
1974 betrug die Belastung mit Schwefel in Österreich zwischen 1,5 und sechs Gramm pro Quadratmeter – das sind 15 bis 60 Kilogramm in Form von Oxyden pro Hektar. Nach den Hochrechnungen der OECD ist aber künftig wieder mit einem vermehrten Einsatz von Kohle in der Energieversorgung zu rechnen. Und das bedeutet allein in den OECD-Staaten eine Zunahme des SO_2-Ausstoßes von 20,2 Millionen Tonnen 1974 auf 25,24 Millionen Tonnen 1985. Was einer Zunahme von 25 Prozent entspricht. Obwohl für Österreich ein Rückgang auf 310.000 Tonnen geschätzt wird, würde die Belastung durch den Ferntransport – also durch den »Schwefelimport« – besonders im Donauraum, in Kärnten und im südoststeirischen Raum beachtlich ansteigen. Denn war Österreich 1974 mit etwa 20,04 Kilogramm Schwefel aus »eigener« Produktion pro Hektar belastet, so werden es 1985 nur mehr 18,5 Kilogramm sein. Die mittlere Gesamtbelastung – also die Summe aus »Eigenproduktion« und »Importen« von Schwefel – lag im

Gegensatz dazu 1974 bereits bei 34,5 Kilogramm Schwefel pro Hektar. Und sie wird, wenn in den benachbarten Staaten keine einschneidenden Maßnahmen getroffen werden, 1985 trotz reduzierter »Eigenleistung« etwa 38,5 Kilogramm Schwefel pro Hektar ausmachen. Dann werden 52 Prozent der Schwefelbelastung Österreichs aus dem Ausland kommen.
Es wird also zunehmend deutlich, was die »satanische Substanz« bei Natur und Mensch anzurichten vermag. Der Regen, der heute etwa über der Bundesrepublik Deutschland zu Boden fällt, ist mehr als zehnmal so sauer als vor 16 Jahren. Und während der winterlichen Heizperiode, wenn schwefeliger Hausbrandqualm aus den Rauchfängen quillt, wird manchmal sogar das Dreißigfache der einstigen Normalwerte gemessen. Für Österreich rechnet Prof. Anton Krapfenbauer von der Universität für Bodenkultur in Wien für die nächste Zeit mit einem Anstieg der Säurewirkung im Niederschlag um das Zehn- bis Einhundertfache. »Wenn es heute regnet«, faßt Heinz Detlef Gregor vom Berliner Umweltbundesamt zusammen, »kommt oft genug die reine Säure vom Himmel.« Die sauren Wolken laden ihre Giftfracht vor allem über den Berghängen ab. Zudem gehen gas- und staubförmige Schwefelverbindungen als sogenannter »trockener Regen« nieder. Besonders bedroht sind die Wälder in den Hoch-, Kamm- und Staulagen der Mittelgebirge. Und Nadelbäume natürlich noch mehr als Laubbäume. Können Eichen oder Buchen ihren schwefeligen Ballast wenigstens im Herbst zusammen mit den Blättern abwerfen, so sind die immergrünen Nadelbäume dem »Sauren Regen« ungleich stärker ausgesetzt.

Aluminium-Bombe im Waldboden

Welche Giftmengen sich im Laufe der Zeit im Boden anreichern, lassen Statistiken der Internationalen Wirtschaftsorganisation OECD vermuten. Danach hat sich die Menge des in die Luft geblasenen Schwefels allein von 1950 (12 Millionen Tonnen) bis 1972 (25 Millionen Tonnen) mehr als verdoppelt. Auf jeden Europäer entfielen 1978 nach diesen Statistiken genau 64,62 Kilogramm reiner Schwefel. An der Spitze lag übrigens die DDR mit 118 Kilogramm pro Kopf, in der ebenso wie in der ČSSR (103 Kilogramm) besonders stark schwefelhaltige Braunkohle verfeuert wird. In der BRD entfielen auf jeden Bundesbürger 29 Kilogramm. Nach neuesten Berechnungen werden jetzt schon jährlich 200 Millionen Tonnen dieses Giftes weltweit in die Luft geblasen, davon allein in Europa 60 Millionen Tonnen. Und auch die neuesten Werte für Österreich sind deprimierend: Die Statistik spricht von 440.000 Tonnen Schwefeldioxyd pro Jahr aus »Eigenproduktion«.
Grundsätzlich braucht zwar jede Pflanze als Nährstoffbestandteil auch Schwefel – allerdings nur in kleinsten Dosen. Wald ist zum Beispiel mit ein bis zwei Kilogramm pro Hektar ausreichend versorgt. Seit vier Jahrzehnten weht ihm aber jährlich die vierzigfache Dosis zu. Am ehesten kann der Wald noch dort durchhalten, wo er auf kalkhaltigem Boden steht. Denn das dort in der Erde

reichlich vorhandene Kalziumkarbonat neutralisiert die Schwefelsäure: Es entsteht Gips, der für die Bäume unschädlich ist und außerdem vom Regen fortgeschwemmt wird. Wo aber Kalk seit jeher Mangelware ist, löst die Säure radikale Reaktionen aus. Denn das Gift, das vom Himmel fällt, greift einmal die organischen Verbindungen im Humus und im Wurzelboden an. Es wäscht zusätzlich lebensnotwendige Bodenbestandteile wie Magnesium ins Grundwasser und löst Tonerde, Feldspat sowie andere sogenannte Alumo-Silikate, so daß giftige Aluminium-Ionen frei werden. Aluminium aber wirkt in den Waldböden wie eine Bombe. Zuerst vernichtet es nützliche Bodenbakterien, die zum Beispiel zur Kompostierung des Laubs notwendig sind, und vertreibt sodann den Regenwurm – den großen »Bodenlockerer«. Außerdem agiert das Metall, das über die Wurzeln ins Holz eingeschleust wird, als tödliches Zellgift. Toxische Alu-Schübe können einen drastischen Rückgang der lebenden Feinwurzelmasse von 2500 auf wenige hundert Kilogramm pro Hektar bewirken, weiß der Göttinger Bodenkundler Prof. Ulrich zu berichten. Das Absterben der feinen Wurzeln aber macht den Baum anfällig für Windwurf und Schneebruch. Darüber hinaus erhöht sich die allgemeine Anfälligkeit des Waldes für konventionelle Streßfaktoren. Obwohl der Sommer 1981 für Schädlinge nicht besonders günstig war, stürzten sich die Insekten allerorten in besorgniserregendem Umfang auf die abgasgeschädigten Waldruinen. In Bayern zum Beispiel waren es die Gallwespen. An der Forstlichen Bundesversuchsanstalt in Wien ist es übrigens kürzlich Wissenschaftern gelungen, jenen Schädling nachzuweisen, der den von schwefelhaltigem Regen und anderen Umwelteinflüssen geschwächten Tannen sozusagen den »Todesstoß« versetzt. Konkret handelt es sich dabei um Nematoden, das sind winzige, mit freiem Auge nicht erkennbare Würmer, die durch Borkenkäfer übertragen werden. Sie »hungern« die Bäume regelrecht aus, weil sie die Leitgefäße verstopfen und durch ihre Ausscheidungen noch zusätzlich vergiften. Sollte sich die entscheidende Beteiligung dieser Schädlinge auch am großflächigen Sterben anderer Baumarten nachweisen lassen, so wäre das ein gewaltiger Schritt in der Bekämpfung jener mysteriösen Baumkrankheiten, denen – wie wir gehört haben – in Mitteleuropa immer größere Bestände zum Opfer fallen.

Verkehr und Fernstraßenbau

»Tirol darf nicht umfahren werden!« – Verkehr und Tourismus, siamesische Zwillinge – Auch Hamburger wollen ins Alpen-Weekend – Generalmobilmachung im Freizeitverkehr – 360 Kilogramm Blei am Großglockner – Ein Volk von Neurotikern? – Alle Wege führen nach Rom – Stoppt den Straßenbau-Fetischismus! – Das Durchhaus Europas – Österreich will zehn Milliarden – Wirtschaft mit Verkehrswegeausbau nur zum Teil zufrieden – Der Trend geht zur Schiene – Alpenreise durch eine finstere Röhre? – Wohin mit den Abgasen? – Zauberformel heißt Logistik – Neue Chancen im Mittelmeer

»Tirol darf nicht umfahren werden!«

In früheren Jahrhunderten waren die Alpen eine natürliche Barriere, die nur unter großen Mühen überwunden werden konnte. Heute gilt das Gebirge bereits als »Transitraum zwischen Nord und Süd in Europa«. Fern- und Schnellstraßen, Autobahnen, Panorama- und Aussichtsstraßen sowie die Schienenstränge der Eisenbahn überziehen die Alpen wie ein Spinnennetz. Die Verkehrsströme aus den Ballungsgebieten rund um das Gebirge ergießen sich wie reißende Flüsse in die Täler. Und vor allem die Republik Österreich kann den fragwürdigen Ruhm für sich beanspruchen, von Millionen Fahrzeugen und Menschen als »Durchhaus« Europas benutzt zu werden. Es gibt im Alpenraum insgesamt mehr als 400 lohnende Hochstraßen (von den Tälern ganz zu schweigen) und Asphaltbänder über rund 40 bedeutende Pässe. Und es wird immer noch weitergesprengt, gebaggert und asphaltiert. Noch vor wenigen Jahren postulierte Tirols Landeshauptmann Eduard Wallnöfer: »Tirol darf nicht umfahren werden!« Heute wünscht man in vielen Gemeinden die Autos zum Teufel. Und Wissenschafter haben errechnet, daß auf den Paßstraßen der österreichischen Bundesländer Tirol und Salzburg pro Jahr 150 Millionen Liter Benzin durch die Vergaser rinnen und dabei 12.000 Kilogramm Blei über Wiesen und Wälder abladen. Der Kohlenmonoxyd-Ausstoß auf den Paßstraßen ist übrigens dreimal so hoch wie beim mittleren Stadtverkehr. Die Beton- und Asphaltpisten erweisen sich darüber hinaus als wahre Landschaftsfresser. So benötigt zum Beispiel ein Kilometer Autobahn eine Fläche von vier bis siebeneinhalb Hektar. Und ein Autobahn-Kleeblatt nimmt eine Fläche in Anspruch, auf der man die gesamte Altstadt von Salzburg unterbringen könnte. Obwohl dem Straßenbau meist hochwertige Böden zum Opfer fallen, weil sich Straßen meist nach dem Talverlauf orientieren, verlangen die steigende Motorisierung und die wachsende Mobilität der Gesellschaft die Errichtung immer noch leistungsfähigerer Verkehrswege.

Straßen zerschneiden die Landschaft. Landwirte müssen Umwege machen, wenn sie zu ihren Feldern kommen wollen. Spazier- und Wanderwege, die früher das Dorf mit der freien Landschaft verbunden haben, sind unterbrochen. Der Zugang zur Natur wird erschwert. Dammschüttungen behindern die Aussicht und können die Frischluftzufuhr unterbinden sowie das Lokalklima verändern. Straßen zerstückeln aber auch den Lebensraum von Tieren. Sie stellen entweder unüberwindliche Barrieren dar oder werden zu tückischen Todesfallen etwa für Igel, Kröten, Frösche und anderes Kleingetier, die – plattgewalzt und vertrocknet – von der Macht der »Verkehrswalze« künden. Entlang der Betonbänder bilden sich als Folge der grundlegend veränderten Lebensbedingungen völlig neue Tier- und Pflanzengesellschaften. Damit werden Biotope verdrängt, die wegen ihrer höher spezialisierten Lebensansprüche selten und daher besonders wertvoll sind. Wo sich das Mikroklima verändert, Abgase und Streusalz zum »täglichen Brot« gehören und der Verkehr reichen Blutzoll fordert, dort sterben die Spezialisten aus – sowohl bei Tieren als auch bei Pflanzen. Übrig bleiben meist nur die Generalisten. Sie formen die »Straßen-Einheitslandschaft«, die überall gleich aussieht.

Verkehr und Tourismus, siamesische Zwillinge

Besondere Probleme ergeben sich aus dem touristischen Verkehr. Da die Zahl der Erholungsuchenden in den Zentren des Fremdenverkehrs während der Saisonspitzen die Wohnbevölkerung häufig um ein Vielfaches übersteigt und nahezu zwei Drittel aller Urlaubsreisen mit dem Auto unternommen werden, kommt es in einzelnen Teilräumen zu starken Verkehrsbelastungen. Es häufen sich daher in letzter Zeit Stimmen, die den Aspekt der immer schnelleren und besseren Erreichbarkeit und den »Mobilitäts-Fetischismus« breiter Bevölkerungskreise in Frage stellen. Anläßlich eines Referates vor der Generalversammlung des schweizerischen Fremdenverkehrsverbandes im September 1977 erklärte P. Trachsel: »Tourismus ist heute – grob gesagt – ein rascher Wechsel zwischen Fortbewegung und Auswahl des nächsten Ziels. Er ist das treue Spiegelbild unserer Gesellschaft. Erst rennen wir mit unserer Gesundheit dem Geld, dann mit dem Geld unserer Gesundheit nach. Das Mobile geht uns über alles, und dieses Mobile ist stets in Eile. Wenn wir die siamesischen Zwillinge ›Tourismus und Verkehr‹ richtig kennenlernen wollen, müssen wir die Eile in Rechnung stellen. Eile, nicht Muße. Das Problematische am Tourismus ist nicht die Herberge, sondern die Geschwindigkeit, Wirkung und Ursache aller Eile.«
Eine besondere Schwierigkeit in der Ausstattung mit Verkehrs-Infrastrukturen liegt nicht nur in der verkehrspolitischen Hektik unserer Zeit, sondern auch darin, daß – wie uns Psychologen versichern – speziell der Straßenverkehr zu einem Spielfeld geworden ist, »wo der Mensch Erlebnisansprüche unterbringt, die er in anderen, zunehmend emotionsärmer werdenden Lebensbereichen immer weniger investieren kann«. Mit dieser Irrationalisierung entzieht sich aber das Verkehrsverhalten zunehmend der Kalkulierbarkeit.

Auch Hamburger wollen ins Alpen-Weekend

Nach dem Zweiten Weltkrieg führten die Verlängerung des gesetzlichen tariflichen Urlaubs und die ökonomischen Voraussetzungen des einzelnen in Verbindung mit der dynamischen Entwicklung des Individualverkehrs zu einer jährlich um ein bis drei Prozent ansteigenden Reiseintensität, die sich damit beispielsweise innerhalb der BRD zwischen 1954 und 1971 verdoppelte. Allein in Bayern stiegen die Übernachtungszahlen von zirka 14 Millionen 1950/51 auf etwa 49 Millionen 1970/71. Von dieser Zahl entfiel beinahe die Hälfte auf die bayrische Alpenregion, und hier wiederum die Hauptmasse auf eine relativ kleine Gruppe bevorzugter Orte. Konzentrierten sich doch 75 von 100 dieser Übernachtungen auf nur 23 Gemeinden. Allein 40 Prozent der Münchener Naherholer suchten bereits zu Beginn der siebziger Jahre den Alpenraum als Zielgebiet auf, und das bedeutete im Schnitt Woche für Woche einen Schub von etwa 100.000 Menschen in das Berggebiet. 1967 bis 1969 durchgeführte Untersuchungen des Wirtschaftsgeographischen Instituts in München ergaben, daß im Durchschnitt 400.000 Münchener Bürger dreißigmal im Jahr am Naherholungsverkehr teilnahmen. Dabei wurden innerhalb der Alpenregion folgende Bereiche bevorzugt aufgesucht: Tegernsee – Schliersee – Spitzingsee – Bad Tölz – Lenggries (zirka 80.000 Personen), Österreich (etwa 40.000), der Chiemgau (etwa 30.000) und das Werdenfelser Land (etwa 30.000). Bei diesen Ausflügen legten 40 Prozent zwischen 30 und 100 Kilometer, 33 Prozent zwischen 100 und 250 und sieben Prozent sogar mehr als 250 Kilometer zurück. Der Besuch der Dolomiten oder der Schweizer Wintersportorte war keineswegs eine Seltenheit. Im Erholungsgebiet selbst – so wurde ermittelt – halten sich die Naherholer zu 60 Prozent etwa drei bis neun Stunden auf, und jeder siebente Wochenendausflug ist mit mindestens einer Übernachtung verbunden – übrigens häufig im Zweitwohnsitz. An dieser Kurzzeiterholung beteiligen sich aber nicht nur die Einwohner der großen, in unmittelbarer Nachbarschaft der Alpenregion liegenden Metropolen, sondern ebenso zahlreich auch die Bewohner fast aller größerer Ballungszentren bis in den Norden der BRD, und zwar sogar bis Hamburg und Kiel.

Generalmobilmachung im Freizeitverkehr

Der Fremdenverkehr hängt sehr eng mit dem Freizeitbegriff zusammen. Wie hat sich nun das Ausmaß an Freizeit bisher entwickelt? Die Jahresarbeitszeit eines Arbeitnehmers betrug im Jahr 1875 noch wöchentlich etwa 85 Stunden, es bestand kein fester Anspruch auf Jahresurlaub. Heute liegt die wöchentliche Arbeitszeit bei 40 Stunden, verbunden mit durchschnittlich 27 Tagen Jahresurlaubsanspruch. Die Jahresarbeitszeit ist damit in rund 100 Jahren von etwa 4500 auf rund 2000 Stunden, also um 56 Prozent, gesunken. Zwischen 1960 und 1978 betrug die jährliche Arbeitszeitverkürzung durchschnittlich ein Prozent. Wählt man für den Zeitraum bis zum Jahr 2000 eine etwas langsamere Verkürzung von

0,8 Prozent jährlich, so ergibt sich für die Jahrtausendwende eine effektive jährliche Arbeitszeit von 1512 Stunden, was dann etwa einem Drittel des Wertes von 1875 entspricht. Das heißt, daß ein riesiges zusätzliches Freizeitvolumen entsteht, dessen sich in zunehmendem Maße eine ganze Industrie – eben die Freizeitindustrie – bemächtigt. Dazu kommt, daß die Entfremdung des Werktätigen von seiner Arbeit, die Beziehungslosigkeit zu dem Produkt, das er herstellt, und damit die Sinnentleerung der Arbeit wächst. Nichts drückt diesen Zustand besser aus als das Wort »Arbeitnehmer« selbst! Diese Sinnentleerung muß nun in der Freizeit übertönt, kompensiert, gierig und hektisch wettgemacht werden, um ja nichts zu versäumen. Weiters ist zu beachten, daß die verfügbaren Einkommen der privaten Haushalte in den letzten Jahren stark angestiegen sind, was dazu geführt hat, daß die Freizeitausgaben einen immer höheren Anteil am privaten Verbrauch ausmachen. 1970 waren es noch 13,9 Prozent, 1980 bereits 18 Prozent. Stark gestiegenes Freizeitausmaß, stark gestiegene Einkommen im Verein mit einem unaufhaltsam und von Kraftstoffpreisen offenbar weitgehend unbeirrt der Vollmotorisierung zustrebenden Motorisierungsgrad haben in den vergangenen Jahren zu einer geradezu explosionsartigen Entwicklung des Freizeit- und Urlaubsverkehrs geführt. In der BRD stieg der Freizeitverkehr (Ausflüge und Reisen im Ausmaß von weniger als fünf Tagen) von 1960 bis 1976 um fast 100 Prozent, der Urlaubsverkehr im gleichen Zeitraum sogar um mehr als 300 Prozent! Und auf dem Verkehrsnetz der Schweizer Alpen ist zwischen 1955 und 1970 die Frequenz um 300 bis 500 Prozent angewachsen. »Fast könnte man meinen«, so Doz. Peter Cerwenka (Basel), »diese Generalmobilmachung ungeahnten Ausmaßes käme einer Flucht vor sich selbst gleich.«

Die bisherige Entwicklung im Verein mit den aufgezeigten und absehbaren Entwicklungen der Freizeit und der Einkommen veranlaßte das Deutsche Institut für Wirtschaftsforschung dann auch, für das Jahr 2000 im Freizeitverkehr mit einer Zunahme von zirka 50 Prozent gegenüber 1976 zu rechnen. Und im Urlauberverkehr gar mit einer Zunahme von 150 Prozent. Interessant dabei ist, daß im Freizeitverkehr 1960 jede vierte Fahrt mit dem öffentlichen Verkehrsmittel erfolgte, 1980 etwa jede siebente, und daß im Jahr 2000 nach den Prognosen der Wissenschafter voraussichtlich nur mehr jede elfte Fahrt mit öffentlichen Verkehrsmitteln erfolgen wird. Der Personenkraftwagen bietet offensichtlich wie kein anderes Verkehrsmittel Vorzüge für die Freizeitmobilität an. Daran dürften vermutlich auch hohe Kraftstoffpreise nicht viel ändern. Denn bei zunehmenden Kraftstoffpreisen wird eher im Berufsverkehr kostenbewußt »rationalisiert« – etwa durch das Eingehen von Fahrgemeinschaften oder durch Umsteigen auf öffentliche Verkehrsmittel –, als daß man auf seinen Wochenendausflug mit dem Pkw verzichtet.

Geht man davon aus, daß im Jahr 2000 drei- bis viermal so viele Menschen die heute schon vorgegebenen Urlaubsgebiete aufsuchen werden, so stellt sich in der Tat die Frage, inwieweit dieser Ansturm auf den Alpenraum überhaupt noch bewältigt werden kann. In jedem Fall aber sollte der Zirkel »Verkehrserschließung – Nachfragesteigerung – weitere Verkehrserschließung« dadurch unterbrochen werden, daß die Verkehrsplanung als Lenkungsinstrument benutzt wird, das gegebenenfalls für einzelne Teilräume auch den Stopp einer weiteren Verkehrserschließung vorsieht.

360 Kilogramm Blei am Großglockner

Schon in den Straßen der Alpen- oder Voralpenstädte wie etwa Bad Tölz oder Rosenheim wabert Kohlenmonoxyd manchmal in Mengen, wie sie selbst im Ruhrgebiet nur selten überschritten werden. Zustände, von denen man sich eigentlich erholen müßte. Aber auch die sensible Hochgebirgslandschaft etwa zu beiden Seiten der Großglockner-Hochalpenstraße in Österreich muß pro Jahr mehrere hundert Kilogramm hochgiftiges Blei aus den Abgasen jener Kraftfahrzeuge verarbeiten, die – meist in langen Schlangen und Schritt für Schritt – den Paradeberg im ersten, zweiten oder manchmal (wenn auch vergebens) im dritten Gang bezwingen wollen. 1977 waren es, wie man am Institut für Verbrennungskraftmaschinen und Kraftfahrwesen der Technischen Universität Wien festgestellt hat, rund 360 Kilogramm Blei bei etwa 255.000 Kraftfahrzeugen. Dazu kommt an neuralgischen Punkten ein Ausstoß an giftigem Kohlenmonoxyd (CO), der dem einer dichtbefahrenen Hauptverkehrsstraße in einer Großstadt zur Verkehrsspitze entspricht. Die 1977 gezählten 255.000 Kraftfahrzeuge – zu 95 Prozent Pkw, zu drei Prozent Autobusse und zu zwei Prozent Motorräder – verbrauchten übrigens für den Glocknertrip rund 1,3 Millionen Liter Kraftstoff. Wobei der mittlere Benzinverbrauch pro Fahrzeug – und zwar für Berg- und Talfahrt – bei 10,5 Liter pro 100 Kilometer lag. Die Fahrzeug-Armada kriecht über die rund 60 Kilometer lange Großglockner-Hochalpenstraße zwischen Heiligenblut und Fusch meist mit einer Geschwindigkeit von 35 Stundenkilometern dahin. Häufiges Halten bei der Bergfahrt führt zu einem eklatanten Ansteigen der Kohlenmonoxyd-Werte. Auf der Nordrampe maßen die Techniker 0,08 Kubikmeter CO pro Fahrzeug und Kilometer. Dazu Prof. Hans-Peter Lenz von der Technischen Universität Wien: »Das entspricht etwa dem Dreifachen gegenüber dem Ausstoß im mittleren Stadtverkehr.« Am stärksten befahren und damit auch belastet ist die Gletscherstraße auf die Franz-Josefs-Höhe. Die Geräte der Wissenschafter zeigten dort zu Spitzenzeiten – in denen pro Stunde rund 1000 Fahrzeuge anrollen – Werte von 95 Kubikmeter Kohlenmonoxyd pro Stunde und Kilometer an. Zum Vergleich: Im dichten Stadtverkehr werden bei etwa 30 Stundenkilometern und 4000 Fahrzeugen pro Stunde und Kilometer Emissionen in der gleichen Größenordnung gemessen. Na ja, die würzige Luft in den Bergen ...

Dementsprechend sind auch die Schäden, die der Autoverkehr an der Vegetation, zum Beispiel an den rindenbewohnenden und besonders empfindlichen Flechten entlang dieser Panoramastraße, anrichtet. Sie sind fast schon so groß, wie sie entlang einer Autobahn – und zwar im unverbauten Gebiet – anzutreffen sind.

»Der Grad der Schädigung ist grundsätzlich von der Geländeform, der Durchlüftung und damit dem Grad der Verdünnung der Abgase abhängig«, meint Dr. Harald Riedl vom Naturhistorischen Museum in Wien. Starke Schäden sind bis zu 30 Meter seitlich der Straße und bis zu zehn Meter auf den Hängen oberhalb zu finden. Und noch ein charakteristisches Phänomen hat der Abgas-Cocktail hervorgebracht: Während normalerweise der stärkste Flechtenbewuchs an der Wetterseite der Bäume zu finden ist, sieht die Situation entlang der Glocknerstraße ganz anders aus. Hier sind alle der Straße zugekehrten Seiten von Lärchen, Latschen und Fichten – auch wenn es sich um die Wetterseite handelt – praktisch flechtenlos. Aber auch erdbewohnende Flechten sind bis zu vier Meter entlang der Straße deutlich geschädigt. Es gibt allerdings auch Arten, die dem Blei-Kohlenmonoxyd-Gemisch standhalten: und zwar solche, bei denen die Flechtenpilze mit sehr primitiven Blaualgen in Symbiose leben. Wobei letztere die Fähigkeit besitzen, Kohlensäure und Stickstoff aus der Luft zu verarbeiten. Diese Flechten dringen sogar bis auf das Straßenbankett vor.

Ein Volk von Neurotikern?

Die Geister, die man einst in der Hoffnung rief, vom großen Kuchen des allgemeinen Wirtschaftswachstums mitnaschen zu können, wird man jetzt nicht mehr los. So rührt etwa die Belastung der Bevölkerung in den verkehrsmäßig voll erschlossenen Haupttälern der Alpen mit Blei fast ausschließlich aus den Abgasen der Kraftfahrzeuge her. Es wird geschätzt, daß durch den Bleistaub, der sich auf den Flächen entlang der Straßen ablagert, pro Kilometer Autobahn etwa 0,5 Quadratkilometer Nutzfläche entwertet wird. »Autobahn-Heu ist voller Blei« lautete vor einiger Zeit eine Schlagzeile – und dieses Blei findet man dann auch in der Milch von Kühen, die das solcherart »gewürzte« Futter verzehrt haben. An stark befahrenen Straßen werden pro Stunde und Kilometer 40 bis 60 Gramm Bleistaub abgelagert. Und außerdem enthalten die Kraftfahrzeug-Abgase noch giftiges Kohlenmonoxyd, halbverbrannte Kohlenwasserstoffe und Stickoxyde.
Ähnliche Probleme gibt es mit dem Lärm, der »Geißel der Menschheit«. Lärm wird in erster Linie vom Kfz-Verkehr verursacht. Und er mindert zum Beispiel den Wert von Wohnungen im Mittel um fünf bis 20 Prozent. »Der Mensch wird eines Tages den Lärm ebenso unerbittlich bekämpfen müssen wie die Cholera und die Pest«, schrieb Robert Koch um 1900. Heute ist diese Voraussage Realität.
Messungen der Gehirnströme bei Schlafenden an verkehrsreichen Straßen zeigten selbst bei geschlossenen Fenstern beunruhigende Resultate. So veränderte sich beispielsweise der Tiefschlaf beim Vorbeifahren von Kraftfahrzeugen zu einem oberflächlichen Leichtschlaf. Diese »Weckreaktionen« dauern jeweils nur fünf bis zwanzig Sekunden – dann fällt der Betroffene wieder zurück in den Tiefschlaf. Ein einziger derartiger »Weckreiz« wäre nun nicht unbedingt erwähnenswert. Aber schon an normalen Verkehrsstraßen kommt es innerhalb von nur

30 Minuten zu etwa 60 solcher Reize. Man kann sich leicht ausrechnen, wie die sogenannte »Nachtruhe« dann tatsächlich aussieht. Am nächsten Morgen fehlt bei den Betroffenen zwar jede Erinnerung an die Schlafstörungen – aber die ungenügende Erholung kann zu Übererregbarkeit, Gereiztheit, mangelnder Konzentrationsfähigkeit und nervöser Erschöpfung führen. In extremen Fällen steigen der Blutdruck und die Pulsfrequenz, es kommt zu Beeinträchtigungen des Verdauungstraktes, zu allgemeinen Streßsymptomen und manchmal sogar zu Schwerhörigkeit. Einschlaf- und Nachtschlafstörungen durch Lärm tragen außerdem mit Sicherheit zu dem hohen Schlafmittelkonsum bei, mit dem wir uns heute konfrontiert sehen. So werden etwa in der BRD allein an die 5000 Tonnen jährlich verbraucht, was einem Umsatz von mehreren Milliarden Mark gleichkommt. Die »akustische Seuche« ist drauf und dran (und das teuflischerweise auch im Alpenraum), aus uns ein »Volk von Neurotikern« zu machen. Und tatsächlich gibt es immer mehr Menschen, welche die Stille der Natur – die man gottlob da und dort noch finden kann – einfach nicht mehr ertragen können. »In dieser Flucht vor der Stille«, so der Psychohygieniker Max Piperek, »sehe ich eines der bedrohlichsten Symptome zivilisatorischer Schädigung.«

Alle Wege führen nach Rom

Alle Wege führen bekanntlich nach Rom – und das offensichtlich über Österreich. Das könnte man in Abwandlung des alten Sprichwortes meinen, betrachtet man den Güterverkehr. Denn tatsächlich ist die Alpenrepublik das größte Transitland Europas: 1980 wurden mehr als 15 Millionen Tonnen im Straßengüter-Transitverkehr durch Österreich befördert. Der Zuwachs gegenüber 1979 war größer als der gesamte Straßengüter-Transitverkehr der Schweiz. Der – nicht allein wegen der geographischen Lage, sondern auch aufgrund eines 28-Tonnen-Limits der Eidgenossen – nur 0,4 Millionen Tonnen ausmachte. Mehr als 90 Prozent des Straßen-Transitaufkommens in Österreich entfällt auf ausländische Lastkraftwagen, 80 Prozent kommen allein aus den Staaten der Europäischen Gemeinschaft. Auf der Tauernautobahn tragen in den Spitzenzeiten des Ferienverkehrs übrigens von 100 Autos 96 ausländische Kennzeichen. 1981 sind mehr als 131 Millionen Ausländer in Österreich eingereist – 93 Prozent davon auf der Straße. Wohin die immer extremere Verkehrslawine führen kann, zeigt das Beispiel der Schweiz. Dort brachte der Bau der beiden Röhren des Gotthard-Tunnels ein touristisches Desaster. Denn angezogen durch die schnelle Nord-Süd-Verbindung, überfluteten bereits im ersten Jahr nach der Eröffnung des neuen Verkehrsbauwerkes zwischen August 1980 und 1981 rund zweidreiviertel Millionen Menschen die Leventina, also das obere Tessin. Die Folgen: Toiletten hielten dem Ansturm der Massen nicht stand, Campingplätze und Hotels platzten buchstäblich aus den Nähten. Einheimische klagten über Dauerstreß und Lärmbelästigung, und der Nahverkehr brach total zusammen. Locarno, das sich eher etwas auf den gehobenen Tourismus zugute hält, mußte statt 70.000 Sommergästen plötzlich 230.000 verkraften. Das Chaos war perfekt ...

Stoppt den Straßenbau-Fetischismus!

Wenn heute zunehmend an der fortschreitenden »Versiegelung« von wertvollen Böden durch Fernverkehrsstraßen und Hochleistungsautobahnen Kritik geübt wird, so geht es dabei nicht grundsätzlich um eine Verteufelung des Individualverkehrs. Er hat den Menschen ein bisher nie erreichbares Maß an Beweglichkeit (»Die mobile Gesellschaft«) und bis zu einem gewissen Grad auch Freiheit gebracht. Und auch in Zukunft wird man auf ihn in weiten Bereichen sicherlich nicht verzichten können. Aber es kommt jetzt darauf an, das Auto mit Vernunft zu gebrauchen und Straßen mit Vernunft zu bauen. Der bisherige Auto- und Straßenbau-Fetischismus muß ein Ende haben. Derzeit umfaßt das überregionale Alpenländer-Straßennetz die vier großen Nord-Süd-gerichteten transalpinen Straßenzüge der Tauernautobahn, der Brenner-Autobahn, der geplanten Autostraße Mailand–Ulm und der Rheintal-Autobahn in Verbindung mit der San-Bernadino-Straße. Die wesentlichsten in Ost-West-Richtung verlaufenden überregionalen Alpenländerstraßen sind die Inntal-Autobahn in Verbindung mit der Loferer Schnellstraße im Osten und die Arlberg-Schnellstraße im Westen, die Drautal- und die Pustertaler Schnellstraße, die Schnellstraße zwischen Reschen – Meran – Bozen und die Verbindung von Udine über Trient nach Sondrio. Bis 1960 war das österreichische Straßennetz auf ein höchstzulässiges Gesamtgewicht von 22 Tonnen ausgelegt. Die später gebauten Straßen wurden für 38 Tonnen Gesamtgewicht gebaut. Und während sich der Gütertransport via Schiene von 1967 bis 1978 nicht einmal verdoppelte, stieg der Güterverkehr auf der Straße gleich um das Siebenfache. Dazu Österreichs Finanzminister Dr. Herbert Salcher: »Der Bau und die Erhaltung der Transitstraßen verursachen bedeutende und steigende Kosten für unsere Volkswirtschaft. Neben den finanziellen Kosten dürfen aber die anderen Belastungen, vor allem für die Menschen, die an den Transitrouten leben, nicht vergessen werden: Lärm und Abgase haben eine schwere, manchmal schon katastrophale Umweltsituation geschaffen.«

Das Durchhaus Europas

Tatsächlich stellt die Bewältigung der Transitaufgaben Österreich (»Durchhaus Europas«) vor ein kaum zu lösendes finanzielles Problem, das durch die verkehrsungünstige Lage im Alpenraum noch weiter vergrößert wird. Alpine Topographie und alpines Klima verursachen hohe Reisezeiten und Transportkosten, die jedoch durch leistungsfähige und wintersichere Alpenüberquerungen stark reduziert werden können. So steht etwa seit zehn Jahren die zweifellos wichtigste europäische Alpenüberquerung, die Brennerroute, zur Verfügung. Und zwar in Form einer 100 Kilometer langen Autobahn. Zwei weitere alpenüberquerende Autobahnen sind noch im Bau: die rund 200 Kilometer lange Tauernroute und die 300 Kilometer lange Pyhrn-Autobahn. »Allein für diese drei Strecken hat Österreich bisher über 31 Milliarden Schilling aufgebracht«, rechnet Dr. Gerold Estermann vom Bundesministerium für Bauten und Technik vor. »Das ist mehr als für alle anderen österreichischen Autobahnen zusammen.« Dieser enorme Einsatz von finanziellen Mitteln ist in erster Linie darauf zurückzuführen, daß die Kilometerkosten im alpinen Gelände bis zu achtmal höher liegen als in der Ebene.

Österreich will zehn Milliarden

Die argen Belastungen des österreichischen Straßennetzes durch den internationalen Verkehr – besonders aus den EG-Staaten – haben die österreichische Bundesregierung dazu veranlaßt, von der Europäischen Gemeinschaft einen Beitrag zum Ausbau der Transitautobahnen zu fordern. »Unsere Forderung«, so Bautenminister Karl Sekanina, »beläuft sich nach heutigem Geldwert auf etwa zehn Milliarden Schilling.« Bisher hat es aber lediglich Vorgespräche gegeben, offizielle Verhandlungen sind noch nicht geführt worden. »Die Gespräche mit der Europäischen Gemeinschaft sind sicherlich auch deswegen so schwierig«, meint der Bautenminister, »weil es auch innerhalb der EG unterschiedliche verkehrspolitische Überlegungen gibt. Eine gewisse Umorientierung der Investitionsmittel von der Straße weg auf die Schiene signalisiert aber eine deutliche Schwerpunktverlagerung der europäischen Verkehrspolitik. Diese Neuorientierung ist uns durchaus recht, sie entspricht ja auch unseren eigenen grundsätzlichen Überlegungen. Doch lehnen wir eine gewisse Doppelmoral aufs schärfste ab: ein Einsparen von Mitteln für Straßenbauvorhaben kann nur dann akzeptiert werden, wenn auch andere reglementierende Maßnahmen zur Eindämmung des Straßengüterverkehrs gesetzt werden.«
Den Eindruck eines steuerlos dahintreibenden Schiffes macht die Verkehrspolitik der EG auch auf Horst Seefeld, Mitglied des Europäischen Parlaments und Vorsitzender des Verkehrsausschusses in Brüssel. »Sie reagiert mehr auf Anstöße von außen als auf eigene innere Antriebe.« Die Verkehrspolitik der Gemeinschaft sei bisher überhaupt nie richtig in Fahrt gekommen, kritisiert Seefeld. Aber eine europäische Wirtschaftsgemeinschaft sei ohne eine gut funktionierende gemeinsame Verkehrsstrategie nicht denkbar. Leider habe sich der Ministerrat der EG, dem letztlich die Verantwortung zufällt, mehr als Verteidiger der bestehenden Strukturen der Mitgliedsstaaten erwiesen denn als Motor für neue Entwicklungen. Horst Seefeld: »Eine gemeinsame Konzeption wurde nie entwickelt, erst recht nicht angenommen, und die Kommission wurde auf den sogenannten Weg der kleinen Schritte zurückgedrängt. Viele sind damit zufrieden, weil sie Angst vor einer Reform haben, die sich aus der europäischen Politik ergeben könnte.«

Wirtschaft mit Verkehrswegeausbau nur zum Teil zufrieden

Rund zwei Drittel des österreichischen Staatsgebietes sind dem unmittelbaren Alpenraum zuzuordnen. Zentren wirtschaftlicher Aktivität finden sich zwar besonders konzentriert im nördlichen Alpenvorland – vor allem im Großraum um Wien – und im oberösterreichischen Zentralraum, traditionelle Schwerpunktgebiete der Montan-, Eisen- und Stahlindustrie sind jedoch – von hohen Gebirgsketten umgeben – in der Steiermark und zum Teil auch in Salzburg angesiedelt. Hochentwickelte Betriebe der Finalindustrie haben sich in fast allen größeren Tälern der Alpen niedergelassen. Das Tiroler Inntal, das Vorarlberger Rheintal, aber auch der Raum um die Stadt Salzburg und das Drautal in Kärnten sind Regionen, in denen sich viele meist kleinere oder mittlere Betriebe mit bemerkenswert erfolgreichen Produkten auch auf internationalen Märkten etabliert haben. »Schon für die innerösterreichischen Wirtschaftsbeziehungen ergibt sich aus dieser Situation«, so Dr. Karl Kehrer, Generalsekretär der Bundeskammer der gewerblichen Wirtschaft, »die Bedeutung leistungsfähiger Verkehrswege über die Alpen, die die verschiedenen Räume bestmöglich verbinden.« Als kleines Industrieland ist Österreich jedoch auch mehr als große Staaten im Zeitalter der Massenfertigung auf einen intensiven Außenhandel angewiesen. Der Ausbauzustand des österreichischen Verkehrswegenetzes entspricht nach Meinung der Wirtschaft erst zum Teil jenen Anforderungen, die sich aus der Intensivierung der innerösterreichischen Wirtschaftsbeziehungen, aber auch der Einbettung Österreichs in die großräumige internationale Arbeitsteilung, seiner Funktion für den gesamteuropäischen Transitverkehr und schließlich aus seiner Bedeutung als einer der beliebtesten Erholungsräume des Kontinents ergeben. Wenn das österreichische Autobahnnetz, das Rückgrat eines den modernen Anforderungen genügenden Straßennetzes, noch unvollständig ausgebaut ist, so deshalb, weil der Bau von Autobahnen in Bergregionen eben einen ganz besonderen Aufwand erfordert. »Trotzdem«, so Generalsekretär Kehrer, »steht mit der Brenner-Autobahn die einzige bisher durchgehend fertiggestellte Autobahn über die Alpen seit einem Jahrzehnt zur Verfügung. Die zum Teil nach Oberitalien, zum Teil aber auch nach Slowenien gerichtete Tauern-Autobahn weist nur noch wenige Lücken auf. Und die Pyhrn-Autobahn, die den Verkehr nach dem Balkan und auch wohl noch für längere Zeit den Güterverkehr nach dem Mittleren Osten verkraften muß, steht ebenfalls bereits zum Teil zur Verfügung.«

Manche Experten, so etwa Prof. Karl Ganser, sehen allerdings im forcierten Ausbau des hochrangigen Kommunikationsnetzes zwischen den großen Ballungsräumen eine Gefahr für die bisher benachteiligten Berggebiete. »Es wächst die Gefahr«, so Ganser, »daß die verbesserte Verkehrserschließung für die Berggebiete mehr entleerende als erschließende Wirkung mit sich bringt.« Die Verkürzung der Fahrzeiten aus den Berggebieten in die Ballungsräume bedeutet zum Beispiel, daß die Pendlereinzugsbereiche der Agglomerationen größer werden, die ohnehin viel zu kleinen regionalen Arbeitsmärkte in den unterentwickelten Gebieten »anknabbern« und auf diese Weise entwerten. Als zusätzliches Argument wird angeführt, daß vermehrte Kaufkraft aus den Berggebieten

Oben: Umweltfreundlicher und landschaftsschonender Straßenbau (Furkapaßstraße/Schweiz) . . .
Unten: . . . und brutale Eingriffe in das Landschaftsbild (Gotthard-Südseite im Tessin/Schweiz).

Die Betonbänder der Autobahnen zerschneiden ganze Täler,
haben aber anderseits den Alpen das Image einer »trennenden Barriere«
genommen.

Immer häufiger verwandeln Touristenmassen die Berge in Müll-Berge. Hinter Schutzhütten werden Abfälle oft ganz einfach über Steilhänge gekippt.

in die Ballungsräume abfließen könnte. Eine Kaufkraft, die bisher die in den benachteiligten Gebieten ansässigen Handels- und Dienstleistungsbetriebe gestützt hat. Hauptsächliche Schrittmacher bei diesem Entzug sind die Verbrauchermärkte, in denen größere Warenmengen pro Einkauf beschafft werden, wofür sich dann auch ein längerer Anfahrtsweg lohnt. Und letztlich sieht man die Gefahr, daß einfache Produktionen in Form von Zweigbetrieben leichter aus den benachteiligten Gebieten im Gebirge wieder abgesiedelt oder bei Bedarf auch stillgelegt werden könnten. Prof. Ganser: »Alpenquerende Transitverbindungen bringen also für die Berggebiete selbst besonders wenig Erschließungseffekte. Sie liegen eindeutig im Interesse der Wirtschaftsräume, die nördlich und südlich den Alpen vorgelagert sind.«

Der Trend geht zur Schiene

Die ständige Überforderung der Straßen im Alpenraum hat dazu geführt, daß man eine Verlagerung des Güterverkehrs von der Straße auf die Schiene zu einem wichtigen verkehrspolitischen Ziel erklärt hat. Dazu kommt nach zwei Ölpreisschocks der Zwang zum Energiesparen. Für die Industriestaaten hängt viel davon ab, ob und wie schnell sie den »Rückzug aus dem Erdöl« bewerkstelligen können. Eine Verlagerung von der Straße auf die Schiene ist jedenfalls ein wesentlicher Beitrag zu diesem Rückzug: Denn pro Einheit der Verkehrsleistung ist der Energieverbrauch im Straßengüterverkehr doppelt bis dreimal so hoch wie im Schienengütertransport. »Es ist nicht die Liebe zur Eisenbahn«, so Prof. Karl Klugar (Graz), »wenn man heute überlegt, ob man die Schiene wieder aktivieren muß. Es sind ganz nüchterne Tatsachen, die zu dieser Überlegung zwingen: die Belastung bestimmter Straßen, der Verschleiß der Autobahndekken, die hohe Unfallzahl, die Steigerung der Transportkosten und die Frage der Treibstoffabhängigkeit von den Öllländern.« Die Forderung, keine neuen transalpinen Fernstraßen zu bauen, dafür aber durch den Ausbau des Schienenfernverkehrsnetzes den Güter- und Personentransport sicherzustellen, ist auch in dem im Mai 1977 vom Deutschen Alpenverein verabschiedeten »Grundsatzprogramm zum Schutz des Alpenraumes« enthalten.
Wie verschiedene Analysen zeigen, muß damit gerechnet werden, daß sich im gesamten alpinen Gütertransitverkehr bei »überraschungsfreier Entwicklung der Energiesituation« bis zum Jahr 2000 das Aufkommen gegenüber 1979 verdoppeln wird. Schwierig ist aber selbst für Experten eine Schätzung der künftigen Aufteilung auf Schiene und Straße. Hier, so meint etwa Dozent Peter Cerwenka von der Prognos AG. (Basel), scheint eine gewisse Prognose-Enthaltsamkeit »tugendhaft und angebracht«. Er verweist jedoch darauf, daß diese Aufteilung – wie man am Beispiel der Schweiz sehen könne – bei entsprechender politischer Willensbildung in erheblichem Maße durchaus steuerbar sei. Die Erweiterung und Verbesserung des Schienenangebotes, und darüber sind sich heute die meisten Experten ziemlich einig, führt unmittelbar zum Problem einer neuen

»Eisenbahn-Alpentransversale«, die in letzter Zeit verstärkt auch in der Öffentlichkeit diskutiert wird.

Alpenreise durch eine finstere Röhre?

Zur Diskussion stehen in Österreich der Brenner-Basistunnel mit einer Länge von 58 Kilometern und in der Schweiz der Gotthard-Basistunnel: Er soll »nur« 49 Kilometer lang werden. Außerdem steht noch der etwa gleich lange Splügen-Tunnel zur Diskussion, der allerdings zusätzlich zur eigentlichen Strecke durch den Berg noch die Neutrassierung einer erheblichen Freilandstrecke erfordern würde. Die beiden Schweizer Projekte sind zunächst bei realistischer Betrachtung alternativ zu sehen. Wie überhaupt die drei Alpentransversalen nicht unabhängig voneinander betrachtet werden können. In letzter Zeit haben sich Vertreter der Deutschen Bundesbahnen, der Österreichischen Bundesbahnen und der Italienischen Staatsbahnen recht deutlich für den Brenner-Tunnel ausgesprochen. Damit wurde aber gleichzeitig eine wichtige Vorentscheidung für die Schweiz gefällt. Da – europäisch gesehen – die Splügen-Trasse zu nahe an der Brenner-Trasse liegen würde, hätte man mit einer Entscheidung für die Brenner-Variante zugleich auch die Weichen für die Strecke durch den Gotthard gestellt.
Im Zusammenhang mit der »Super-Röhre« durch den Brenner wurde vor allem in Tirol in der Öffentlichkeit mit großer Sorge ein Gerücht diskutiert, das von einem notwendigen viergleisigen Ausbau der Zulaufstrecke sprach. Dazu der österreichische Verkehrsminister Karl Lausecker: »Auch für den Fall einer Verwirklichung dieses Projektes ist klar festzustellen, daß damit nicht die Notwendigkeit einer viergleisigen Zulaufstrecke durch das Untere Inntal verbunden ist. Nach der Überzeugung der Österreichischen Bundesbahnen genügen für einen solchen Fall zur Kapazitätserhöhung technische Verbesserungen der bestehenden Strecke, wie zum Beispiel durch zusätzliche Sicherungseinrichtungen oder Richtungsbegradigungen.«
Leistungsfähige Alpentransversalen sind also offensichtlich nur noch durch die technische Variante eines Tunnels herstellbar. Allerdings handelt es sich dabei um Größenordnungen, die wohl überlegt sein wollen. »Manchmal hat man geradezu den Eindruck«, so der Schweizer Peter Cerwenka, »als würde durch den Einsatz des Instruments Tunnel (entsprechend dem Sprichwort ›Aus den Augen – aus dem Sinn‹) mit den Fahrzeugen zugleich auch das Verkehrsproblem selbst unter die Erde verdrängt.« Denkt man zum Beispiel an den Personenverkehr durch einen 58 Kilometer langen Tunnel, so erhebt sich die berechtigte Frage, ob Reisende geneigt und bereit sind, sich anstelle eines berauschenden Alpenerlebnisses durch eine finstere Röhre transportieren zu lassen. Es sind also nicht nur technische und finanzielle Probleme (die gigantisch genug sein werden) zu beachten, sondern auch psychologische Fragen. Obwohl die geplanten Alpentunnel wohl in erster Linie dem Güterverkehr vorbehalten sein werden.

Wohin mit den Abgasen?

Tunnels sind derzeit »in«. Auch auf dem Sektor des Straßenbaus. Meist aus Gründen politischer Opportunität sagen – und das gilt besonders für stark bevölkerte Verdichtungsräume – Politiker zur Lösung von Verkehrsproblemen gerne die Errichtung eines Tunnels zu. Ist erst einmal »irgendwie« die Hürde der Baufinanzierung genommen, atmen alle erleichtert auf. Aber das dicke Ende kommt erst: Denn Straßentunnels benötigen für die Beleuchtung und Belüftung einen erheblichen Energieeinsatz und verursachen damit gewaltige, ständig anfallende Betriebskosten. Der seit 1. Dezember 1979 eröffnete 14 Kilometer lange Arlbergtunnel benötigt zum Beispiel unter Annahme einer vierzigprozentigen Auslastung allein für Beleuchtung und Entlüftung ebensoviel Energie wie die Österreichischen Bundesbahnen für alle Signal- und Sicherungsanlagen einschließlich der Weichenheizung im gesamten Bundesgebiet. Und die Abgase werden an wenigen Punkten konzentriert ins Freie geblasen. Was dort mit ihnen passiert, wird nicht weiter untersucht, weil das »Freie« im Gegensatz zum Menschen keine Ansprüche stellt und keinen Schadenersatz fordert ...

Zauberformel heißt Logistik

Kurzfristig wesentlich erfolgversprechender als die Erweiterung des Leistungsangebotes durch neue und spektakuläre »Schienen-Alpentransversalen« ist – zumindest bis zu einem bestimmten Ausmaß – die Verbesserung bestehender Strecken. Darunter versteht man das gesamte Management, die betriebliche Organisation, vor allem aber eine Verbesserung und Beschleunigung des Informationsflusses zwischen Nachfragern und Eisenbahnverwaltung. So wie das im Personenverkehr etwa mit dem computerisierten Anforderungssystem für Schlafwagenplätze seit Jahren erfolgreich funktioniert. Mit anderen Worten: Was nützt eine neue Alpentransversale oder »Super-Röhre«, wenn sich dann trotzdem – um nur ein Beispiel zu nennen – wie auf der bestehenden Gotthard-Strecke allein wegen penibler Zollkontrollen an der italienisch-schweizerischen Grenze ein Rückstau der Güterwaggons von dort bis nach Karlsruhe bildet? Vorrangig ist also, die aktuellen und die zukünftigen Engpässe festzustellen. Und diese sind vermutlich eher in betrieblichen Mängeln als in der Trassenführung zu suchen. Gerade für den Gütertransitverkehr bietet sich als Betriebsform der kombinierte Verkehr, also Container-, Huckepack- und Paletten-Lösungen, an. Wobei den Übergabepunkten Straße – Schiene besondere Sorgfalt zu widmen ist. Voraussetzung dafür sind allerdings europaweite Normen und eine internationale Harmonisierung des Frachtbrief- und Abrechnungswesens.

»Österreich hat zwar mit der Brenner- und der Tauernautobahn zwei neue und leistungsfähige Nord-Süd-Achsen geschaffen«, meint Anton Jaumann, bayrischer Staatsminister für Wirtschaft und Verkehr, »aber damit ist das Problem noch nicht gelöst.« Denn aus Energie- und Umweltgründen müsse die Eisenbahn bei weiträumigeren Transporten wieder einen größeren Anteil gewinnen. Das setze aber eine Steigerung der Leistungsfähigkeit und Attraktivität der Bahn voraus. Auf der Brennerachse werden derzeit etwa 75 Prozent des Gütertransportes auf der Straße abgewickelt. Jaumann: »Das ist energiepolitisch verfehlt und belastet die Menschen entlang dieser Strecke. Die grundlegende Modernisierung der Bahnstrecke Innsbruck–Verona und der zugehörigen Rangierbahnhöfe München und Verona ist deshalb unentbehrlich. Die Tauernachse ist wichtig für den Zugang zum Hafen Triest, der sich unter anderem intensiv um den künftigen Kohleumschlag für Österreich und Süddeutschland bemüht, sowie zu den Häfen Koper und Rijeka.« Minister Jaumann sieht in einer Verbesserung der Zulaufstrecken im Alpenraum aber auch Chancen im Hinblick auf eine mögliche Renaissance des Mittelmeeres als Verkehrsweg. Die Lkw-Transporte, die heute durch Österreich, Jugoslawien und die Türkei in den Nahen und Mittleren Osten gehen, sind nur eine Notlösung, weil keine anderen ausreichenden Verkehrswege zur Verfügung stehen. »Vieles spricht dafür«, so der bayrische Staatsminister, »daß sich die Transporte langfristig auf den Seeweg verlagern werden.« Der Seeweg aus Mitteleuropa ins östliche Mittelmeer und zu den Ländern hinter dem Suezkanal wäre aber über die Häfen an der Adria und dem Tyrrhenischen Meer rund 2000 Kilometer kürzer als über die Nordseehäfen. Gleichwohl geht, wie die Erfahrung zeigt und italienische Untersuchungen ergeben haben, derzeit nur ein Bruchteil der Güter über italienische Häfen, die nach Herkunft oder Ziel dafür in Frage kämen. Eine Renaissance des Mittelmeeres könnte zu einer entscheidenden Standortverbesserung Süddeutschlands, Österreichs und Italiens führen, weil sie dann kürzere Wege hätten als viele Konkurrenten. Voraussetzung dafür ist aber, daß die nötigen Infrastrukturen geschaffen werden. Jaumann: »Der Verzicht auf einen Ausbau der Alpenquerungen wäre ein Verzicht auf eine entscheidende langfristige Entwicklungschance der wirtschaftlich nach Süden und Südosten ausgerichteten Teile Europas.«

»Die Modernisierung der Brennerbahn«, so unterstreicht auch Dr. Robert von Fioreschy, der Präsident der Handels-, Handwerks- und Landwirtschaftskammer Bozen, »ist eine dringende Notwendigkeit. Die Bedeutung dieser wichtigen Verkehrsader bringt für uns alle die Verpflichtung mit sich, jegliche Initiative zur Modernisierung zu unterstützen und zu fördern. Man darf nämlich nicht vergessen, daß die Verkehrsverbindung über den Brenner ein riesiges Einzugsgebiet von über 350 Millionen Menschen hat und daß für die Zukunft noch ein zusätzliches Verkehrsaufkommen zu erwarten sein wird. Aber leider sind wir von einer Einigung über die Modernisierung der Eisenbahnlinie mehr denn je entfernt ...«

Energiewirtschaft

Strom sparen statt »Berge auspressen« – Die Natur ist längst im Minimum – Energie aus alpinen »Dachrinnen« – Staudammtourismus bringt nicht viel – Malta, Tal der »widerspenstigen« Wasser – Bäche auf Knopfdruck – Zehn Jahre Galgenfrist für den Oberpinzgau – Todesfallen für Großvögel – Verhindert die E-Wirtschaft Österreichs einzigen Nationalpark?

Strom sparen statt »Berge auspressen«

Die Alpenregion liefert seit etwa einem halben Jahrhundert Energie für das europäische Flachland. Energie, die in zum Teil relativ weit entfernten industriellen und städtischen Ballungsräumen die wirtschaftliche Entwicklung fördert. Und während draußen im flachen Land der Wohlstand jahrelang größer und größer wurde, bescherte der offenbar unstillbare Energiehunger den Alpenbewohnern eine mit jedem Großprojekt mehr denaturierte Umwelt. Der Ölschock, schwelende Versorgungskrisen und der Widerstand gegen die Atomenergie ließen die sich ständig erneuernden Wasserkraft-Reserven nur attraktiver erscheinen. Zur Gesamtenergieaufbringung bzw. zur Bedarfsdeckung trägt die Wasserkraft in den Alpenstaaten unterschiedlich bei. In Österreich betrug ihr Anteil an der im Inland produzierten Primärenergie 1975 zum Beispiel 32,3 Prozent. Der Anteil der Wasserkraftwerke an der erzeugten elektrischen Energie belief sich auf zwei Drittel, jener der alpinen Speicherkraftwerke allein auf mehr als ein Fünftel. In der Schweiz werden ein Achtel des gesamten Energieverbrauches bzw. drei Viertel des Verbrauches an elektrischer Energie durch – zu einem beträchtlichen Teil im Alpengebiet gelegene – Wasserkraftwerke abgedeckt. Dagegen ist in Italien, Frankreich und in der Bundesrepublik Deutschland der Beitrag der alpinen Wasserkräfte viel geringer.

Der Ausbau des Wasserkraftpotentials beträgt derzeit in Österreich rund 68 Prozent. 1989 werden es nach den Planungen der E-Wirtschaft 85 Prozent sein, und 1995 soll dann das gesamte österreichische Wasserkraftpotential erschöpft sein. In Frankreich, Italien und in der Schweiz sind dagegen die nutzbaren Wasserkräfte bereits weitgehend ausgeschöpft. So hat etwa die Schweiz bereits 90 Prozent der nutzbaren Gewässer gestaut, angezapft, umgeleitet und so für die Stromgewinnung genützt. Keine Bergregion, in der nicht ausgetrocknete Bergflüsse auf diese Zusammenhänge hinweisen. Die kümmerlichen Rinnsale, die sich zwischen den ausgewaschenen Felsen und dem Geschiebe dahinschlängeln, führen die Verödung der Bergtäler nur noch drastischer vor Augen. Trotzdem deutet einiges darauf hin – so Peter Baumgartner in einem Kommentar in der Schweizer Zeitung »Tagesanzeiger« –, daß die Nutzung der Wasserkraft in der Schweiz noch weiter vorangetrieben werden soll. Da die Kosten für den Kernkraftwerksausbau angestiegen sind, werden sichtlich auch wirtschaftlich aufwendigere Wasserkraftwerke wieder interessant. Um so mehr, als höhere Gestehungskosten leicht auf die Stromkonsumenten abzuwälzen sind. Zu der Frage, ob der Raubbau an den letzten eidgenössischen Fließgewässern in einem verantwortbaren Verhältnis zum Nutzen steht, meint Peter Baumgartner: »Die rund 40 neuen Wasserkraftwerke in der Schweiz, für die bereits Projekte bestehen (aber zumeist noch keine Konzession eingeholt ist), könnten theoretisch rund 5,4 Milliarden Kilowattstunden Strom erzeugen.« In einer Studie des Schweizerischen Wasserwirtschaftsverbandes aus dem Jahr 1977 wird damit gerechnet, daß bis zum Jahr 2000 durch eine nicht genannte Zahl neuer Wasserkraftwerke insgesamt 1,5 Milliarden Kilowattstunden zusätzlich produziert werden könnten. Diese Summe nimmt sich äußerst bescheiden aus: Sie beträgt gerade 0,5 Prozent des von der E-Wirtschaft prognostizierten Strombedarfs im Winterhalbjahr 1999/2000. Dabei könnten durch entsprechende Stromsparmaßnahmen neue Wasserkraftwerke vermieden werden. In seiner Botschaft zur Baubewilligung des Kernkraftwerkes Kaiseraugst ging der schweizerische Bundesrat davon aus, daß durch Energiesparmaßnahmen für das Winterhalbjahr 1999/2000 ein Sparpotential von 2,14 Milliarden Kilowattstunden erreicht werden kann. In der Studie »Ist Kaiseraugst wirklich notwendig?« kamen verschiedene Umweltorganisationen sogar zum Ergebnis, daß dieses Sparpotential bereits im Winterhalbjahr 1989/1990 in der Schweiz erreicht werden könnte. Die Opfer an frei fließenden Gewässern, so meint der Autor abschließend, lohnen also angesichts des Ertrages nicht nur nicht, es sei im Interesse kommender Generationen auch nicht mehr vertretbar, den Bergen die letzten Fließgewässer auszupressen.

Die Natur ist längst im Minimum

Tatsächlich hat der alpine Raum durch die Wasserenergienutzung bis in die entlegensten Täler gelitten. Wer nur einen Teilaspekt bei der Wasserkraftnutzung sieht, könnte zum Schluß kommen, daß es sich dabei um eine »saubere« und »umweltkonforme« Energie handle. Was natürlich nur zu einem Teil richtig ist. Denn etwa mit der Errichtung von Speicherseen gehen wertvolle Naturlandschaften verloren, kostspielige Umsiedlungen und Regulierungen der Zubringerflüsse werden notwendig. Gar nicht zu reden von den zahllosen kulturellen Verlusten und sozioökonomischen Problemen, die mit der Wasserenergienutzung verbunden sind. So verschwand zum Beispiel der Ort Graun in Südtirol in den Fluten des Reschensees. Heute erinnert nur mehr der Kirchturm, der mit seiner Spitze aus dem Wasser ragt, an die Ansiedlung. Einerseits entstehen also künstliche Seen, anderseits werden Flußläufe und Bäche »amputiert«, in stehende Tümpel aufgelöst oder überhaupt trockengelegt. Der natürliche Charakter der Flußläufe geht dabei völlig verloren. Aus wirtschaftlichen Gründen kann angeblich auf keinen Flußlauf verzichtet werden – ja man leitet auch die Gewässer benachbarter Täler hinzu. Die Versuche, Mindest- und Restwassermengen festzulegen, sind Alibi-Handlungen gegenüber der Natur und nur sehr selten zielführend. Denn jedes verminderte Wasserangebot und jede verminderte Fließgeschwindigkeit führt zu einem Verlust der Selbstreinigungskraft. Der trostlose Anblick zahlreicher wasserloser und ausgetrockneter Flußabschnitte ist ein sprechendes Beispiel für die störenden Eingriffe in den alpinen Wasserhaushalt.

Dabei weiß man heute – zumindest in Naturschutzkreisen – sehr wohl um die belebende und stimulierende Wirkung des fließenden Wassers Bescheid. Und die auch heute noch unverminderte Anziehungskraft des Erlebniselementes Wasser wird durch eine Reihe von Untersuchungen untermauert. In einer vom österreichischen Bundesministerium für Bauten und Technik veröffentlichten Studie heißt es unter anderem, daß das touristische Geschehen zu 80 Prozent natur- und landschaftsbedingt ist: Das Landschaftselement »Wasser« hat für Erholungsaufenthalte im Sommer große, für Wandern und Touristik sehr große Bedeutung und erreicht neben dem Element »Relief« überhaupt die höchste Punktezahl. In der höchsten Bewertungsstufe dieser Umfrage finden sich die Angaben »reines Wasser« bzw. »eindrucksvolle Wildwasserstrecken«. Ein von der Baudirektion des Kantons Bern beim Forschungsinstitut der Universität Bern in Auftrag gegebenes Gutachten erbrachte, daß das Element Wasser in Wander- und Erholungsgebieten »eine überraschend große Rolle spielt« und »die entsprechenden Wandergebiete ihre Beliebtheit weitgehend dem Naturschauspiel Wasser verdanken«.

Im Zusammenhang mit der ständigen Verbauung von Gewässern für energetische Zwecke (die Techniker sprechen vornehm von »Fassung« und »Überleitung«) erhebt sich die Frage, ob es legitim ist, in einer Zeit schwindender Naturräume – die bekanntlich nicht vermehrbare Güter darstellen – einer augenblicklichen energiewirtschaftlichen Wachstumsideologie zuliebe weiterhin unwiederbringliche Landschaften von internationaler Bedeutung zu opfern. Leider kann diese Frage nur auf der Ebene kultureller und moralisch-ethischer Wertentscheidungen ausgefochten werden. »Aber«, so meint der Ökologe Bernd Lötsch, »die Zeiten haben sich geändert. Wurden die ersten derartigen Anlagen noch in landschaftlich bedeutungsloseren, unerschlossenen Gebieten errichtet und konnten unter den damaligen Umständen – etwa nach dem Zweiten Weltkrieg – sogar einen Gewinn bedeuten, so nimmt heute die Zahl der energiewirtschaftlich noch nicht genutzten Alpentäler rapide ab. Man kann diese letzten ursprünglichen Täler nicht mit derselben Fortschrittseuphorie zubetonieren oder entwässern wie die ersten. Hier gilt das Gesetz des Minimums – und die Natur ist längst ins Minimum geraten.«

Vielfach argumentiert die Energiewirtschaft, daß sie mit ihren Stauseen einen wertvollen Beitrag zur Bereicherung der ökologischen Vielfalt leistet. Dazu meint der Ökologe Prof. Wolkinger: »Österreich zum Beispiel, das Land der Berge, ist mit Naturschätzen in einem so hohen Maße ausgestattet, daß es der stümperhaften Alibi-Kosmetik durch die Technik nicht bedarf. Außerdem sind abgesenkte Stauseen mit ihren Schlammkrägen und leeren Stauräumen keineswegs eine Zierde der Landschaft.« Dipl.-Ing. Hans Weiss, Geschäftsführer der Schweizerischen Stiftung für Landschaftsschutz: »Man spricht zwar oft von Stauseen und pflegt ebenso müßige wie ergebnislose Diskussionen darüber, wie schön oder wie häßlich diese in der Landschaft seien. Vergessen scheinen jedoch die Landschaftsbilder still, aber kräftig dahinziehender Flüsse, die in der Zwischenzeit Staustrecken und Kanälen mit stehendem Wasser gewichen sind, dessen stumpfer Spiegel nicht über den Verschmutzungsgrad des seiner Selbstreinigungskraft beraubten Elementes hinwegtäuscht. Vergessen scheinen die rauschenden Bergbäche und tosenden Wasserfälle, die man früher als Naturwunder bestaunte und an deren Stelle heute kümmerliche Rinnsale und trockene Felswände stehen, über die sich höchstens noch in der Vorsommerzeit oder nach Regengüssen ein dünner Wasserfaden herunterzieht.« Der Naturschutz in der Schweiz hat schon recht früh erkannt, daß man nicht gegen jedes Projekt Sturm laufen kann. Um diesem Vorwurf zu begegnen, haben die schweizerischen Vereinigungen 1963 das »Inventar der zu erhaltenden Landschaften und Naturdenkmäler von nationaler Bedeutung« herausgegeben und damit die Vorranggebiete fixiert. Das »Bundesgesetz über den Natur- und Heimatschutz« vom 1. Juli 1966 nimmt übrigens ausdrücklich Bezug auf dieses Inventar.

Energie aus alpinen »Dachrinnen«

Kein anderes Land im Alpenbereich hat – wir erwähnten es schon – die Nutzung seiner Wasserkräfte so weitgehend ausgebaut wie die Schweiz. Dementsprechend hoch war auch der Preis an Naturschönheiten, den man am Altar der Energie opfern mußte. »Betrachtet man eine Gewässerkarte der Schweiz, auf der alle bestehenden Kraftwerke eingetragen sind, so drängt sich dabei unwillkürlich das Bild eines Blutgefäßesystems auf, das von Verkalkung befallen ist«, schreibt Hans Weiss. Denn große Teile des Gewässernetzes sind in ein System von künstlichen Stollen abgeleitet worden. Man hat die Kraft der meisten Gebirgsflüsse in der Schweiz über weite Strecken vor allem dadurch genutzt, daß man die Zuflüsse hoch oben faßte und in horizontalen unterirdischen Stollen – einer Dachrinne vergleichbar – den Druckleitungen und Zentralen zuführte. Weitaus störender als die vielen großen und kleinen Kraftwerke landauf und landab war allerdings die Radikalität, mit der man beim Kraftwerksbau in den fünfziger und sechziger Jahren ganze Talsysteme entwässerte.

In der Umgebung von Zermatt zum Beispiel wurde vom Weißhorn über die Dent Blanche, das Matterhorn, das Monte-Rosa-Massiv bis hinüber zur Mischabel-Gruppe nicht ein einziger Bach mit nennenswerter Wasserführung verschont. Die Länge der Zuleitungsstollen – sie haben einen Durchmesser, der mit dem eines Eisenbahntunnels vergleichbar ist – beträgt weit über 100 Kilometer. Auch bei den erst 1978 fertiggestellten Kraftwerken Sarganserland wurden sämtliche Hauptzuflüsse der Seen in den Stausee Gigerwald im Calfeisen-Tal und damit vom Einzugsgebiet des Walensees in das des Bodensees übergeleitet, obwohl sich die Gemeinde Mels – wie Hans Weiss berichtet – bis zuletzt dagegen gewehrt hatte. Ähnliche Beispiele gibt es viele – und natürlich nicht nur in der Schweiz. Offensichtlich im Widerspruch zum Willen, den der Gesetzgeber schon 1916 beim Erlaß des schweizerischen Bundesgesetzes über die Nutzbarmachung der Wasserkräfte in Artikel 21 deutlich zum Ausdruck gebracht hat. Denn dort heißt es unter anderem: »Naturschönheiten sind zu schonen und da, wo das allgemeine Interesse an ihnen überwiegt, ungeschmälert zu erhalten.«

Der Wasserbau-Boom in der Schweiz war oft vom Konkurrenzkampf einzelner Gesellschaften um Nutzungsgebiete geprägt. Man baute möglichst schnell, weil sonst die Konkurrenz gebaut hätte. »Wenn sich da und dort trotzdem einige schöne Flußabschnitte, Seitenbäche und Naturdenkmäler erhalten haben«, so Hans Weiss, »so verdanken wir das nicht einer ganzheitlichen Schau, sondern fehlender Rentabilität oder einfach dem Zufall einer Politik, in der sich die einzelnen Gesellschaften – nicht immer erfolgreich übrigens – gegenseitig buchstäblich das Wasser abgegraben haben.« Äußerst selten sind Fälle, wo man tatsächlich aus Rücksicht auf die Landschaft bewußt auf eine mögliche Nutzung verzichtet hat – und auch das geschah meist erst nach dem erbitterten Widerstand der Bevölkerung. Beispiele dafür sind die Projekte im Rheinwald und im Urserental, beim Geltenschuß im Berner Oberland oder beim Silsersee im Engadin.

Der Ausbau der alpinen Wasserkräfte ging schließlich so weit, daß sich selbst die Schweizerische Vereinigung der Elektrizitätsgesellschaften in ihren offiziellen energiepolitischen Zielsetzungen 1975 (das war zwei Jahre nach der Ölkrise) veranlaßt sah, festzustellen: »Ein Weiterausbau der Wasserkräfte kommt aus Gründen der Wirtschaftlichkeit und des Landschaftsschutzes nicht in Frage.« Aber auch diese Überlegung scheint heute – wie wir bereits hörten – nicht mehr aktuell zu sein. Denn jetzt sind offensichtlich auch die letzten Reste möglicher Wasserkraftnutzung wieder wirtschaftlich interessant geworden.

Staudammtourismus bringt nicht viel

Manche Politiker wollen also weiterbauen lassen. Zum Teil mit dem – offensichtlich international üblichen – Argument, die natürliche Landschaft »gewaltig zu verschönern«. Wie das etwa der für das Bauwesen zuständige Walliser Staatsrat Franz Steiner im Hinblick auf den Stausee bei Gletsch an der Rhone einmal verkündete. Der Umweltjournalist Horst Stern hat zu einer derartigen Argumentation gemeint, man müsse aufpassen, daß man mit all der schönen Technik nicht eines Tages – ohne es zu merken – nur noch den Leichnam der Natur schminke. Von einer Verschönerung der Landschaft kann ja gerade bei alpinen Speicherseen wohl kaum gesprochen werden. Denn ihr Wasserspiegel schwankt nicht im natürlichen Rhythmus der Jahreszeiten, sondern im künstlichen Takt des Kraftwerksbetriebes. Und deshalb kann sich auch keine höhere Ufervegetation ansiedeln. Fazit: Im abgesenkten Zustand präsentieren sich kilometerweit kirchturmtiefe Streifen von Schlick und abgestorbener Vegetation. »Die Kehr-

seite alpiner Stauseen«, meint der Berner Landschaftspfleger Hans Weiss, »ist nicht einer ungenügenden Landschaftsgestaltung zuzuschreiben, sondern eben technisch bedingt.«
An schönen Sommertagen werden viele Stauseen von Tausenden Touristen besucht. Beispiele für Fremdenverkehrsgebiete, die durch Kraftwerksanlagen bekannt wurden, sind das Obere Isartal in Bayern, in Österreich das Montafon, die Zillergründe, Kaprun sowie das Drautal unterhalb von Villach, in der Schweiz Teile der Berner, Walliser und Bündner Alpen, in Italien die Venezianer Alpen und schließlich in Frankreich die Provencalischen Alpen. Zu den meisten Stauseen in den Bergregionen führen heute bequeme betonierte Straßen, die in der Nähe der Dammkrone bei Restaurant und Parkplatz enden. So wird zum Beispiel die Silvretta-Hochalpenstraße, die das Montafon mit dem Paznaun verbindet, in der warmen Jahreszeit von fast einer halben Million Menschen frequentiert. Das sind durchschnittlich 4000 Personen pro Betriebstag. Ein beliebtes Ziel sind auch die von den Vorarlberger Illwerken errichteten Standseilbahnen Golm und Vermont, die sowohl dem Sommer- als auch dem Wintertourismus dienen. Und der mit der Lünersee-Seilbahn erreichbare Lünersee – natürlich ein Speichersee – ist ebenfalls ein beliebtes Sommerziel. Gerne kommen Touristen auch zum Kaunertalspeicher in den westlichen Ötztaler Alpen. Die für die Errichtung der Kraftwerksanlagen gebaute Straße soll auch für die – allerdings heißumstrittene – Erschließung eines Gletscher-Schigebietes dienen. Rekordbesuche verzeichneten die Stauanlagen der Tauernkraftwerke AG in den Hohen Tauern bei Kaprun und in den Zillertaler Alpen. Sie wurden 1979 von mehr als einer halben Million Menschen besucht. Der Stausee Moserboden (Kaprun) wurde bereits von insgesamt mehr als sechs Millionen Menschen, die Alpenstraße zum Schlegeisspeicher von mehr als einer Million Besuchern frequentiert. Dazu der Landschaftspfleger Hans Weiss: »Daß sich an schönen Sommertagen die Autolawine bis an diese ›Endstationen der Technik‹ ergießt und man sie – weil sie nun einmal da sind – dann und wann auch als Ausgangspunkt für Touren und Wanderungen im noch nicht technisierten Talhintergrund benützt, sagt an sich überhaupt nichts über den Wert eines solchen Bauwerkes aus. Es wäre interessant, volkswirtschaftliche Vergleiche zwischen der Qualität des reinen ›Staudammtourismus‹ und derjenigen des Forschungs-, Lehr- und Wandertourismus anzustellen.« Imposante Bogenstaumauern im unbewohnten Hochgebirge könnten eventuell als »Kunstwerke unserer Zeit« einen Akzent setzen. Dabei gelte aber wiederum das Kriterium der Einmaligkeit. Was heute aber nicht mehr der Fall sei: Denn größere hochalpine Seitentäler ohne Staudamm treffe man bereits viel seltener an als solche mit einer Mauer.

Malta, Tal der »widerspenstigen« Wasser

Ein Beispiel für die Zerstörung eines wunderschönen alpinen Lebensraumes durch die Technik ist das Maltatal in Kärnten – einst als »Tal der stürzenden

Wasser« europaweit bekannt. Schon Mitte der sechziger Jahre tauchte das Projekt auf, in dem 21.000 Hektar großen Naturschutzgebiet ein Speicherkraftwerk zu errichten. Damals stürzten mehr als 30 Wasserfälle – die dem Maltatal seinen schmückenden Beinamen gaben – über die Felswände herab. Heute ist das Maltatal das »Tal der toten Wasser« – und darüber hinaus gibt es mit der Staumauer große Probleme.
Der Hauptspeicher Samerboden in 1990 Metern Höhe weist einen Nutzinhalt von 200 Millionen Kubikmeter Wasser und eine Oberfläche von 2,6 Quadratkilometern auf. Die Kronenhöhe der Staumauer beträgt 200 Meter. Dem Hauptspeicher vorgelagert ist der Vorspeicher Wastlbaueralm. Sein Inhalt beträgt 4,4 Millionen Kubikmeter. Naturschützer haben seit dem Bekanntwerden des Vorhabens leidenschaftlich dagegen Stellung genommen – allerdings ohne Erfolg. Besonders kritisiert wurde die angeblich gefährliche Lage des Staudammes an der tektonischen Malta-Save-Störungslinie. In einem Flugblatt des Österreichischen Naturschutzbundes hieß es damals unter anderem: »Wir wollen die Leistungen unserer Techniker nicht schmälern. Wir wollen lediglich dazu beitragen, daß unserem Land Katastrophen erspart werden und nicht unseren Technikern eine unsagbare Verantwortung aufgebürdet wird, die sie zu Sündenböcken der nicht belehrbaren Auftraggeber werden ließe.«
Die »Österreichische Staubeckenkommission« kam nach einer neuerlichen wissenschaftlichen Überprüfung des damaligen Projektes 1967 zu dem Schluß, »daß nach wie vor, auch was die Standfestigkeit der Stauanlage gegenüber Erdbebeneinwirkungen anbelangt, in Wahrung öffentlicher Interessen, insbesondere jener der öffentlichen Sicherheit, keine Bedenken bestehen«. 1982 weist die mit einer Oberfläche von sieben Hektar drittgrößte Staumauer der Welt trotz ihrer Jugend (im Juli 1978 wurde feierlich eröffnet) bereits chronische Gesundheitsschäden auf. Und zwar in Form von teilweise gar nicht zu reparierenden, teils immer wiederkehrenden Rissen in der 200 Meter hohen Kölnbreinsperre. Erste Gerüchte über schier unlösbare technische Probleme waren schon im Herbst 1982 durchgesickert. Nach einem – vorerst zügig vorangehenden Aufstau – ging es im Spätherbst dann Schlag auf Schlag. In den Blöcken 19 und 20 der monströsen Mauer öffneten sich Risse, und 450 Liter Wasser wurden pro Sekunde mit dem gewaltigen Druck von 20 bar in den Kontrollgang im Inneren der Mauer gepreßt und schossen schließlich durch Drainagerohre ins Freie. Wolfgang Freisleben vom Wiener Nachrichtenmagazin »Wochenpresse« schrieb dazu sarkastisch: »Damit wurde man dem Dichterwort von Gustav Renker, der das Maltatal schon frühzeitig als ›Tal der stürzenden Wasser‹ bezeichnet hatte, durchaus gerecht. Seit dem Kraftwerksbau ist allerdings eine Ergänzung angebracht: ... und der verlorenen Millionen.« Denn die periodischen Sanierungsversuche haben seit der Fertigstellung des Bauwerkes (eines der vielen »Jahrhundertbauwerke«) zwar ihr Ziel weitgehend verfehlt, aber immerhin den stolzen Betrag von 250 Millionen Schilling (Stand Ende 1982) verschlungen. Das sind 2,5 Prozent der Gesamtbaukosten des Maltakraftwerkes und gut zehn Prozent des Staudammwertes von 2,5 Milliarden Schilling. Ein Ende der Malaise ist übrigens nicht abzusehen. Vorstandsdirektor Hans Hautzenberg in einem Interview im

Herbst 1982: »Die Sanierung wird sich sicherlich noch über einige Jahre hinziehen, weil wir noch kein endgültiges Sanierungskonzept haben.«
Zu größter Sorge Anlaß gab übrigens einige Jahre lang den Technikern der Österreichischen Draukraftwerke (ÖDK) ein anderes Staudammproblem: Denn es hatte sich Stauwasser völlig unerwartet einen Weg durch das Gestein unterhalb der Malta-Staumauer gebrochen und drückte von dort mit dem unvorstellbaren Druck von 1,3 Millionen Tonnen derart auf das Beton-Monster, daß es gar nicht mehr mit seinem vollen Gewicht auf dem felsigen Untergrund ruhte. Zweifellos ein Unsicherheitsfaktor höchsten Ausmaßes für die Stabilität der Sperre. Abdichtungsversuche mit Flugasche und Injektionen mit flüssigen Gefriermitteln und Kunststoffen erwiesen sich als erfolglos. Schließlich mußten 15.000 Kubikmeter Beton in die Hochregion geschafft und 15 Meter tief in den Vorboden des Stausees geschüttet werden. Doch auch diese Hoffnung erfüllte sich nicht – es entstanden neuerlich Risse, obwohl man den beträchtlichen Auftrieb der Mauer offenbar weitgehend eliminieren konnte. Ministerialrat Arnulf Niel vom Landwirtschaftsministerium als Mitglied der Staubeckenkommission meinte dazu: »Das sind Erscheinungen, die zur Vorsicht mahnen.« Fazit: Bis zur Lösung des Problems kann das Vollstauziel nicht erreicht werden, man muß vorzeitig mit dem Abarbeiten des Wassers beginnen.
Ein denkbarer Grund für alle Schwierigkeiten wäre in der Tatsache zu suchen, daß der Zentralgneis ein zu harter Untergrund für die Konstruktion der relativ schlank dimensionierten Staumauer ist, um die Bewegung des Sperrenkörpers – immerhin bis zu zwölf Zentimeter nach außen – mitzumachen, wie das erforderlich wäre. Der hydrostatische Auftrieb konnte zwar unter Kontrolle gebracht werden – aber jetzt sitzt die Sperre wieder mit ihrem vollen Gewicht auf, was sie an ihrer Beweglichkeit hindert. Was vermutlich zu immer neuen Rissen führt. Fachleute aus Frankreich, der Schweiz und Italien sollen nun retten, was noch zu retten ist. Es wäre allerdings eine Riesenblamage, wenn es sich herausstellen würde, daß es notwendig ist, eine zweite Staumauer im »Tal der widerspenstigen Wasser« zu bauen ...

Bäche auf Knopfdruck

Dem Projekt der Österreichischen Bundesbahnen (ÖBB), im Tiroler Stubaital – eines der berühmtesten Fremdenverkehrsgebiete der Alpen – eine Kette von drei Großkraftwerken zu errichten, steht nicht nur die örtliche Bevölkerung fassungslos gegenüber. Neben dem bereits im Bau befindlichen Kraftwerk Fulpmes (Leistung 14,8 Megawatt) sollen nun im hintersten Stubai zwei weitere Einrichtungen gebaut werden: das Pumpspeicherkraftwerk Ranalt (90 Megawatt) und das Kavernenkraftwerk Milders (60 Megawatt). Dazu kommen noch zwei Stauseen und ein Vorspeicher. Der größere der beiden Stauseen mit einem Fassungsvermögen von 36 Millionen Kubikmetern soll im Talkessel unterhalb der Sulzenauhütte entstehen und von einer 115 Meter hohen Sperrmauer abgeschlossen werden. Für seine Füllung will man außer den Bächen im natürlichen Einzugsgebiet noch den Mutterbergbach, den Fernaubach, den Langebach und den Simmingbach verwenden. Die Abflüsse des Simmingbaches sollen in einen Vorspeicher mit einem Fassungsvermögen von 14 Millionen Kubikmetern gesammelt werden, der unterhalb der Bremerhütte im Gschnitztal geplant ist. Die durch einen 45 Meter hohen Damm zurückgehaltenen Wassermassen sind als Reservoir für jenes »Pflichtwasser« gedacht, mit dem man später die Bäche des Stubaitales zumindest zu bestimmten Zeiten (»Bach auf Knopfdruck wie eine WC-Spülung«) für unbedarfte Touristen »murmeln« lassen will.

Als Standort für den zweiten Großspeicher ist das Hohe Moos knapp oberhalb der Neuen Regensburger Hütte vorgesehen: Sein Inhalt wird 14 Millionen Kubikmeter betragen, zurückgehalten von einem 50 Meter hohen Steinschüttdamm. Das Kraftwerk Milders scheint als Kavernenkraftwerk auf den Reißbrettern der Planer auf. Es soll 200 Meter tief im Milderer Berg entstehen. Für den Stromtransport wird schließlich vom Kraftwerk Ranalt zum Kraftwerk Fulpmes eine 110-Kilovolt-Überlandleitung benötigt. Da für die Realisierung des gesamten Bauvorhabens sage und schreibe zwölf Jahre veranschlagt werden und schwerwiegende und irreparable Schäden an der Natur nicht zu vermeiden sind, laufen die Bürgermeister aller fünf Stubaier Gemeinden, die Fremdenverkehrsverbände, der Alpenverein und zahlreiche Naturschützer aus dem In- und Ausland gegen das Projekt Sturm. Nach Auskunft der Österreichischen Bundesbahnen würden fünf bis sechs Jahre lang im Sommer täglich etwa 50 Schwertransporte durch das hintere Stubaital notwendig sein. In den Gemeinden rechnet man für diesen Fall mit einem spürbaren Rückgang des Fremdenverkehrs. Denn wer will schon auf einer Baustelle Urlaub machen! Allerdings: Im Stubaital leben immerhin drei Viertel der Bevölkerung vom Tourismus, und 80 Prozent der Beherbergungsbetriebe sind mehr oder weniger stark verschuldet.

Aber auch die Naturschützer können mit stichhaltigen Argumenten aufwarten: So werden fast alle Bäche im hinteren Stubai trockengelegt oder doch zumindest in ihrer Wasserführung beeinträchtigt. Nur der Hauptwasserlauf im Tal, der Ruetz, wird zwischen Milders und Fulpmes seine gesamte Wasserführung behalten. Völlig trockenfallen würden der Mischbach und der Grawa-Wasserfall, obwohl beide mit Bescheid der Bezirkshauptmannschaft Innsbruck vom 6. August 1979 zu Naturdenkmälern (Prädikat »Einzigartig«) erklärt wurden. Für die Errichtung der 110-Kilovolt-Freileitung werden umfangreiche Rodungen notwendig sein. Und derzeit weiß niemand, was mit den etwa 450.000 Kubikmetern Bauschutt und Stollenausbruchmaterial geschehen soll. Gar nicht zu reden von dem häßlichen Anblick, der in den drei Speicherseen bei nur teilweiser Füllung droht. Die Entscheidung, ob das Stubaital nun tatsächlich energiemäßig »erschlossen« werden darf, obliegt der Obersten Wasserrechtsbehörde beim Bundesministerium für Land- und Forstwirtschaft in Wien. Die ÖBB haben den Antrag auf »bevorzugten Wasserbau« gestellt. Das Land Tirol und die betroffenen Gemeinden können auf das Genehmigungsverfahren nur indirekt einwirken. Theoretisch könnte über den »bevorzugten Wasserbau« auch ohne Anhörung und gegen den Willen der Betroffenen entschieden werden.

Zehn Jahre Galgenfrist für den Oberpinzgau

Noch rechtzeitig »abgebogen« konnte das Kraftwerksprojekt Oberpinzgau im österreichischen Bundesland Salzburg werden. Nach geharnischten Protesten und der Veröffentlichung einer von 160 prominenten Salzburger Persönlichkeiten unterzeichneten Petition konnte in Verhandlungen zwischen Vertretern der Salzburger Landesregierung und der Verbundgesellschaft im Feber 1982 in Wien Folgendes erreicht werden: Die E-Wirtschaft verzichtet darauf, innerhalb der nächsten zehn Jahre das Projekt Oberpinzgau weiter zu verfolgen. Vorplanungen, Meßreihen und ähnliches mehr werden eingestellt, es sollen auch keine Wasserrechtsverhandlungen geführt werden. Für das zehnjährige Moratorium hatte sich schon vorher der Präsident der »Österreichischen Gesellschaft für Natur- und Umweltschutz«, Landeshauptmann-Stellvertreter Dr. Herbert Moritz, ausgesprochen. Mit dieser Entscheidung bleiben – zumindest für die kommenden zehn Jahre – die fünf Gletscherbäche im Hollersbach-, Habach-, Untersulzbach-, Obersulzbach- und Krimmler Achental bis zur Einmündung in das Salzachtal unversehrt erhalten. Zusätzlich soll noch, wie es in einer Resolution des Österreichischen Naturschutzbundes an die österreichische Bundesregierung heißt, »im Zusammenhang mit dem Stopp des Kraftwerkes Oberpinzgau für diesen Zeitraum auch der Bau von Kleinwasserkraftwerken absolut verhindert werden«.

Todesfallen für Großvögel

Erhebliche Eingriffe in das Landschaftsbild werden auch durch die Hochspannungsleitungen hervorgerufen, die bereits den gesamten Alpenraum mit einem dichten Netz überziehen. Grob geschätzt wird zum Beispiel in Tirol nach Fertigstellung aller geplanten Leitungen eine Fläche von etwa 600 Quadratkilometern optisch beeinträchtigt. Davon betroffen sind vor allem die Täler, in denen oft mehrere Leitungen parallel laufen. Hochspannungsmasten und Leitungsdrähte verunstalten aber nicht nur die Täler, sie überqueren rücksichtslos auch Schutzgebiete, Wälder und exponierte Bergkuppen. Je schöner eine Landschaft ist, desto störender wirkt sich eine Freileitung auf das Erscheinungsbild der Umgebung aus. Hochspannungsleitungen werden in den meisten Fällen ja oberirdisch – eben als Freileitungen – geführt. Während eine 30-Kilovolt-Leitung noch verhältnismäßig unauffällig in die Landschaft einzufügen ist, weil ihre Holzmasten die Höhe der Bäume nicht überschreiten, lassen sich 110-Kilovolt-Leitungen oder gar 220- bis 380-Kilovolt-Hochspannungsleitungen nicht mehr verstecken. Besonders dann nicht, wenn sie rot und weiß angestrichen sind – was in Bereichen mit Flugverkehr häufig aus Sicherheitsgründen der Fall ist. Die gigantischen Stahlkonstruktionen, die eine Höhe bis zu 45 Metern erreichen, sind weithin sichtbare technische Elemente in der Landschaft. Ob man will oder nicht: Sie stehen meist im Kontrast zur Natürlichkeit, Eigenart und Harmonie des Gebietes, durch das sie führen.

Hochspannungsleitungen gefährden übrigens auch Großvögel – hier wieder besonders Jungtiere, die Isolatoren gerne als Sitzwarten bevorzugen – durch Stromstöße bzw. durch das Anfliegen gegen die Drähte. Für Störche gilt beispielsweise die Verdrahtung des Luftraumes als die häufigste Todesursache. Und bei Nebel stellen eigentlich alle Hochspannungstrassen für Zugvögel eine ernsthafte Bedrohung dar. Eine Verkabelung würde die »optische Umweltverschmutzung« und die Gefährdung der Vogelwelt ausschließen. Allerdings: Auch eine Verkabelung bedingt Eingriffe – in diesem Fall in Vegetation, Boden und Untergrund – und ist aus diesem Grund in bestimmten Landschaftsteilen ökologisch abzulehnen. Trotzdem bleibt natürlich die Verkabelung von Hochspannungsleitungen die umweltfreundlichste Lösung, deren Realisierung aber meist an den enormen Kosten scheitert.

Verhindert die E-Wirtschaft Österreichs einzigen Nationalpark?

An energiewirtschaftlichen Überlegungen und energiepolitischen Winkelzügen droht Österreichs alter Traum von einem Nationalpark »Hohe Tauern« zu scheitern. Die Alpenrepublik ist damit – wie Eingeweihte glaubhaft versichern – neben Uganda das einzige Land der Welt, das bis dato überhaupt keinen Nationalpark besitzt. »Eine nationale Schande«, wie ÖGNU-Präsident Dr. Herbert Moritz bekräftigt. Dem Traum von einem Nationalpark »Hohe Tauern« hängen immerhin schon einige Generationen nach. Bereits 1909 formulierte man im Magazin »Kosmos« zum ersten Mal die Zielvorstellungen. Man war euphorisch von einer Idee beseelt, die gut genug zu sein schien, um alle Widerstände im Handstreich zu überwinden. Aber genauso, wie sich der Erste Weltkrieg zu einem fatalen Stellungskrieg entwickelte, fand man auch hier bald starre Fronten vor. Zwar gelang dem »Österreichischen Alpenverein« und dem Verein »Naturschutzpark« der Ankauf großer Flächen, aber zu einem echten Kristallisationspunkt für den Nationalpark wurden sie nicht. 1918 erwarb der »Österreichische Alpenverein« im Glocknergebiet 4082 Hektar und später noch 24.700 Hektar in Kärnten und im Osttiroler Venedigergebiet. Der Verein »Naturschutzpark« erwarb 1913 Gebiete im Felber- und Stubachtal. Er verlor später die Flächen im Stubachtal, konnte dafür aber Gebiete in den beiden Sulzbachtälern erwerben. Die Sicherung der Existenz nach dem Zweiten Weltkrieg drängte die Notwendigkeit eines Nationalparks zunächst in den Hintergrund. Falsche Informationen, Vorurteile und Vermutungen, Unterstellungen und Unverständnis bzw. Unvermögen standen in der Folge immer wieder der Verwirklichung des Nationalparks entgegen.

Als die beamteten Naturschutzreferenten der österreichischen Bundesländer 1967 über den Beitrag Österreichs zum Europäischen Naturschutzjahr 1970 berieten, war es naheliegend, sich des so lang vergeblich geforderten Nationalparks anzunehmen. Die Landesregierungen von Kärnten, Salzburg und Tirol stimmten schließlich in gleichlautenden Regierungserklärungen einer Prüfung

der rechtlichen und finanziellen Möglichkeiten zu, die übrigen Bundesländer erklärten sich mit der Absicht der Errichtung des Nationalparks durch die Länder Kärnten, Salzburg und Tirol einverstanden. Die Bundesregierung zeigte ihrerseits Bereitschaft zur finanziellen Förderung des Vorhabens. Nach langen und schwierigen Verhandlungen konnte ein Beamtenkomitee schließlich im August 1970 den Text einer nach Artikel 107 des Bundesverfassungsgesetzes abzuschließenden Vereinbarung zur Errichtung des Nationalparks »Hohe Tauern« unterschriftsreif vorlegen. Am 21. Oktober 1971 unterzeichneten dann die Landeshauptleute von Kärnten, Salzburg und Tirol in Heiligenblut am Fuße des Großglockners feierlich eine Dreiländervereinbarung. Aus ihren Festansprachen konnte man die Hoffnung ableiten, daß es sehr rasch zu konkreten Maßnahmen kommen werde. Eine Hoffnung, die sich leider als völlig falsch erwiesen hat. Denn zwölf Jahre später gibt es den so sehnlichst erwarteten Nationalpark noch immer nicht – und es ist gar nicht so sicher, ob es ihn in der geplanten Form überhaupt jemals geben wird.
Denn neben vielen anderen Schwierigkeiten droht das Projekt letztendlich am Justamentstandpunkt der Energiewirtschaft zu scheitern. Konkret ist nämlich geplant, im Dorfertal bei Matrei (Osttirol) einen Riesenspeicher und ein Kraftwerk mit einer Leistung von 815-Gigawatt-Stunden zu errichten. Und zu diesem Zweck sollen 17 Bäche, darunter elf Gletscherbäche, bereits in ihrem Oberlauf abgeleitet werden. »Diese Hochableitung würde aber den Bächen ihre typischen Abflußeigenschaften nehmen«, heißt es dazu in einer Resolution der »Österreichischen Gesellschaft für Natur- und Umweltschutz.« Großvenediger und Großglockner hätten dann auf Tiroler und Kärntner Seite keinen einzigen ungestörten Gletscherbach mehr. Beiden Gebirgsgruppen wäre ein wesentliches Landschaftselement genommen. Besonders geht es den österreichischen Natur- und Umweltschützern um die phantastischen Umbalfälle, die seit Jahren durch einen Wasserschaupfad erschlossen sind, und die Gschlößbäche. Die Umbalfälle, die größte Sehenswürdigkeit Osttirols, die übrigens nach den Krimmler Wasserfällen die höchsten Besucherzahlen in allen Wandertälern des geplanten Nationalparks (der eine Ausdehnung von etwa 2600 Quadratkilometern haben soll) aufweisen, würden bei einer Hochableitung der Oberen Isel pro Tag nur mehr für wenige Stunden mit »Touristenwasser« gespeist werden.
Tatsächlich geht es nach dem jahrelangen Streit gar nicht mehr um die Frage, ob das Kraftwerk Dorfertal/Matrei gebaut werden soll oder nicht. Allerdings würde es nach der Variante 1974/3 die österreichische Energiebilanz nur um ganze 0,35 Prozent aufbessern. Die E-Wirtschaft erklärt hingegen, daß der Verzicht auf die Umbalfälle (so wie das Natur- und Umweltschützer fordern) die Stromproduktion in Matrei/Dorfertal um 15 Prozent drosseln würde. Diese 15 Prozent machen in Österreichs Energiebilanz »schwindelerregende« 0,05 Prozent aus ...
Dazu meint Dipl.-Ing. Dr. Heinz Kaupa von der ÖGNU: »Wir haben immer die wirtschaftliche Bedeutung der Energiegewinnung im Hochgebirge anerkannt und ebenso die Hoffnung, die von der Wirtschaft Osttirols in den Bau des Speichers Matrei/Dorfertal gesetzt wird. Ebenso war sich die Gesellschaft immer der Sorgen der betroffenen Gemeinden mit ihrer hohen Zahl von Arbeitslosen

bewußt. Wenn es notwendig ist, selbst in den berühmten Hochgebirgslandschaften des Großglockners und des Großvenedigers ein Speicherkraftwerk mit Beileitungen zahlreicher Bäche zu errichten, dann hält es die ÖGNU für unabweislich, daß die Eingriffe der energiewirtschaftlichen Nutzung unter Rücksichtnahme auf die Landschaft erfolgen. Die Erhaltung wenigstens eines Gletscherbaches – und zwar der Oberen Isel, die die Umbalfälle speist – ist eine Grundvoraussetzung für die Schaffung eines Nationalparks in Osttirol.« Sollte das nicht zu erreichen sein, so der Sprecher der ÖGNU, dann »ist der Nationalpark ›Hohe Tauern‹ im Sinne der Vereinbarung von Heiligenblut nicht mehr zu verwirklichen«. Ähnlich äußerte sich auch der österreichische Umweltschutzminister Dr. Kurt Steyrer.

Die Bewahrung letzter Reste ursprünglicher Gebiete in den Alpen für die Allgemeinheit muß ebenso wichtig sein wie der Bau weiterer Wasserkraftwerke »um jeden Preis«. Denn für die zerstörte Landschaft gibt es einfach keinen Ersatz. Es gilt das Machbare zu ändern, um das Unwiederbringliche zu erhalten.

Dr. Wolfgang Retter, Nationalpark-Kämpfer des »Österreichischen Alpenvereins« in Lienz (Osttirol): »Wenn man sich nicht dem Vorwurf aussetzen möchte, Totengräber des Nationalparks Hohe Tauern zu sein, wird man bei den kommenden Entscheidungen berücksichtigen müssen, daß das typische Argument der E-Wirtschaft, die Erhaltung von Naturschönheiten erfordere von der Allgemeinheit höhere Stromkosten, doch viel eher umgekehrt gesehen werden muß. Nämlich, daß die Allgemeinheit für kaum verringerte Stromkosten mit der Vernichtung zum Teil unersetzlicher Naturschönheiten bezahlt.«

Leider sah auch Ende 1982 die Lage für den Nationalpark »Hohe Tauern« nicht rosig aus. Denn die E-Wirtschaft beharrt nach wie vor auf der Realisierung der sogenannten Variante 1974/3, die unter anderem auch die weitgehende Vernichtung der herrlichen Umbalfälle bedeuten würde. Letztlich geht es ja keineswegs um technische, sondern in erster Linie um politische Entscheidungen. Wenn dabei die Umrechnung von Gewässerstrecken in Kilowattstunden oder Erdöläquivalente Sieger bleiben sollte, darf man sich einen Satz von Horst Stern in Erinnerung rufen: »Es ist sinnlos, mit Technokraten zu streiten, die kennen den Preis von allem und den Wert von nichts.«

Wie kann man die Alpen retten?

Eine Politik der kleinen Schritte – Keine Experimente mit der Landschaft – Ein »Frühwarnsystem« für die Alpen – Fragwürdige Alternativen – Hoffen auf den »sanften Tourismus« – Das Montafon zog die Notbremse – Einreiseverbot in Alpentäler? – Energiepreise – nur bedingt wirksam – »Passive Sanierung« nicht zielführend – Liechtenstein: »Der Staat ist mitschuldig« – Gezielte Investitionshilfe in der Schweiz – Problematisch: »Verlängerte Werkbänke« – Modell Österreich: Hilfe zur Selbsthilfe – Das Schaf hat Zukunft – Viele Hirsche sind des Waldes Tod – Hirnintensiv hat Vorrang – Von der Politik des Möglichen zur Politik des Notwendigen – Initiativen für eine humane Freizeitarchitektur – Ein Plädoyer für die Seele

Eine Politik der kleinen Schritte

Die Belastungen im Berggebiet sind nachweisbar, meßbar und somit auch bewertbar. Sie drücken sich kommunalwirtschaftlich durch zunehmende Verschuldung aus. Das heißt, Einnahmen und Aufwendungen klaffen immer weiter auseinander. Außerdem schreitet die »Erosion« der Sozialstruktur weiter fort. In extremen Fällen kann es zu einem völligen Austausch der Bevölkerung kommen, fast immer aber zu Überfremdung. Die wesentlichste Ursache für die Abwanderung aus den Berggebieten ist der Mangel an Erwerbs- und Bildungsmöglichkeiten. Die Bereitschaft, das heimatliche Dorf zu verlassen, ist dabei im Alter zwischen 15 und 19 Jahren besonders groß. Vor allem junge Mädchen und Frauen tendieren zum Abwandern. Nach ihrer Bereitschaft zur Rückkehr befragt, geben Frauen vorwiegend immaterielle Werte an, die mit den Wohnbedingungen und dem sozialen Milieu verbunden sind. Die Tatsache, daß viele Frauen die Berggebiete verlassen, erschwert dort natürlich auch die Familiengründung, und dementsprechend ist in vielen Abwanderungsgebieten der Anteil der älteren ledigen Männer auffallend hoch. Was wieder nach sich zieht, daß auch viele Männer aufgrund der verminderten Heiratschancen ihre Wohnorte verlassen. Weniger Familiengründungen bedeuten aber auch weniger Geburten – der Anteil der Alten steigt stetig an. Man kann daraus den einfachen Schluß ziehen, daß nur ein breites Angebot an Ausbildungs- und Erwerbsmöglichkeiten gerade für die weibliche Jugend eine wesentliche Voraussetzung für einen Abwanderungsstopp ist. Denn das einseitige Arbeitsplatzangebot im Fremdenverkehr schränkt ja die Möglichkeiten sehr ein – und Beschäftigung für besser ausgebildete Jugendliche gibt es kaum. Da mit zunehmendem Alter auch die Bereitschaft steigt, im heimatlichen Dorf zu bleiben, könnte hier mit einem verbesserten Ausbildungs- und Beschäftigungsangebot viel erreicht werden.
Damit kommt aber einer selektiven regionalen Wirtschaftsförderung im alpinen

Bereich ganz besondere Bedeutung zu. Kleinere und mittelgroße Unternehmen zur Erzeugung hochwertiger Güter und Dienste mit geringem Flächenverbrauch und geringer Umweltbelastung wären dringend notwendig. In der Praxis sprechen aber gerade derartige Unternehmen – wie man aus einschlägigen Untersuchungen weiß – besonders wenig auf regionalpolitische Förderungshilfen an. Und mit der Verlagerung großer Industriebetriebe von den Ballungszentren in die alpinen Bereiche hat man bisher auch nur wenig oder gar keine guten Erfahrungen gemacht. Soweit man derartige Verlagerungen überhaupt – und das mit meist hohen staatlichen Aufwendungen – zustande bringen konnte, war der regionalpolitische Erfolg eher bescheiden. Denn der Beschäftigungsanteil steht meist in einem eher schlechten Verhältnis zum investierten Kapital. Und viele dieser Betriebe haben nach einiger Zeit wieder zugesperrt. Außerdem ist die Qualität der Arbeitsplätze häufig gering. Man tendiert heute daher eher dazu, in der Region bereits ansässige Unternehmen zu stärken bzw. neue Betriebe zu fördern, welche Ressourcen verarbeiten, die »am Ort« zur Verfügung stehen. Wir werden später noch davon hören. Von Experten wird vor allem kritisiert, daß man bisher vor allem Analysen angestellt und Grundsätze und Ziele diskutiert hat. Vergleichsweise wenig wurde aber zu einer echten Problemlösung getan. Ein bloßes Verharren in der Bewußtmachung von Problemen wirkt aber ermüdend, und Kritik kann – selbst wenn sie berechtigt ist – auch in die Ausweglosigkeit führen.
Ein weiteres Belastungsproblem in den Berggebieten liegt in der Tatsache begründet, daß die ursprünglichen Repräsentanten politisch die Macht immer mehr an Außenstehende verlieren. Die Folge davon ist eine weitgehende Fremdbestimmung. Und ökologisch manifestiert sich der zunehmende Einfluß von außen schließlich in einer tiefgreifenden Störung der sensiblen Natur, die vielfach vermutlich nicht mehr gutzumachende Schäden erleidet. »Es ist allerdings sinnlos, nach absoluten Grenzen zu suchen«, meint Prof. Ganser (München). »Die Fixierung eines Grenzwertes ist stets ein politischer und kein wissenschaftlicher Akt. Hier kann sich Politik nicht hinter der ›Autorität‹ von Wissenschaft verstecken. Außerdem zweifelt man ohnehin immer mehr an der Zweckmäßigkeit von fixierten Grenzwerten. Im Interessenstreit tritt zwangsläufig eine Fixierung an die Obergrenze des Tolerierbaren. Erst einmal fixiert, verhindert sie dann keineswegs immer den Mißbrauch, verleitet aber dazu, Belastungen überall bis an die obere Grenze hinaufzutreiben.« Das Interesse hat sich daher von der Meßbarkeit auf die Steuerbarkeit verlagert. Voraussetzung für eine Steuerung ist aber, daß Planung auf allen Ebenen – und zwar aufeinander abgestimmt – betrieben wird. Das bedeutet Planung sowohl im Ortsbereich als auch regionale und staatliche Raumplanung. Erfolgversprechend ist jedenfalls nur eine simultane Vorgangsweise. Und genau hier beginnen die Probleme in der Praxis. »Die perfekteste Raumplanung ist dann wertlos«, so Karl Ganser, »wenn sie nicht vollzogen wird. Das Vollzugsdefizit ist heute das Trauma der Planer, die schon etwas älter gedient sind und bereits vor Jahren verbindliche Rahmenpläne durchgesetzt haben.« Aber auch Vorhaben, die zuviel auf einmal erreichen wollen, haben kaum Chancen auf Verwirklichung. Der bayrische Umweltmini-

ster Dick hat dazu beim Kongreß der ARGE ALP im Oktober 1980 in Gardone festgestellt: »Die Sicherung des Alpenraumes kann nicht mit dem Aufzeigen unrealistischer Horizonte vorangetrieben werden.« Es wäre aber auch ein Irrtum, zu glauben, daß eine Ordnungsregelung ohne Belastungen und Einschränkungen zum Ziel führen kann. Wesentlich ist auch, daß die Planer die psychologische Belastungsbereitschaft der betroffenen Bevölkerung einkalkulieren und ein Gespür dafür entwickeln, wie weit sie gehen können. Das trifft genau das, was der Vorsitzende des Umweltausschusses im Bayerischen Landtag, Glück, zu diesem Thema einmal festgestellt hat: »Wenn auch nach der Theorie nur eine systematische Gesamtplanung Ausgangspunkt für jedes weitere Vorgehen im Alpenraum sein kann, in der Praxis ist nur eine Politik der kleinen Schritte durchsetzbar und damit erfolgversprechend.« Grundsätzlich – und das kann man nicht oft genug wiederholen – sollte gelten, daß bei Zielkonflikten zwischen ökologischer Belastbarkeit und ökonomischen Erfordernissen der Ökologie dann der Vorrang einzuräumen ist, wenn eine wesentliche Beeinträchtigung der natürlichen Lebensgrundlage droht. Und natürlich sollen die Bemühungen der Behörden auch durch örtliche oder private Initiativen ergänzt bzw. gestützt werden. Wie das zum Beispiel in Galtür der Fall war, wo der Gemeinderat bewußt auf die Erschließung des Jamtalgletschers verzichtet hat. Aber etwa auch in Vent im Ötztal, dessen Fremdenverkehrsobmann festgestellt hat: »Wir wissen, daß uns einige Millionen Schilling kurzfristig entgehen. Aber vielleicht ist unser ruhiger Ort in etwa fünf Jahren eine echte Alternative zu den Remmidemmi-Orten in unseren Bergen.«

Wer nicht nur Symptome kurieren, sondern an die Wurzeln des Übels vordringen will, hat drei Aufgaben gleichzeitig zu bewältigen: Es sind einmal die zurückgebliebenen Gebiete zu entwickeln, damit weitere Entleerungen verhindert werden können. Dabei sollen die üblichen »Entwicklungs-Sünden« aber möglichst vermieden werden. Dann sind Wohnungen, Infrastruktur, Umwelt und immer mehr auch die Industriestruktur in den Ballungszentren zu revitalisieren. Und schließlich ist darauf zu achten, neuzeitliche Agglomerationen in den attraktiven Berggebieten zu verhindern. Damit dort nicht die »Verdichtungsräume von morgen« entstehen. »Das Bild vom Herkules auf Spatzenbeinen ist nicht so falsch«, meint dazu Karl Ganser, »wenn man mit Blick auf diese dreifache Aufgabe Ansprüche und Möglichkeiten der Raumplanung realistisch betrachtet. Aber die Verwirklichung demokratischer Ideale wie Freiheit, Gerechtigkeit und Chancengleichheit ist sicher nicht weniger schwierig. Trotzdem würde diese Grundwerte niemand aufgeben, nur um realistisch und ›ehrlich‹ zu sein. Wir sollten also an den Grundwerten festhalten.«

Es gibt Theorien zur Erklärung regionaler Wachstumsprozesse, die meinen, daß es aus dem »Tretrad des Wachstums« kein Aussteigen gibt. Es werden mit immer neuen Investitionen immer größere Kapazitäten geschaffen, die sich dann aber wieder nur bei steigender Nachfrage rentieren. Es stellt sich somit die Frage, ob und wo in diesem System eine »Bremse« eingebaut ist. Karl Ganser zum Beispiel sieht folgende Ansatzpunkte, die der Eigendynamik dieser Prozesse rechtzeitig den Schwung nehmen könnten: »Es könnte zum Beispiel die Angst sein, daß es den ›widerspenstigen Touristen‹ doch geben könnte, der Qualität achtet und Belastungen konsequent mit Fernbleiben quittiert. Die Folgen würden das Beherbergungsgewerbe treffen und den kommunalwirtschaftlichen Niedergang bedeuten. Ein weiterer Faktor könnte die Angst sein, das Wachstum könnte sozusagen seine Kinder fressen. Gemeint ist damit der örtliche Investor, der sein Vermögen an die große Bank verliert, weil er sich einfach übernommen hat. Ausschlaggebend könnte ferner die Angst sein, die lokale und politische Macht aus den Händen geben zu müssen, weil immer mehr Zugewanderte das politische Kräfteverhältnis verschieben. Und schließlich auch die Angst, Tradition und Gemeinschaft, Geborgenheit und Heimat zu verlieren, weil fremde Subkulturen sich breitmachen. Nicht zu vergessen die Besorgnis, die Natur könnte sich rächen mit Lawinen, Erosion und Bergstürzen. Wer sensibel ist, spürt diese Ängste. Noch immer sind örtliche Gemeinschaften am ehesten in der Lage, die Mißtöne im lauten Wachstumskonzert zu hören. Um Belastungen zu steuern und zu vermeiden, ist die Bewahrung und Entwicklung der örtlichen Gemeinschaften also eine unabdingbare Voraussetzung. Das macht eine starke staatliche Raumplanung keineswegs überflüssig. Aber noch dringlicher als staatliche Raumordnungspläne sind regionalisierte Fachplanungen, die Rücksicht auf die Berggebiete nehmen und die Ziele der Raumplanung beachten müssen.«

Keine Experimente mit der Landschaft

In vielen Stellungnahmen und Forderungen hinsichtlich der Belastungsprobleme im Alpenraum scheinen mehr oder weniger deutlich Verzichtsappelle durch. In bereits belasteten Gebieten soll die Entwicklung radikal gestoppt und in unterentwickelten der Status quo erhalten werden. Begründet werden derartige Forderungen mit der Erfahrung, daß mit jeder Entwicklung der Verlust von kulturellen und natürlichen Werten verbunden ist. Eine derartige Argumentation ist aber ihrem Wesen nach unpolitisch, da keine Überlegungen über die Verteilung von Nutzen und Nachteilen angestellt werden. Gerade im Alpenraum liegen aber Unterentwicklung und Übererschließung mit extremen sozialen Unterschieden in enger Nachbarschaft. Selbst in touristisch hochentwickelten Gebieten haben ja breite Schichten der Bevölkerung nur eine unterdurchschnittliche Anhebung ihres Lebensstandards erfahren. »Pauschale Verzichtsforderungen«, so betont denn auch Prof. Ganser, »sind daher sozialpolitisch unvertretbar, da sie zur Festschreibung der sozialen und regionalen Unterschiede führen würden. Sie sind überdies auch realpolitisch undurchsetzbar.« Statt eines Wachstumsverzichtes sollte die Forderung nach »qualitativem Wachstum« und sozial gerechter Verteilung gestellt werden. Beispiele dafür sind etwa der Versuch mit dem »sanften Tourismus« – wie er seit einiger Zeit im österreichischen Virgental praktiziert wird – oder das Programm der österreichischen Bundesregierung zur Förderung entwicklungsschwacher Berggebiete, von denen noch berichtet wird. Man darf die Kuh, die man weiterhin melken will – im konkreten

Fall den Touristen –, nicht unbekümmert schlachten. Wie sagte doch der TV-Journalist Horst Stern so schön: »Zuerst geht die Kuh, dann geht der Gast, wen soll man da noch melken?« Und nach einer alten bayrischen Bauernregel gilt: »Wo heute koa Kuh mehr grast, kimmt morg'n koa Preuß' mehr hin.« Daraus kann man unschwer schließen, daß das Idealziel eine Landschaft ist, in der sich sowohl die Kuh als auch der Preuß' wohl fühlen.

Wie aber kann das Objekt der touristischen Nachfrage – eben die Landschaft – vor der Überschwemmung und Zerstörung gerettet und zugleich auch die wachsende Nachfrage befriedigt werden? Dazu der Fremdenverkehrsexperte Jost Krippendorf: »Nicht Hotels, Seilbahnen, Lifte oder Hallenschwimmbäder bilden die Hauptattraktion des Tourismus. Im Mittelpunkt stehen nach wie vor die landschaftlichen Reize. Die Form, die Schönheit, die Stimmung und der Erlebniswert einer Landschaft sind entscheidend. Die technischen Einrichtungen des Fremdenverkehrs überschätzen sich oft. Sie sind letztlich nur Mittel zum Zweck. Man nimmt ihre Leistungen in Anspruch, um Natur und Landschaft besser konsumieren zu können.« Allerdings: Man darf gerade im Tourismus nicht alles machen, nur weil es machbar ist. Größte Behutsamkeit und Ausgewogenheit sind am Platz. Exzentriker, die auf der Welle irgendwelcher Modebedürfnisse kurzlebige und landschaftsbeeinträchtigende »Letzter-Schrei-Angebote« schaffen, haben hier nichts zu suchen. Der Tourismus kann sich ein Experimentieren mit der Landschaft nicht leisten. Ein weiterer Ausbau des Fremdenverkehrsangebotes ist nur dort zu bewilligen, wo eine rechtsverbindliche Raumplanung besteht und sich die Projekte in eine gesamtwirtschaftliche Entwicklungsplanung einfügen. Das heißt Konzept- anstatt Projektdenken. Prof. Krippendorf: »Es muß zuerst geplant und erst dann erschlossen werden. Und dabei wird man ohne sicht- und fühlbare Bremsspuren nicht auskommen. Es wird sich auch eine Beschneidung der Eigentumsfreiheit – die heute noch vielfach als ›heilige Kuh‹ gilt – nicht vermeiden lassen, wenn die Bedürfnisse der Allgemeinheit nicht zu kurz kommen sollen.« Also: Entzug von Freiheit zur Erhaltung der Freiheit eines allen zugänglichen echten Erholungserlebnisses. Diese Schutz- und Ordnungsfunktionen kann aber nur die öffentliche Hand erfüllen.

Ein »Frühwarnsystem« für die Alpen

Als Bezugsrahmen für die touristische Entwicklungsplanung sollte wenigstens eine Region gewählt werden, die aufgrund der topographischen Gegebenheiten eine Einheit bildet. Wünschenswert sind natürlich überregionale, nationale und sogar supranationale Konzepte und Nutzungspläne. Denn eine Erholungsplanung darf sich nicht kleinkariert auf einzelne Orte und Gemeinden beschränken. Kirchturmpolitik und Dörflergeist, so der Schweizer Experte Jost Krippendorf, sind nirgends so wenig am Platz wie hier. Besonders im europäischen Alpenraum bemüht man sich seit einigen Jahren um eine transnationale Kooperation, in die ausdrücklich auch Fragen der Erholungslandschaft einbezogen sind. Über alle

politischen, juristischen, soziologischen, ökonomischen und anderen Schwierigkeiten hinweg will man in der BRD, in Frankreich, Italien, Österreich und in der Schweiz an einer gemeinsamen überregionalen Strategie arbeiten. Nur leider ist man über das Stadium eines regen Informationsaustausches noch nicht sehr weit hinausgekommen. Das Bestreben geht aber dahin, eine grenzüberschreitende regionale Zusammenarbeit aufzubauen sowie gemeinsame, für alle Anliegerstaaten verbindliche und langfristige Zielvorstellungen zu erarbeiten.
Ein »Frühwarnsystem« für den Alpenraum hat übrigens das Alpeninstitut in München mit seiner »ökologischen Kartierung« ausgearbeitet. Dabei verzichtet man auf zeitraubende Grundlagenuntersuchungen und Erhebungen und verwendet schon vorhandenes Material. »Es kann nicht länger unter Hinweis auf noch fehlendes Wissen über ökologische Wirkungszusammenhänge auf ›bessere Zeiten‹ gewartet werden«, betonte Dipl.-Ing. Hans-Joachim Schemel vom Münchener Alpeninstitut auf der INTERPRAEVENT 80 in Bad Ischl (Österreich). »Vielmehr gilt es unter Ausnützung aller schon vorhandener Möglichkeiten, Entscheidungsmaterial kurzfristig bereitzuhalten, wenn schwerwiegende Eingriffe in die Umwelt zur Diskussion stehen.« Die Fallstudie Alpen ist eines von insgesamt neun Testgebieten in ganz Westeuropa und umfaßt ein Gebiet von über 1100 Quadratkilometern, das sich grenzüberschreitend von Innsbruck bis Penzberg in Bayern erstreckt. Alle Fallstudien, die den Europäischen Gemeinschaften ein Rahmenkonzept für die Einstufung eines Gebietes der Gemeinschaft auf der Gundlage seiner Umweltmerkmale liefern sollen, enthalten Indikatoren für alle umweltrelevanten Daten, wie etwa Lufthaushalt, Oberflächengewässer, Grundwasser, Boden, Erholungspotential und Regenerationspotential. Diese ökologische Kartierung soll – später europaweit – einen Vergleich der Umweltressourcen ermöglichen. Sie soll damit Rückschlüsse auf die von der Natur aus gegebenen Möglichkeiten eines Landschaftsraumes sowie auf die durch menschliche Einflußnahme bereits entstandenen Beanspruchungen zulassen. Jeder Indikator wird für das »Frühwarnsystem« nach seiner Rolle, die er – unter anderem auch im Zusammenwirken mit anderen Faktoren – spielt, in eine neunteilige Skala umgesetzt. Stufe 1 bedeutet zum Beispiel »unproblematisch« oder »alles optimal«, Stufe 9 dagegen »Alarm«. Das Ergebnis der Analyse wird schließlich in Rasterkarten mit neun verschiedenen Farbstufen für jeden einzelnen Umweltbereich (z. B. Boden, Luft, Wasser usw.) dargestellt. Und zwar getrennt nach den Begriffen »Leistungsfähigkeit«, »Belastung« und »Potential«. Die »Fallstudie Alpen« enthält allerdings keine konkreten Planungsaussagen, sondern versteht sich lediglich als »Frühwarnsystem«, das notwendige Informationen über Risken der Umweltbeanspruchung bereithält. Dipl.-Ing. Schemel: »Die Vermeidung von Umweltbelastungen kann nicht allein ›aus der Sache heraus‹ abgeleitet werden. Es bedarf zusätzlich eines politischen Willens, der sich dem Ziel einer langfristig hohen Umweltqualität verpflichtet weiß.«

Fragwürdige Alternativen

Die Fremdenverkehrsförderung wird in den Berggebieten häufig als der einzige Ausweg aus den wirtschaftlichen Benachteiligungen gesehen. Und ohne Zweifel ist in den zurückliegenden Jahrzehnten in den Alpen über den Fremdenverkehr eine allgemeine wirtschaftliche und soziale Entwicklung in Gang gekommen. Für die Bergregionen, die noch ohne nennenswerten Tourismus dastehen – die »Armenhäuser« der Alpen etwa in den abgelegenen Hochtälern oder in den an den Rand gedrängten Regionen –, stellt sich aber die Frage, ob die historischen Entwicklungen heute noch wiederholbar sind. Eine Frage, die viele Experten bezweifeln. »Jedenfalls«, so etwa Karl Ganser, »sind die Startchancen heute wesentlich schlechter als vor 20 oder 50 Jahren.«

In dieser ziemlich ausweglos scheinenden Situation wird viel über alternative Entwicklungsmöglichkeiten gesprochen. Manche sind allerdings – wenn man sie genauer betrachtet – äußerst fragwürdig. Da ist etwa davon die Rede, die unterentwickelten Berggebiete zu »ökologischen Vorranggebieten« zu machen. Sie sollen vorrangig reines Wasser, saubere Luft und zum Teil auch billige Energie für die großen Ballungszentren bereitstellen, die sich in einem breiten Gürtel um die Alpen erstrecken. Sie sollen weiter den »nationalen Bedarf« an großräumigen Naturschutzgebieten decken, in die sich seltene Tiere und Pflanzen zurückziehen können. »Davon allein aber können die Menschen in den Berggebieten nicht leben«, meinen die Experten. Denn mit diesen Funktionen sind nicht primär Beschäftigungsmöglichkeiten verbunden. Und damit käme es vermutlich neuerlich zu Abwanderungen im großen Stil. Außerdem erscheint es fraglich, ob die großen Ballungszentren tatsächlich den »ökologischen Profit« erhalten – denn ökologische Güter lassen sich nicht wie Konsumartikel über lange Strecken exportieren. Wie soll zum Beispiel die saubere Luft der südfranzösischen Alpen nach Mailand oder Turin transportiert werden? Andere sehen wiederum eine Chance darin, die benachteiligten und bislang nicht entwickelten Gebiete in großem Stil zum »naturnahen« Wohnen für Stadtbewohner und »Zivilisationsflüchtlinge« zur Verfügung zu stellen. Alte Bauernhäuser haben heute ja selbst in den entlegensten Gebieten Liebhaber – und auch entsprechende Liebhaberpreise. Was früher ein Privileg der Oberschichten war – das Landhaus oder der Landsitz –, sickert heute als Lebens- und Konsumform in die Mittelschichten der Stadtbewohner hinein. Ein Weekend in der Steiermark, im Waldviertel oder in Osttirol gehört heute zu den »heißen Tips« für die oberen Mittelschichten etwa in Stuttgart oder in München. Durch den Ausbau der Transitwege sind diese Regionen am Wochenende bequem zu erreichen. Es gibt aber zum Beispiel auch bereits eine Reihe von Münchenern, die sogar in der Toskana Bauernhäuser aufkaufen und zu Weekend-Domizilen ausbauen. Für die Berggebiete bedeutet das allerdings einen allmählichen Austausch der eingesessenen Bevölkerung durch eine nur sporadisch anwesende Fremdbevölkerung. Damit ist aber eine eigenständige ökonomische Existenz dieser Regionen nicht zu erreichen.

Hoffen auf den »sanften Tourismus«

Neben diesen fragwürdigen Alternativen zur gängigen Fremdenverkehrspolitik gibt es auch echte Alternativen. Etwa das Abgehen vom »harten« Tourismus hin zu »sanfteren« Varianten. Sanft ist jeder Tourismus – um eine Definition von Krippendorf zu verwenden –, der nicht mehr ausschließlich wirtschaftlichen und technischen Zwängen gehorcht, sondern der auch die Umwelt und die Interessen der einheimischen Bevölkerung als gleichwertig mit einbezieht. Und auch die Bedürfnisse der Touristen, die ja nicht nur devisenbringende Wesen, sondern auch Menschen sind. Sanft wäre, wenn man zuerst plant und erst dann erschließt, wenn man Fremdenverkehr in größeren Räumen plant und wenn man die Entwicklung auf das einheimische Arbeitskraft-Potential ausrichtet. Alle diese Forderungen lassen sich vermutlich erst dann umsetzen, wenn man auch gewisse Rahmenbedingungen vollständig ändert. Dazu zählen unter anderem eine bessere jahreszeitliche Verteilung der Reiseströme (davon später) und auch eine bessere Ausbildung der für den Fremdenverkehr Verantwortlichen. Dazu ist allerdings Druck – auch politischer Druck – notwendig. Er kann einerseits von der betroffenen Bevölkerung selbst herkommen und sich quasi in einem »Aufstand der Bereisten« manifestieren. Anderseits aber auch von den Touristen, die nicht mehr bereit sind, alles zu akzeptieren. Und im Extremfall nicht mehr verreisen, zu Hause bleiben und »Urlaub auf dem Balkon« machen.

Der »sanfte Tourismus« ist spätestens seit dem Plädoyer von Robert Jungk im Jahr 1980 für eine sanfte Tourismusentwicklung zu einem gängigen Vokabel in der Fremdenverkehrsbranche geworden. Erhebliche Unterschiede bezüglich Definition und Beschreibung der Inhalte bestehen allerdings noch immer zwischen den Exponenten des Umweltschutzes und den Reiseexperten. das drückt sich unter anderem in der sehr unterschiedlichen Sprachregelung aus, die die Schlagworte »soft tourism« (Englisch klingt immer gut), »nichttechnisierter Tourismus«, aber auch »naturnaher«, »alternativer« oder »angepaßter Tourismus« verwendet. »Gerade in Zeiten eines abgeschwächten Wirtschaftswachstums, in denen Fremdenverkehrsentwicklungen historischer Dimensionen für abgeschlossen zu betrachten sind, könnte«, so meint etwa Mag. Peter Hasslacher, der Leiter der Abteilung Raumplanung und Naturschutz des Österreichischen Alpenvereins in Innsbruck, »ein sanfter Tourismus ohne kapitalintensive Investitionstätigkeit gerade in entwicklungsschwachen peripheren Gebieten einen Beitrag zur Verbesserung der Wirtschaftsstruktur und der Einkommenslage leisten. Es geht ja nicht um die Frage ›Tourismus – ja oder nein?‹, sondern um das Problem ›Wieviel Tourismus?‹ und ›Welche Art von Tourismus?‹.« Als Konsequenz aus diesen Überlegungen haben der Österreichische und der Deutsche Alpenverein 1980 im Virgental in Osttirol einen »Versuchsballon« gestartet, um damit auf der Südabdachung der Venedigergruppe eine ähnliche Massentourismus-Entwicklung, wie sie an vielen anderen Stellen bereits durchgeführt worden ist, zu verhindern. Es war den Initiatoren klar, daß das Virgental aus verschiedenen Gründen wirtschaftliche Impulse unbedingt notwendig hatte: Denn die Orte Prägraten und Virgen liegen abseits der größeren Wirtschaftszen-

tren. Sie sind hauptsächlich von der Landwirtschaft geprägte alpine Lebensräume. Dementsprechend fehlen in dieser Region für junge Menschen entsprechende Arbeitsplätze in Industrie und Gewerbe. Die landwirtschaftlichen Einkommen wachsen im Verhältnis zu anderen Einkommen langsamer und zwingen die Bauern so zu einem Nebenerwerb bzw. überhaupt dazu, ihre Wirtschaft aufzugeben. Und schließlich war der Tourismus im Virgental – da es in unmittelbarer Umgebung keine Schigebiete gibt – auf die Hauptsaison im Sommer – also auf die Monate Juli und August – beschränkt. Der geplanten Erschließung des Venedigergebietes für den Sommerschilauf mußte somit ein anderes, attraktives Konzept entgegengesetzt werden. Die Lösung schien den Planern im ÖAV und im DAV in einer Erweiterung der schmalen Hauptsaison zu liegen. Beide Alpenvereine beschlossen daher, ihren Mitgliedern – vor allem aber den Senioren – einen Urlaub im Virgental zu empfehlen, und zwar in der Vor- oder Nachsaison. Man war entschlossen, mit der Werbekampagne für das Virgental den Beweis anzutreten, daß bei entsprechenden Bemühungen für diese vielseitige Wanderlandschaft im geplanten Nationalparkgebiet »Hohe Tauern« (»60 Dreitausender vor der Haustür«) auch eine erhebliche Steigerung der Übernachtungen in den bisher schwachen Zeiten der Vor- und Nachsaison möglich sei. Und daß es genügend Interessenten gibt, die unversehrtes Bergland, eine intakte dörfliche Gemeinschaft und eine eigenständige dörfliche Kultur – mit einem Wort den »sanften Tourismus« – mehr schätzen als einen perfektionierten Massenbetrieb.
Eine Grundvoraussetzung für das Gelingen und den langfristigen Erfolg eines derartigen Vorhabens ist die Mitarbeit bzw. überhaupt das Akzeptieren einer alternativen Fremdenverkehrsentwicklung, die ja völlig im Gegensatz zu den herkömmlichen Denkmustern steht. Fremdenverkehrsökonomen stehen dem »sanften Tourismus« ja noch immer eher skeptisch gegenüber, da sie weder das Marktpotential der in Frage kommenden Interessentengruppen kennen noch eine einseitige Konzentration auf ein bestimmtes Marktsegment für sinnvoll halten. Die durch eine gebremste Tourismustechnik geprägten Regionen sind nach Ansicht der Ökonomen durch eine schwache Wirtschaftsentwicklung, durch ein niedriges Preisniveau (Markenzeichen »Wurstsemmel-« oder »Rucksack-Tourismus«) und daher durch wenig Einnahmen pro Tag gekennzeichnet. Vom ökonomischen Standpunkt aus betrachtet, sind sie daher »kaum erstrebenswert«. »Es wird dabei allerdings übersehen«, so der Raumplanungsexperte Mag. Hasslacher, »daß strukturschwache ländliche Gebiete oft gar nicht in der Lage sind, mehrere Organisationsschritte gleichzeitig zu erledigen.«
Konkret konnte in der Versuchsregion im Virgental durch gezielte Werbeaktivitäten der beiden Alpenvereine eine Übernachtungssteigerung von 30.000 – das sind 40,5 Prozent – in der Vor- und Nachsaison 1980 und 1981 gegenüber 1979 erreicht werden. Diese Zunahme macht die Hälfte aller Übernachtungsgewinne von 27 Osttiroler Gemeinden aus. 1981 wurde im Virgental zum ersten Mal die hunderttausender Grenze bei den Übernachtungen in der Vor- und Nachsaison überschritten. Vergleicht man dazu die Entwicklung in anderen Modellregionen, etwa im Oberen Mölltal mit den Gemeinden Döllach, Heiligenblut und Wink-

lern, so fällt der Erfolg im Osttiroler Virgental um so überzeugender aus. Denn die drei Mölltaler Gemeinden »bauten« im gleichen Zeitraum ein Minus von fast 2000 Übernachtungen. Trotz der ersten und nicht zu übersehenden Erfolge sind die Befürworter des »sanften Tourismus« im Virgental noch in der Minderheit. Sie werden sich auch nur dann wirklich durchsetzen können, wenn in der Vor- bzw. Nachsaison und auch im Winter mehr Gäste kommen. Derzeit liegt die durchschnittliche Übernachtungszahl des Tals bei 78 pro Tag. Die Wunschvorstellungen der Fremdenverkehrsexperten schwanken aber zwischen 120 und 160 Übernachtungen. Erst wenn man etwa 160 erreicht hat, wollen die Fremdenverkehrsobmänner von Prägraten und Virgen auf eine »technisierte Erschließung« verzichten.

Den Interessenten für einen »sanften Weg« wird ein reichhaltiges Programm angeboten. Es gibt unter anderem hochalpine Schitourenwochen und im September Bergsteigerwochen im Venedigergebiet. Und das Pauschalangebot »Wanderwochen Virgental« gilt für die Monate Mai, Juni, September und Oktober. Peter Hasslacher, einer der Initiatoren des Versuchs, wälzt noch weitere Pläne. So will man u. a. ein Langlaufzentrum im Virgental einrichten, die vorhandenen Loipen ausbauen und sie im Sommer als Radwege verwenden. Ob mit dem Projekt »sanfter Tourismus« tatsächlich ein Durchbruch gelingt, wird vor allem vom Interesse der Touristen an einer noch weitgehend heilen Welt abhängen. Aber fast ebenso wichtig ist natürlich die Haltung der Einheimischen. Denn sie müssen letztlich entscheiden, ob sie das Risiko von irreparablen Schäden an ihrer Umwelt in Kauf nehmen oder eine einmalige Chance nutzen wollen.

Das Verständnis für diese neue Tourismus-Philosophie hält sich vor allem in politischen Kreisen Tirols – vorsichtig ausgedrückt – »noch immer in Grenzen«. So sprach noch 1981 Landeshauptmann Eduard Wallnöfer vom Alpenverein als einem »Verein zur Verhinderung des Wohlstands in Tirol«, dem er nicht beitreten wolle. Und Osttiroler Politiker gebrauchen für das Modell Virgental gerne die abwertend gemeinte Bezeichnung vom »Wurstsemmel-Tourismus«. Was sonst den Touristikwerbern langsam klar zu werden beginnt, scheint sich leider im »heiligen Land Tirol« noch nicht herumgesprochen zu haben: die Tatsache nämlich, daß man sich mit dem »sanften Tourismus« nicht gegen die Bevölkerung stellen will. Prof. Louis Oberwalder, ÖAV-Vorsitzender: »Wir sind nur der Meinung, daß man den Menschen mit unserer Variante besser helfen kann als mit Gigantomanie. Es ist bereits mehr als genug erschlossen worden.« Und Dr. Fritz März, 1. Vorsitzender des DAV, meinte zu den verbalen Tiefschlägen des Tiroler Landeshauptmannes: »Unser Verein ist nicht dafür gegründet worden, um den Wohlstand in Tirol zu heben – wohl aber, um die damals vorhandene bittere Not, die man sich heute gar nicht mehr vorstellen kann, zu lindern.« Man wolle die Tiroler Landesentwicklung nicht mitbestimmen, allerdings doch laut mitdenken, meinte der DAV-Vorsitzende. Dazu glaube man – nach mehr als 100 Jahren »touristischer und damit auch wirtschaftlicher Präsenz« in Tirol – ein gewisses Recht zu haben. Immerhin habe der DAV zusammen mit dem Österreichischen Alpenverein einen wesentlichen Teil der Fremdenverkehrs-Infrastruktur in den Hochregionen dieses Landes aufgebaut. Es wurden über 40.000 Kilometer Wanderwege erstellt, und diese werden heute noch betreut. Von den insgesamt 151 Schutzhütten des DAV in Österreich mit fast 12.000 Schlafplätzen stehen 107 in Tirol. Sie erreichen, wie der DAV-Vorsitzende berichtete, pro Jahr mehr als 500.000 Übernachtungen. Für die Modernisierung der Schutzhütten und für die Wasserver- und -entsorgung werden jährlich rund 25 Millionen Schilling aufgewendet. Da jede Schutzhütte im Schnitt fünf Personen beschäftigt, sei der Alpenverein in Tirol mit gut 500 »dezentralen und krisenfesten Arbeitsplätzen« darüber hinaus auch ein nicht mehr zu übersehender Arbeitgeber, unterstrich Dr. März.

Das Montafon zog die Notbremse

Ein Beispiel für einen Versuch, eine sinnvolle Begrenzung der Tourismusentwicklung und damit einen Ausgleich zwischen Wirtschafts- und Naturschutzinteressen herbeizuführen, stellt auch das »Konzept für den Ausbau der touristischen Aufstiegshilfen im Montafon« dar. Obwohl dieses Tal in Vorarlberg einen hochentwickelten Fremdenverkehr aufweist (1978/79 standen rund 17.000 Gästebetten zur Verfügung, man zählte 1,8 Millionen Übernachtungen!) und 1977 bereits über 52 Seilbahnen und Schilifte verfügte, wurden acht größere und zum Teil sehr umfangreiche Erweiterungs- bzw. Neuerschließungsprojekte konkret verfolgt. Ihre volle Realisierung hätte eine Verdoppelung der Zahl der Aufstiegshilfen und eine Verdreieinhalbfachung der Seilbahntransportkapazität mit sich gebracht. Angesichts dieser Situation beauftragte die Vorarlberger Landesregierung das »Österreichische Institut für Raumplanung« (ÖIR), eine Entscheidungsunterlage bezüglich des noch zuträglichen und bedarfsgerechten Ausmaßes der Erschließung auszuarbeiten. Dieser »Untersuchung raumbezogener Probleme der Fremdenverkehrsentwicklung im Montafon« wurde ein Zielkatalog zugrunde gelegt, der sich in seinen Aussagen mit dem Vorarlberger Fremdenverkehrskonzept deckt. In einer ersten Arbeitsphase wurde ein Szenarium entwickelt, das veranschaulicht, wie es im Tal künftighin aussehen würde, wenn man alle Vorhaben tatsächlich verwirklichen wollte. Dabei kristallisierte sich, wie Dr. D. Bernt vom ÖIR berichtet, vor allem heraus:

- Investitionskosten von 1,3 Milliarden Schilling (fast 200 Millionen DM) nur für Seilbahnen, Lifte, Pisten und unmittelbare Komplementäranlagen.
- Der Winterumsatz der Seilbahnen müßte auf das Vierfache gesteigert werden.
- Die Zahl der Gästebetten müßte um mehr als 40.000 erhöht werden.
- Der Flächenbedarf für die zusätzlich erforderlichen Gästeunterkünfte, Verkehrsanlagen usw. läge bei einem Vielfachen jener maximal 50 bis 60 Hektar, die nach den Flächenwidmungsplänen für die mittelfristige Tourismusentwicklung in Vorarlberg vorhanden waren.

Weitere Untersuchungen brachten dann sehr schnell an den Tag, daß eine namhafte Reduktion des geplanten Erschließungsvolumens unbedingt notwendig war. Das endgültige Konzept, das im Mai 1980 von der Vorarlberger Landesregierung formell beschlossen wurde, entsprach dann schließlich nur mehr einem Fünftel bis einem Viertel des ursprünglich angestrebten Planes. Es soll allerdings nicht verschwiegen werden, daß auch dieser Rest für viele noch zuviel ist.

Einreiseverbote in Alpentäler?

Die Entzerrung der Reisezeiten ist eine Forderung, die fast schon so alt ist wie der Tourismus selbst. Trotzdem ist es bis heute nicht dazu gekommen. Denn nach wie vor fahren fast alle Menschen zur selben Zeit in die Ferien. In der Bundesrepublik Deutschland (die Verhältnisse dürften aber repräsentativ auch für die übrigen europäischen Reisenationen sein) sind rund 50 Prozent aller Ferienreisenden fest an bestimmte Zeiten gebunden. Schul- und Betriebsferien schränken die Wahlfreiheit weitgehend ein. Nur in etwa einem Drittel aller Fälle wird die Wahl des Reisetermins durch günstige Angebote und Preise, durch besonders günstige klimatische Verhältnisse – vor allem aber durch die Macht der Gewohnheit bestimmt. Dringend notwendig wäre es also, daß die einzelnen Regierungen die Dauer der Ferienzeiträume verlängern – im Sommer zum Beispiel vom 15. Juni bis 15. September – und die Ferientermine für die einzelnen Landesteile innerhalb des Zeitraumes möglichst weit gestaffelt ansetzen. Weiters wären Ferienbeginn und Ferienende auf die Wochenmitte zu verlegen, damit der mächtige Strom der »Nomaden des 20. Jahrhunderts« nicht mit dem ohnehin schon starken Wochenendverkehr zusammenfällt. Erste erfreuliche Schritte in dieser Richtung gibt es in Deutschland, Österreich und Holland. Beteiligen müßten sich an diesen Maßnahmen aber auch Großbetriebe, die häufig – und selbstverständlich während der Hauptreisezeit – kollektiv schließen. Weiters sollte die Fremdenverkehrswirtschaft selbst das Reisen außerhalb der Hauptsaison fördern. Denn die stereotype Volksmeinung über die »schönsten Reisezeiten des Jahres« – also Juli und August – sind gerade in den Alpen durchaus etwa mit den Herbstmonaten zu ergänzen.
Wenn aber weiterhin Millionen von Touristen zur gleichen Zeit »Schulter an Schulter« die Alpen heimsuchen, so werden schließlich – so meinen Experten wie etwa Jost Krippendorf (Bern) – Steuerungsmaßnahmen notwendig sein, die die Wahlfreiheit des einzelnen noch viel stärker einschränken, als dies besonders bei der geforderten Regelung der Schul- und Betriebsferientermine der Fall wäre. So wie man schon heute die Autofahrer während der Hauptreisezeiten über Hubschrauber, Funk und Radio auf Engpässe, Kolonnenbildung und Unfälle aufmerksam macht, wird man ihnen in Zukunft mitteilen müssen, daß etwa ein bestimmtes Tal oder eine Region bereits voll besetzt und überlastet ist und Touristen nicht mehr aufgenommen werden können.

Energiepreise – nur bedingt wirksam

Die Situation durch die steigenden Energiekosten, möglicherweise auch Einschränkungen des Individualverkehrs und vielleicht sogar Treibstoffrationierungen lassen für den Fremdenverkehr im Alpenraum nach Ansicht des Münchener Bergland-Forschers W. Danz folgende Überlegungen wahrscheinlich erscheinen: Der Tages- und Wochenend-Ausflugsverkehr von den alpennahen Metropolen dürfte stagnieren, eher sogar rückläufig sein. Aber die Urlaubsreise wird ihre feste Stellung im Jahresbudget der Reisenden selbst bei steigenden Preisen behalten. Allerdings mit der Tendenz, eher kürzere Reisewege zu wählen. Damit ist aber auch die Gefahr verbunden, daß die Nachfrage nach Erholung im zentral in Europa gelegenen Alpenraum noch steigt. Zunehmendes Energiesparen wirkt sich natürlich auch auf die Urlaubsplanung aus. Das wird sich, wie Experten vermuten, weniger im Urlaubsverzicht, sondern eher in einer Kürzung des Urlaubsbudgets niederschlagen. Es ist aber derzeit noch nicht abzusehen, ob hohe Energiepreise die Urlaubsdauer verkürzen oder die Ausgaben am Urlaubsort einschränken. Oder ob man zunehmend preiswertere Urlaubsquartiere wählen bzw. den Zweit- oder Dritturlaub ersatzlos streichen wird.
»Im Hinblick auf die weiterhin ansteigende verfügbare Freizeit«, so meint W. Danz, »dürften aber Einsparungen zunächst bei der Wahl der Urlaubsquartiere und bei Ausgaben am Urlaubsort erfolgen.« Das wird vor allem jene Regionen und Gemeinden treffen, in denen bisher die unteren und mittleren Einkommensschichten ihre Ferien verbrachten. Die hochentwickelten Zentren werden voraussichtlich aufgrund des gutverdienenden Publikums und meist guter Erreichbarkeit mit öffentlichen Verkehrsmitteln weniger zu leiden haben. Für die Wahl des Urlaubsortes wird künftig die Erreichbarkeit mit Bahn und Bus entscheidend sein. Die mit öffentlichen Verkehrsmitteln erreichbaren Urlaubsorte werden eine noch steigende Nachfrage registrieren, während die peripher liegenden Regionen mit Gästeverlusten rechnen müssen. Insgesamt – so vermutet der Münchener Bergland-Forscher W. Danz – wird der durch die Eisenbahn gut erschlossene Alpenraum durch eine derartige Nachfrageänderung, sollte sie tatsächlich eintreten, zu Lasten etwa der Mittelmeerländer durchaus begünstigt werden.
Ein insgesamt geringeres Budget bei steigenden Kosten am Ferienort könnte unter anderem auch zu einer tendenziellen Änderung des Urlaubsverhaltens führen. So könnten etwa niedrigere Einkommensschichten oder Jugendliche vom technisierten Erholungsverkehr auf nichttechnisierte Formen umsteigen. Der Anstieg des Schilanglaufes und die stetige Zunahme des Bergwanderns (z. B. »Wanderbares Österreich«) belegen diese Annahme. W. Danz: »Unter diesem Gesichtspunkt gewinnt die Erhaltung bzw. Schaffung von Ruhezonen im Hochgebirge weiter an Aktualität.«
Unter der Voraussetzung, daß die Lage auf den Energiemärkten nicht zu einer stärkeren und langanhaltenden Rezession in Westeuropa führt, dürfte sich also, insgesamt gesehen, die Nachfrage nach Fremdenverkehrsleistungen im Alpenraum weit stärker als in anderen Zielgebieten entwickeln. Der Nachfragedruck

wird sich dabei zunehmend auf die an das überregionale Verkehrsnetz gut angebundenen Regionen und Gemeinden konzentrieren. Lediglich für den Fall einer länger anhaltenden Rezession in Westeuropa wird die touristische Nachfrage unter den prognostizierten Werten – also Verdoppelung bis zum Jahr 2010 – bleiben. Aber auch in diesem Fall dürfte der Alpenraum steigende Marktanteile des europäischen Tourismus an sich ziehen.

»Passive Sanierung« nicht zielführend

Das Problem aller entwicklungsschwachen peripheren ländlichen Räume in Zeiten eines abgeschwächten Wirtschaftswachstums besteht darin, daß die traditionellen Maßnahmen der Regionalpolitik allein nicht mehr ausreichen, um die regionalen Unterschiede zu den weniger benachteiligten Gebieten auszugleichen. Die Unterschiede zwischen den Zentralräumen und den peripher gelegenen Problemgebieten führen häufig zu Entwicklungen, die man als »passive Sanierung« bezeichnet. Das heißt schlicht und einfach: Wenn man gar nichts tut, dann lösen sich die Probleme mit der Zeit schon von selbst. Nun kann diese Einstellung eventuell dazu beitragen, daß die Ökologie wieder in ihren ursprünglichen Gleichgewichtszustand zurückfindet. Aber die bewußt geduldete Aufgabe von Dauersiedlungen und Kulturlandschaft als »Sanierung« zu bezeichnen, entbehrt nicht einer gehörigen Portion Sarkasmus.
Zu den wirtschaftlich stark benachteiligten Regionen im Alpenraum zählen etwa in Österreich das Mühlviertel, das Waldviertel, die Steiermark und weite Teile von Kärnten. In der Schweiz Teile von Graubünden und des Tessins sowie die gesamte Schweizer Jura. In Frankreich schließlich sind es die Südalpen sowie der größte Teil der französischen Westalpen und in Italien die Berggebiete in Friaul und Julien. Diese Grobeinteilung verschweigt aber, daß es innerhalb der Alpen deutliche Unterschiede in der Entwicklung gibt. Drei Typen lassen sich dabei unterscheiden:

- In weitgehend entleerten und devastierten Gebieten, wie zum Beispiel in den französischen Südalpen, werden Bevölkerung und Wirtschaftskraft schon seit fast zwei Jahrhunderten abgezogen. Diese Gebiete haben beinahe den Endzustand der »passiven Sanierung« erreicht.
- Noch relativ dichtbevölkerte Gebiete mit einer hohen Agrarquote wurden später in die industrielle Entwicklung einbezogen und somit auch später in die davon ausgehende Entleerung. Das gilt vor allem für Südeuropa.
- Sehr früh haben jene Regionen den Tourismus auf sich gezogen, die man als einseitig entwickelte und belastete Berggebiete bezeichnet. Die zum Teil hektische Entwicklung im Fremdenverkehr hat schon nach wenigen Jahrzehnten vielfältige ökologische, wirtschaftliche und soziale Belastungen mit sich gebracht. Zu diesen Gebieten zählen große Teile der Schweiz, Südtirols, die westlichen Bundesländer Österreichs und das bayrische Alpenvorland.

Berggebiete haben für die Produktion von Gütern und Dienstleistungen unter industriellen Bedingungen zwei entscheidende Nachteile: Sie liegen abseits der großen Ballungsräume, abseits der leistungsfähigen Verkehrswege und damit weitab von attraktiven Märkten. Und das ausgeprägt kleinräumige Relief bringt viele Erschwernisse für die Landwirtschaft, für die Besiedlung und für die innere Erschließung mit Infrastruktur mit sich. Daher muß man auch sehr deutlich realpolitische Überlegungen von politischen Willenserklärungen unterscheiden. Denn die Absicht, Berggebiete als eigenständige Lebens- und Wirtschaftsräume zu entwickeln, ist selbst in Fachkreisen nicht unumstritten. Es gibt zum Beispiel theoretische Überlegungen, nach denen Wirtschaftswachstum, Produktivitätsfortschritt, fortschreitende Arbeitsteilung und räumliche Konzentration von Produkten und Dienstleistungen in einem Zusammenhang mit der Entleerung von peripheren Räumen stehen. Da aber Wachstum, Produktivitätsfortschritt und Arbeitsteilung zentrale Kriterien der industriellen Wirtschaftsweise sind, wird von manchen bezweifelt, daß gegen den Agglomerationsprozeß erfolgreich angegangen werden kann. Zum anderen aber gibt es handfeste, politisch-praktische Konkurrenzüberlegungen, die davon ausgehen, daß weder das Potential an Arbeitsplätzen noch die Finanzkraft des Staates ausreichen, um die Entwicklungsaufgaben zugleich in den großen Ballungsräumen und in den Berggebieten zu lösen. Gesamtwirtschaftlich – so wird argumentiert – sei es daher zweckmäßiger, alle Kraft auf die Ballungsgebiete zu konzentrieren. Und ein zusätzlicher Einwand geht davon aus, daß in einem marktwirtschaftlichen System die Steuerungsmöglichkeiten des Staates grundsätzlich nicht so weit ausgebaut werden können, daß eine dezentrale Entwicklung des Staatsgebietes erreicht werden kann. Es müßten harte und dirigistische Eingriffsmöglichkeiten geschaffen werden, die das marktwirtschaftliche System insgesamt sprengen würden. Dieser »ordnungspolitische Preis« für die Durchsetzung einer dezentralen Entwicklung scheint manchen ganz einfach zu hoch. Man spricht also oft mit »zwei Zungen«. Die realpolitischen Überlegungen stehen damit im deutlichen Gegensatz zu den politischen Willenserklärungen internationaler Konferenzen oder lokaler Sonntagsredner.

Liechtenstein: »Der Staat ist mitschuldig«

Trotzdem gibt es erfreulicherweise nicht nur Negatives zu berichten. So schuf etwa das kleine Fürstentum Liechtenstein 1968 sein Programm einer »integralen Berggebietssanierung«, kurz BGS genannt. Aufgrund der Überschaubarkeit des Landes kommt dem konsequenten Durchziehen von Sanierungsmaßnahmen auch so etwas wie ein modellhafter Charakter zu. Denn so oder zumindest so ähnlich könnte man auch in anderen Ländern des Alpenbogens vorgehen. Der Sanierungsraum in Liechtenstein umfaßt 6191 Hektar, das sind knapp 39 Prozent der Landesfläche, und es besteht kein Sanierungszwang. Das heißt, es müssen sowohl der Grundeigentümer als auch die Regierung zustimmen. Die Projektierungsarbeiten gehen zu Lasten des Staates, und die Kosten für die Projektausfüh-

Zumindest für einige Jahre vor dem Zugriff der E-Wirtschaft gerettet: die Krimmler Ache (Salzburg) mit Blick auf das Krimmler Kees und die Dreiherrenspitze.

Für das Kraftwerk Dorfertal in Osttirol sollen die herrlichen
Umbalfälle geopfert werden.

Oben: Gradensee in Kärnten mit Blick auf den Hohen Perschitzkopf (links) und die Weißwandspitzen.
Unten: Alte Mühle an der Islitz im Osttiroler Virgental.

Rechts: Nur intakte Schutzwälder sind in der Lage, die Talregionen vor Schaden zu bewahren.
Unten: Und das passiert, wenn der Schutzwald zusammenbricht.

rung werden folgendermaßen subventioniert: 85 Prozent für alle Maßnahmen der Erschließung, Verbauung und Aufforstung bzw. 60 Prozent für alle almwirtschaftlichen Maßnahmen trägt der Staat. Die mit Staatssubventionen sanierten Projektgebiete dürfen nicht zweckentfremdet verwendet werden. So müssen zum Beispiel zum Schutz und zur Erhaltung von Weideflächen zugunsten des Staates für die Dauer von 30 Jahren Dienstbarkeitsverträge erstellt und ins Grundbuch eingetragen werden. Das Waldareal ist zusätzlich durch ein Rodungsverbot des Forstgesetzes geschützt. »Damit übergibt die jetzige Generation«, so Mario F. Broggi, Dipl.-Forstingenieur aus Vaduz, »einer künftigen die Verantwortung über die Bergwelt Liechtensteins.« Die Subventionsansätze für die Berggebietssanierung sind hier sicherlich hoch. Man rechtfertigt sie in Liechtenstein aber damit, daß es ja längst nicht mehr nur um wirtschaftliche Interessen geht, habe doch der Alpenraum immer mehr überwirtschaftliche Funktionen zu erfüllen, die der gesamten Bevölkerung zugute kommen sollen. »Außerdem«, so Mario F. Broggi, »hat der Staat in der Vergangenheit trotz vorhandener Schutzgesetze seine Aufsichtspflicht vernachlässigt und ist damit am heutigen Zustand mitschuldig. Ohne seine Hilfe in allen finanziellen, technischen und administrativen Bereichen wäre eine Sanierung nicht möglich.«

Nun wird diese Sanierung sicherlich Jahrzehnte in Anspruch nehmen, aber auch jetzt ist schon eine Zwischenbilanz möglich. Denn bereits 1969 wurden die ersten Detailprojekte in Angriff genommen. Die Arbeiten konzentrieren sich naturgemäß auf notwendige Erschließungsmaßnahmen. Aber der forcierte Straßenbau führte sehr rasch in weiten Bevölkerungskreisen zu der Befürchtung, die Berggebietssanierung strebe in Wirklichkeit eine Übererschließung des Alpengebietes an und sei damit ein Wegbereiter einer umfassenden Verbetonierung der Berglandschaft. Die vehemente Kritik bewirkte, daß einige geplante Trassen des Neubaunetzes ersatzlos gestrichen wurden.

Hatte man 1969 erst 326.572 Schweizer Franken für die Berggebietssanierung in Liechtenstein ausgegeben, so waren es 1978 bereits mehr als 1,6 Millionen Franken. Insgesamt hat man im Zeitraum zwischen 1968 und 1978 rund 13 Millionen Schweizer Franken – das ist etwas über ein Prozent des ordentlichen Staatsbudgets – für diesen Zweck aufgebracht. Nicht immer gingen die verschiedenen Projekte problemlos über die Bühne, aber jedenfalls konnte dem Zersiedlungsdruck im Sanierungsgebiet widerstanden werden, der auch im Bereich des praktisch einzigen liechtensteinischen Touristenortes Malbun mit Hilfe eines Gefahrenzonenplanes einigermaßen gelenkt werden konnte. Große Sorgen bereitet dagegen den Verantwortlichen ein wichtiger Partner, nämlich die Almwirtschaft. Denn die meisten Almbetriebe haben den Anschluß an die moderne Entwicklung verpaßt und sind zum Großteil hoffnungslos überaltert. »Die Almwirtschaft«, so der Experte Mario F. Broggi, »müßte daher total umgestellt werden, wobei die eigene Kraft und der Wille hierfür nicht mehr vorhanden scheint.« Trotzdem sind, wie er meint, noch große Verbesserungen möglich, was allerdings noch einige Mühe kosten wird.

Gezielte Investitionshilfe in der Schweiz

Das Problem der Entwicklung wirtschaftlich zurückgebliebener Regionen beschäftigt die Schweiz schon seit den zwanziger Jahren. Vom Bund aus versuchte man in erster Linie durch Stützung der Landwirtschaft, durch die Verkehrspolitik und den Finanzausgleich Einfluß auf das regionale Wirtschaftswachstum zu gewinnen. Verschiedene Kantone begannen schließlich im Laufe der fünfziger Jahre, mit steuerlichen und anderen Vergünstigungen die Ansiedlung von Industrie- und Gewerbebetrieben systematisch zu fördern. Man bemühte sich auch um die Gestaltung der regionalen Infrastruktur. Diese Anstrengungen machten aber meist an den Kantonsgrenzen halt. Versuche einer interkantonalen Zusammenarbeit kamen oft über erste Anfänge nicht hinaus. Dementsprechend machte sich der Mangel eines zeitgemäßen schweizerischen Entwicklungskonzeptes besonders für die Berggebiete immer stärker bemerkbar. Nach zahlreichen parlamentarischen Vorstößen beauftragte man schließlich die beiden auf Entwicklungsfragen spezialisierten Professoren Dr. A. Nydegger und Dr. P. Stocker mit einer Lageanalyse und der Ausarbeitung eines Konzeptes. 1971 lag dem Bundesrat dann ein entsprechender Bericht vor, der am 5. Mai 1971 genehmigt wurde. Das »Bundesgesetz über Investitionshilfe für Berggebiete« wurde am 28. Juni 1974 von der Bundesversammlung der Schweizerischen Eidgenossenschaft beschlossen. Es bezweckt, wie im Artikel 1 nachzulesen ist, »die Verbesserung der Existenzbedingungen im Berggebiet durch gezielte Investitionshilfe für Infrastrukturvorhaben«. Der Bund verpflichtet sich in diesem Gesetz, sich an den Kosten der Erarbeitung regionaler Entwicklungskonzepte und der Vorbereitung ihrer Verwirklichung unter bestimmten Voraussetzungen mit Beiträgen von 80 Prozent zu beteiligen. Die Investitionshilfe besteht in der Gewährung, Vermittlung und Verbürgung von Darlehen zu günstigeren als den marktüblichen Bedingungen und – soweit erforderlich – in der Übernahme von Zinskosten. Die Kantone oder die Empfänger dieser Hilfen haben sich in angemessener Weise mit eigenen Mitteln an ihren Vorhaben zu beteiligen. Zur Finanzierung der Investitionshilfe stellt der Bund innerhalb der ersten neun Jahre seit dem Inkrafttreten des Gesetzes einen Fonds von 500 Millionen Franken zur Verfügung. Bis jetzt haben 50 Schweizer Bergregionen gesamtwirtschaftliche Entwicklungskonzepte erarbeitet, die bereits vom Bund anerkannt wurden. Weitere drei Regionen sollen in den nächsten Jahren dazukommen. Insgesamt wurden bisher 740 Projekte mit Darlehen in der Höhe von 195,6 Millionen Franken unterstützt. 21 Prozent entfielen auf Projekte der Ver- und Entsorgung, 20,8 Prozent auf Bildung und 17,2 Prozent auf Erholung, Sport und Freizeit. Die Gesamtkosten der geförderten Projekte (Investitionshilfe plus Eigenmittel) belaufen sich auf mehr als 1,2 Milliarden Franken.

Problematisch: »Verlängerte Werkbänke«

Als Grundlage für eine Tourismuspolitik, die auch auf die Möglichkeit von nichttouristischen Entwicklungsaktivitäten und -projekten als Alternative und Ergänzung hinweist, wurde 1979 von der Beratenden Kommission für Fremdenverkehr des Bundesrates als oberstem Exekutivorgan das »Schweizer Tourismuskonzept« veröffentlicht. Konkret geht es um eine möglichst breite Mobilisierung der regionalen Ressourcen. Diese Mobilisierung gilt als zentrales Anliegen einer alternativen Regionalpolitik »selektiver Eigenständigkeit« für periphere Gebiete, wie sie auch schon in Österreich – wir werden noch davon hören – in der Praxis umgesetzt wird.

Man hat bisher die Bedeutung kleinerer Betriebe regelmäßig unterschätzt – und leider liegen dazu auch für das Schweizer Berggebiet noch keine entsprechenden Unterlagen vor. Aber aus deutschen industriegeographischen Untersuchungen weiß man in der Zwischenzeit, daß bei der Schaffung einer bestimmten Anzahl von Arbeitsplätzen von kleineren Betriebseinheiten – etwa bis 50 Beschäftigten – mehr regionale Multiplikatoreffekte ausgehen als von der gleichen Zahl von Arbeitsplätzen in wenigen Großbetrieben. Kleinere und mittlere Betriebe sind in der Lage, Produkte, Verfahren und bestehende Marktnischen schneller aufzuspüren und den speziellen Kundenwünschen schneller anzupassen. Dazu ist es allerdings notwendig, daß sie – bei dem sich beschleunigenden technologischen Wandel – möglichst schnell und gezielt auf die Ergebnisse einschlägiger Forschungen zurückgreifen können. Im Schweizer Kanton Solothurn hat nun deshalb bei der örtlichen Handelskammer ein Innovationsberater seine Tätigkeit aufgenommen. Die jährlichen Gesamtkosten für diese kantonale Innovationsberatung liegen bei rund 150.000 Franken.

»Die Innovationsberatung«, so Hans Elsasser von der ETH-Zürich, »darf sich aber im Berggebiet nicht nur auf die noch relativ wenigen mittleren und kleineren Betriebe beschränken, sondern muß auch das Handwerk und das Kunsthandwerk einschließen.« Dabei zeigt sich, daß die Engpässe dieser kleinen Betriebe häufig weniger im technischen Bereich liegen, sondern beim Marketing. Beispielsweise nahm das Geschäft der »Centrale Lana pro Verzasca« in Sonogno im Kanton Tessin erst seinen vollen Aufschwung, als der Absatz der handgesponnenen und pflanzengefärbten Wolle durch das Schweizer Heimatwerk gesichert und weit über den Kanton hinaus ausgedehnt wurde. »Es ist offensichtlich«, unterstreicht Hans Elsasser, »daß eine Förderung handwerklich-gewerblicher Tätigkeiten auch im direkten Interesse des Fremdenverkehrs liegt. Dabei kommt den Heimatwerken eine wichtige Bedeutung zu, die weit über den wirtschaftlichen Bereich ins Soziale und Kulturelle reicht.«

Trotzdem gibt es in vielen Regionen des Alpenraumes – und das gilt nicht nur für die Schweiz – kein befriedigendes Arbeitsplatzangebot. Wollen die dort lebenden Arbeitnehmer nicht abwandern oder zu Fernpendlern werden, müssen sie Arbeitslosigkeit und niedrige Einkommen in Kauf nehmen. Und wo ausnahmsweise die Arbeitslosenraten rückläufig waren und die Einkommen gestiegen sind, ist dies wohl zum geringeren Teil auf eine erfolgreiche Strukturpolitik zurückzuführen. Eher darauf, daß viele Arbeitnehmer überhaupt abwanderten – und wer abgewandert ist, der vermindert ja auch automatisch die Arbeitslosigkeit in den Berggebieten ...

Warum versagt aber die Strukturpolitik in den meisten Fällen so offenkundig? Weil, so meinen zumindest die Autoren der Studie »Arbeitnehmerorientierte Strukturpolitik im Alpenraum«, sie im wesentlichen darin besteht, Betriebsgründungen in den weniger entwickelten Gebieten zu subventionieren. Besonders in den siebziger Jahren wurden solche Subventionen gar nicht so selten in Anspruch genommen. Man siedelte allerdings vielfach Betriebe an, die zur Gruppe der »verlängerten Werkbänke« gehören. Es handelt sich dabei meist um Zweigbetriebe großer Unternehmen, die nicht selten Produkte mit ziemlichen Absatzschwierigkeiten herstellen. Derartige Zweigbetriebe haben eigentlich die Funktion eines »Konjunkturpuffers«: In Zeiten expandierender Konjunktur werden die Betriebskapazitäten ausgeweitet; geht das Geschäft schlecht, sperrt man sie ebenso schnell wieder zu. Daß gut ausgebildete Arbeitnehmer kaum bereit sind, in solchen Betrieben zu arbeiten, ist nur verständlich. Sie nehmen lieber auch weiterhin lange Pendelwege auf sich – oder sie wandern ab. In erster Linie schaffen »verlängerte Werkbänke« also Arbeitsplätze für schlecht ausgebildete Arbeitnehmer oder für Frauen, die weniger mobil sind. Sehr häufig findet man in solchen Betrieben trotz hoher regionaler Arbeitslosigkeit daher auch Gastarbeiter in beträchtlichem Ausmaß.

Nun wäre es durchaus möglich, staatliche Subventionen nur bei einer insgesamt deutlich positiven Beschäftigungsbilanz zu gewähren. Die Bereitschaft, die Förderhilfen mit dieser Zielsetzung zu kontrollieren, ist jedoch gering. Schärfere Vorschriften für das Gewähren von staatlichen Beihilfen könnten nämlich dazu führen – so wird nicht zu Unrecht befürchtet –, daß die umworbenen Unternehmen Standorte in den benachteiligten Berggebieten ablehnen und auf Fördermittel verzichten. Die im Auftrag der Georg von Vollmar-Akademie von einer Arbeitsgruppe unter Leitung von Prof. Ganser durchgeführte Expertise »Arbeitnehmerorientierte Strukturpolitik im Alpenraum« kommt daher zu dem Schluß: »Regionalpolitische Förderungsprogramme sind eine äußerst unzulängliche Entscheidungsgrundlage für die Durchführung und die Erfolgskontrolle der regionalen Strukturpolitik.« Nun fehlt es nicht an Vorschlägen, wie die regionale Wirtschaftsförderung wirkungsvoller gemacht werden könnte. So wird etwa vorgeschlagen, die staatlichen Subventionen müßten an Zahl und Qualität der neugeschaffenen Arbeitsplätze gebunden werden. Es müßte eine leistungsfähige Erfolgskontrolle eingerichtet werden. Und schließlich müßte die Vielfalt der strukturpolitischen Subventionen konsequent regionalisiert werden, damit sich die verschiedenen Förderungsprogramme nicht gegenseitig wirkungslos machen. Da sich diese Vorschläge aber politisch wohl kaum durchsetzen lassen, erscheint es naheliegend, nach alternativen Förderungskonzepten Ausschau zu halten, von denen zu hoffen ist, daß sie weniger Konflikte zwischen den entwickelten Regionen und den Berggebieten sowie zwischen Unternehmen und Arbeitnehmern hervorrufen. Das Augenmerk wird dabei auf neuen Produkten liegen müssen und nicht so sehr auf ausgereiften Erzeugnissen mit einem harten

Verdrängungswettbewerb auf ohnehin gesättigten Märkten. Vor allem aber wird man davon Abstand nehmen müssen. in den Berggebieten Produkte zu erzeugen, für deren Herstellung die Standortbedingungen in den Ballungszentren nun einmal unaufholbar günstiger sind.

Modell Österreich: Hilfe zur Selbsthilfe

Die österreichische Bundesregierung hat schon sehr früh Maßnahmen zur Begünstigung benachteiligter Gebiete beschlossen, so etwa ERP-Kredite zu Sonderkonditionen zur Förderung von industriell-gewerblichen Investitionen in den genau umschriebenen Grenz- und ehemaligen Bergbaugebieten oder das agrarische Grenzland-Sonderprogramm sowie die Bergbauernförderung. Im Juni 1979 stellte das Bundeskanzleramt die »Sonderaktion der österreichischen Bundesregierung zur Stärkung entwicklungsschwacher ländlicher Räume im Berggebiet« der Öffentlichkeit vor. Sie wird übrigens von Experten aus der BRD, der Schweiz und Österreich als »der im mitteleuropäischen Raum wohl erste und bislang einzige Versuch, ein regionalpolitisches Förderungsprogramm basierend auf den Grundlagen alternativer Strukturpolitik zu praktizieren«, bezeichnet. Die Sonderaktion der österreichischen Bundesregierung knüpft die Förderung von Projekten in Form nicht rückzahlbarer Beihilfen an die folgenden wesentlichen Bedingungen:

- Es soll sich um »intelligente Produkte« mit »nachhaltigen Marktchancen« handeln;
- für die Produktion sollen in möglichst großem Umfang »regionale Ressourcen« Verwendung finden;
- dabei sollen »einfache, umweltfreundliche, energiesparende und humane Technologien« eingeführt werden;
- insgesamt soll eine möglichst hohe »regionale Wertschöpfung« erreicht werden;
- die Projektträger müssen »Zusammenschlüsse von einzelnen Personen in der Rechtsform von Genossenschaften« sein. Die Beschäftigung von nur lohnabhängigen Arbeitskräften ist nicht zulässig;
- es werden Beihilfen in gleicher Höhe der privat erbrachten Eigenmittel gegeben. Die Beihilfe darf pro Förderprojekt eine Million Schilling nicht überschreiten.

Der Probelauf der Sonderaktion hat in den Jahren 1979/80 trotz der geringen zur Verfügung stehenden Mittel von 20 Millionen Schilling pro Jahr den Bedarf an einem derartigen Instrument für die »Hilfe zur Selbsthilfe« nachgewiesen.

Der Beschluß des Ministerrates, die Sonderaktion bis 1984 zu verlängern, und eine Ausweitung der Budgetmittel auf 30 Millionen Schilling bzw. die Einbeziehung weiterer Regionen in die Förderung sind die Konsequenzen daraus. Der österreichischen Bundesregierung und den mit der Regionalplanung befaßten Stellen ist dabei durchaus bewußt, daß diese Sonderaktion nur beschränkt zur wirtschaftlichen Verbesserung der Lage entwicklungsbenachteiligter Regionen beitragen kann. Die Aktion stellt aber zweifellos eine notwendige Hilfestellung für eigenständige, aus der Region entstandene Projekte dar. Die wesentlichen Aufgaben einer bewußt auf die Region orientierten Wirtschaftsentwicklung liegen aber letztlich bei der Bevölkerung selbst. Es wäre jedenfalls verfehlt, den eher bescheidenen regionalwirtschaftlichen Effekt vieler Projekte im Rahmen dieser Aktion zum Ausgangspunkt der Kritik zu machen. Denn unbestritten wurde hier ein erster Schritt in eine positive Richtung gemacht. Man darf auch nicht vergessen, daß praktisch alle Projekte ohne die Förderung aus der Sonderaktion nicht – oder zumindest noch nicht – zustande gekommen wären, daß also hier Schrittmacherdienste geleistet wurden. Und noch eines ist wichtig: In vielen Projekten kann man eine Wirtschaftsgesinnung erkennen, die sich wohltuend von dem für unser Wirtschaftssystem so typischen Egoismus, Konkurrenzdenken und zügellosen Expansionsstreben abhebt. Hier stehen die demokratische Zusammenarbeit, das Streben nach Kostendeckung und ausreichendem Arbeitseinkommen, das Bewußtsein für ökologische Zusammenhänge und die Qualitätsdimension viel weiter im Vordergrund, als das sonst meist der Fall ist. Mit Stichtag Juni 1981 wurden aus Mitteln dieser Sonderaktion 18 Projekte gefördert. Insgesamt wurden durch die Förderung (11,5 Millionen Schilling) Investitionen in der Höhe von 37,2 Millionen Schilling initiiert. Dazu einige Beispiele:

Das Schaf hat Zukunft

Um die Jahrhundertwende wurden in Österreich fast knapp eine Million Schafe gehalten, 1971 waren es nur mehr etwas über 100.000. Die Gründe für diesen Niedergang der Schafhaltung lagen in der schlechten Konkurrenzsituation der Schafwolle gegenüber der Baumwolle und den Kunstfasern sowie in den Ernährungsgewohnheiten der Österreicher und der niedrigen Einkommensschöpfung der Schafhaltung pro Hektar für die Bauern. Erst in den vergangenen Jahren gibt es wieder Anzeichen dafür, daß das Schaf Zukunft hat. Und tatsächlich hat sich in den letzten zehn Jahren der Schafbestand in Österreich bereits verdoppelt. Das Lammfleisch gehört ja zu den hochwertigsten und gesündesten Fleischsorten – und das wissen immer mehr Konsumenten zu schätzen. Darüber hinaus sind Naturprodukte wieder im Vormarsch, was auch den Absatz von Schafwolle begünstigt. Und schließlich kommt es gerade für Bergbauern mit steilen Wiesen und einem außerlandwirtschaftlichen Nebenerwerb nicht in erster Linie auf die Einkommensschöpfung pro Hektar, sondern auf jene pro Arbeitskraftstunde an. Und hier ist die Schafhaltung ganz eindeutig der Milchviehhaltung überlegen, die am steilen Berg den Nebenerwerbsbetrieb schnell zu einer argen Schinderei werden läßt.

Das waren dann auch die maßgeblichen Gründe, warum 17 Salzburger Bergbauern wieder zu Schafhaltern wurden und sich zur »Tauernlamm-Verwertungs-Genossenschaft mbH.« zusammenschlossen. Ihr Ziel ist die Erzeugung und

Vermarktung von hochwertigem Qualitätslammfleisch. Die 1979 gegründete Genossenschaft, die ihren Sitz in Taxenbach (Salzburg) hat, konnte ihren Umsatz von 400.000 Schilling 1979 im darauffolgenden Jahr bereits auf rund 1,3 Millionen Schilling anheben. Aus der Sonderaktion des österreichischen Bundeskanzleramtes erhielt die Tauernlamm-Genossenschaft 120.500 Schilling für die Anschaffung eines mobilen Grillwagens. Er ermöglicht es den Genossenschaftsbauern, bei Jahrmärkten und ähnlichen Veranstaltungen gegrilltes Lammfleisch aus der eigenen Produktion anzubieten. Dadurch wird einerseits der Zwischenhandel ausgeschaltet – was ein höheres Einkommen der Produzenten bewirkt – und anderseits der Konsument auf die Qualität des Lammfleisches aufmerksam gemacht. Probleme hat die Tauernlamm-Genossenschaft, so seltsam das auch klingen mag, durch die allgemeine Aufwärtsentwicklung der Lammfleischproduktion: Denn jetzt, nachdem die Bergbauern erfolgreich Pionierarbeit geleistet haben, kommen die »großen Fische« und versuchen sich in den geschaffenen Markt zu drängen. Tatsächlich besteht die Gefahr, daß nun Grundbesitzer in der Nähe der Städte in die Lämmermast mit zugekauften Futtermitteln einsteigen und den Markt überschwemmen. Womit wieder einmal in der Landwirtschaft zum Schaden der Berg- und Kleinbauern und der Konsumenten eine Fehlentwicklung einsetzen würde. Auch im Sinne der Zielsetzungen der Sonderaktion muß darauf hingearbeitet werden, daß dieser Produktionszweig den Bergbauern vorbehalten bleibt.

In Ottenschlag im Waldviertel (Niederösterreich) entsteht eine Biorohstoff-Genossenschaft. Sie verwertet die bislang nicht genutzten Holzrückstände zu Holzschnitzeln für eine Verbrennung in Industrie und Gewerbe. Die Bauern dieser Genossenschaft erzielen damit zusätzliche Einkommen und werden, zumindest teilweise, vom teuren Mineralöl unabhängig. Die einseitige Ausrichtung der Waldwirtschaft auf die Produktion von Fichtenstammholz kann durch dieses mit Hilfe der Sonderaktion des Bundeskanzleramtes finanzierte Vorhaben aufgegeben werden.

Ein weiteres Beispiel: In Saalfelden gründeten einige selbständige Elektroinstallationsfirmen die Teser GmbH. & Co. KG. Einkauf, Verkauf, Lagerhaltung, Buchführung, Rechnungswesen und Unternehmensplanung werden gemeinschaftlich geleistet. Die Betriebe haben dadurch ihren Aufgabenbereich erweitert und Beschäftigungen ins Berggebiet geholt, die üblicherweise nur draußen in den großen Zentren angeboten werden. Höherwertige und krisensichere Arbeitsplätze als Alternative zur Beschäftigung in Bauwirtschaft und Fremdenverkehr werden dadurch angeboten.

In der kleinen schweizerischen Gemeinde Waltensberg bei Chur im Rheintal basteln die Dorfbewohner übrigens an einer Alternative zum Chalet-Tourismus herkömmlicher Art – und auch sonst gibt es natürlich noch viel mehr Beispiele.

Sicherlich sind es erst Anfänge, die nicht selten aus der Not oder aus dem Protest geboren wurden. Die Experimente haben selbstverständlich auch Kritiker und mächtige Gegner. »Der größte Feind«, so Karl Ganser, »ist jedoch die Ideenlosigkeit, der geringe Mut und die Unfähigkeit zur Zusammenarbeit.«

Die Berglandwirtschaft wird zwar in allen Alpenländern politisch gehätschelt und als Garant der ökologischen und sozialen Stabilität gepriesen. In Wirklichkeit ist aber auch die Berglandwirtschaft der generellen Technisierung und der Rationalisierung ausgesetzt. Schwierig zu bewirtschaftende Flächen werden nicht mehr genutzt und zumindest an bestimmten Stellen der Erosion preisgegeben. Aufwendige Erschließungen werden in sensible Naturräume hineingetrieben. Die verbleibenden Flächen werden dann zunehmend intensiver bewirtschaftet – und trotzdem hinkt die Berglandwirtschaft im Vergleich zu den Betrieben in Gunstlagen in der Einkommensentwicklung hoffnungslos nach. Seit 1960 ist zum Beispiel in Österreich das Monatseinkommen je Familienarbeitskraft in den Gunstlagen von 3500 Schilling auf etwa 16.500 Schilling gestiegen. In den Berggebieten dagegen von etwa 1000 auf nur rund 4000 Schilling. Der Einkommensunterschied innerhalb der Landwirtschaft beträgt also nicht weniger als 12.000 Schilling pro Arbeitskraft und Monat. Wer viel produziert, erhält auch einen größeren Anteil aus den staatlichen Einkommenssubventionen für die Landwirtschaft, da diese über die staatlich gestützten Agrarpreise verteilt werden. Der Staat trägt also mit seiner Agrarpolitik nicht unwesentlich dazu bei, daß sich die regionalen und sozialen Ungleichheiten im Alpengebiet immer mehr verschärfen. Die Forderung kann daher, wie der Experte Karl Ganser formuliert, nur lauten: Wer in Berggebieten produziert, erhält für seine Erzeugnisse einen höheren Preis. Der Staat muß die Agrarpreissubventionen zugunsten der Berggebiete regionalisieren, wie immer man das administrativ macht. Um die ökologisch schädliche Intensivierung damit nicht anzuheizen, müßten die Subventionen konsequent an die Fläche und nicht an die Produktion gebunden werden. Sie sollten außerdem in der Höhe pro Betrieb begrenzt werden, um die kleinen Betriebe vor der Verdrängung durch die großen zu schützen.

Viele Hirsche sind des Waldes Tod

Angesichts der neuesten Entwicklungen auf dem Sektor der Luftverschmutzung, angesichts eines europaweiten Horrorausstoßes an Schwefeldioxyd und eingedenk der katastrophalen Schäden, die der »saure Regen« in den letzten Jahren auch im alpinen Wald angerichtet hat, erscheint es fast sinnlos, über Möglichkeiten zu sprechen, die dem traditionellen Instrumentarium der Forstwirtschaft entsprechen. Waldbau in allen Ehren – so könnte man meinen –, aber was bringt es, wenn sorgsam gehegte Jungpflanzen letztlich ja doch vom Schwefel zerfressen oder vom Schalenwild (»Der Hirsch, die Kuh des deutschen Waldes«) verbissen werden?

Nun, die Sache mit dem Schwefel wird man sowohl in Europa als auch weltweit blitzartig angehen müssen – sonst ade, du lieber Wald! Wie man mit praktikablen Mitteln dem teuflischen Zeug beikommen soll, ist derzeit noch eher unklar. Leichter tut man sich bei der Wildfrage – zumindest theoretisch. Technische Wildschutzmaßnahmen, wie zum Beispiel die Errichtung von Zäunen, scheiden – von Ausnahmen abgesehen – aus finanziellen, organisatorischen und personellen

Gründen aus. Aber auch mit guter Fütterung läßt sich der Schaden an den gegen Verbiß empfindlichen Baumarten wegen der meist unnatürlich hohen Wilddichte nicht vermeiden. Als einzige Alternative bleibt daher die Wiederherstellung tragbarer Schalenwilddichten. »Erst wenn die Verjüngung der Tanne und anderer wichtiger Baumarten ohne Zaun gelingt«, so der Wiener Waldbau-Professor Hannes Mayer, »kann man von tragbaren Wilddichten sprechen.« Nach einer Verminderung auf etwa ein bis zwei Hirsche oder Rehe pro Hektar wird zu überprüfen sein, ob sich der Verbißgrad in Grenzen hält. Experten sprechen dann von tragbarem Verbiß, wenn in der Entwicklungsperiode der Pflanzen diese nicht mehr als etwa fünf bis zehn Prozent existenzgefährdende Schäden aufweisen. Eine Reduzierung der Schalenwildbestände wird aber nicht nur im Schutzwald, sondern im gesamten Lebensraum notwendig sein. Bis die Idealwerte erreicht sind, schlagen Waldbauexperten vor, einmal die Äsungsverhältnisse zu verbessern (etwa durch Anlegen von Wildwiesen oder -äckern oder durch Begrünen von Wegböschungen), die Winterfütterung im Schutzwaldbereich und anderen Teilen des Waldes einzustellen sowie das Schalenwild im Winter in einem Gatter zu halten. Zur Erleichterung des Reduktionsabschusses müßten entsprechende gesetzliche Maßnahmen – zum Beispiel eine Verlängerung der Abschußzeit – gesetzt werden. Gefordert werden außerdem eine ständige Überprüfung aller Maßnahmen durch unabhängige Wildbiologen sowie eine intensive Überwachung der gefährdeten Schutzwälder.
Eine rein zahlenmäßige Verringerung der Schalenwildbestände ist allerdings nicht ausreichend. »Die herkömmliche Hege, eine von der Haustierzucht abgeleitete Förderung etwa durch Fütterung und medikamentöse Parasitenbekämpfung, muß«, so der Forstmann Prof. Mayer, »abgelöst werden durch eine der Natur nachvollzogene Regulation. Den Luxus einer widernatürlichen Intensivhege im Jagdgatter und vor allem in der freien Wildbahn werden sich in Zukunft nur einzelne, sehr reiche Jäger dann leisten können, wenn durch entsprechende Schutzmaßnahmen – etwa massive Zäune – negative Auswirkungen für die Allgemeinheit unterbunden werden.« Die Lösung der heiklen Wildfrage wird zu einem unbestechlichen Prüfstein der Ernsthaftigkeit der Bemühungen zur dauernden Sicherung der Schutzfunktionen des Gebirgswaldes werden. Es ist sinnlos, viele Millionen für Aufforstung, Wildbach- und Lawinenverbauung oder Alpmelioration auszugeben, wenn nicht gleichzeitig eine großräumige Lösung des Wildproblems erfolgt, die das Gelingen der forstlichen Maßnahmen sichert.
Bei der Senkung der überhöhten Wildbestände geht es sicherlich nicht um die Ausrottung des Schalenwildes. Denn Wald ohne Wild wäre eine verarmte Lebensgemeinschaft. Aber anderseits sind zu viele Hirsche eindeutig des Waldes Tod. Der Jäger muß heute anstelle der ausgerotteten Raubtiere die Regulierung übernehmen. Wald, Wild und Landschaft sollen eine harmonisch aufeinander abgestimmte Einheit bilden. Forstmann Prof. Mayer: »Bei dem Interessenkonflikt Wald – Wild bzw. Jagd und Schutzwaldpflege hat die öffentliche Sicherheit absolute Priorität vor dem jagdlichen Privatinteresse. Untätiges Warten ist waldbedrohend und lebensgefährdend.«

Hirnintensiv hat Vorrang

Die früher übliche enge Koppelung von Energiewachstum und Wohlstand in den Industriestaaten hat dazu geführt, daß es nach dem Überschreiten eines Optimalpunktes durch progressive Überindustrialisierung zu ökonomischen und ökologischen Krisen gekommen ist. »Steigender materieller Standard«, so meint zum Beispiel Prof. J. P. Holdren von der Universität Berkeley (USA), »muß – sofern er mit steigendem Energiekonsum und technischem Umweltverbrauch erkauft wird – zur progressiven Verschlechterung der Lebensqualität führen.«

Gegen die Prognosen der E-Wirtschaft hinsichtlich eines stetig steigenden Stromverbrauches wendet sich unter anderen der Ökologe Bernd Lötsch. Er sieht die Umweltproblematik steigender Stromerzeugung nicht nur in der Belastung durch Kraftwerke, sondern auch im Verschwendungsimpuls. Ein zunehmender Teil der neu hinzu produzierten Energie werde dazu verwendet, immer mehr Rohstoffe in immer mehr Wegwerfprodukte und Schadstoffe zu verwandeln und immer mehr Landschaft zu zerstören. Es sei – so der Umweltwissenschafter – weder wirtschaftlich noch ökologisch weiter vertretbar, den Versorgungsauftrag der E-Wirtschaft ausschließlich als Auftrag zur Mehrproduktion von Strom zu verstehen. Dem Versorgungsauftrag könne ebenso durch Erarbeitung und Popularisierung von Sparstrategien (»Sparen ohne Verzicht«) gedient werden. Eine einfallsreiche Wirtschaftspolitik, so glaubt Lötsch, hätte zahlreiche Möglichkeiten zur Wirtschaftsbelebung, ohne dabei den Stromverbrauch wesentlich zu steigern. »Unsere Devise sollte sein: weg von ›energieintensiv‹ und hin zu ›hirnintensiv‹.«

Jede Energienutzung ist schließlich mit Auswirkungen auf die Umwelt verbunden, die von der Größe des Projektes mitbestimmt werden. Man darf zum Beispiel nicht vergessen, daß bei der Energieumformung Abwärme entsteht, die dem Ökosystem Erde zugeführt wird. Jede Energiezunahme bringt uns aber durch die Abwärme näher an jenen kritischen Punkt, der zu Klimaverschiebungen und damit auch zu globalen Veränderungen der Fauna und Flora führen kann. Unabhängig davon hat die Natur mit ihren seit Jahrtausenden entwickelten Ökosystemen das Recht auf eine ungestörte Selbstentfaltung und Eigengesetzlichkeit. »Eine totale und rücksichtslose Energienutzung, wie sie vielfach von der Energiewirtschaft aus pseudowirtschaftlichen Gründen angestrebt wird«, so der Ökologe Prof. Wolkinger, »ist abzulehnen.«

Im Rahmen jeder regionalen und nationalen Raumplanung sind daher – meinen viele Umweltwissenschafter – große energiewirtschaftlich nicht genutzte Zonen auszuweisen, die der natürlichen Regeneration der Natur dienen. Diese Zonen können gleichzeitig als großflächige Schutzgebiete oder als Nationalparks mit biogenetischen Reservaten verbunden werden. Ihnen kommt die wichtige Funktion als ökologische Ausgleichsräume zu. Eine weitere wesentliche Forderung besteht darin, daß bei allen Eingriffen in die Umwelt und bei allen Projekten der Energiewirtschaft im Alpenraum eine gesetzlich verpflichtende Umweltverträglichkeitsprüfung durchgeführt wird. Prof. Wolkinger: »Es geht nicht an, daß nach jahrzehntelangen Planungen seitens der Techniker die Ökologen und

Umweltschützer nur mehr als Auskunftspersonen beigezogen werden. Der Ökologe muß als gleichberechtigter Partner von Anbeginn an allen Planungen beteiligt werden. Der Gesetzesauftrag, auf den sich die Energiewirtschaft immer bezieht, Energie ›um jeden Preis‹ bereitzustellen, muß in einen ökologisch formulierten Auftrag umgewandelt werden, der auch die Belange der Natur berücksichtigt.«

Nicht zuletzt wird es notwendig sein, in den Alpenländern das Wasserrecht neu zu überdenken, das bisher die Trockenlegung ganzer Flußtäler zugelassen hat. Wolkinger: »Die Verantwortung für unseren gesamten Lebensraum – nicht nur für den Moment, sondern auch für die Zukunft – verlangt den Einsatz aller ökologischen Strategien, die dem denkenden Menschen zur Verfügung stehen.«

Mit den Auswirkungen der Energiepolitik auf die alpine Umwelt beschäftigt sich auch die CIPRA, die »Internationale Alpenschutzkommission«, anläßlich ihrer Tagung im September 1982 in Gaschurn (Vorarlberg). Einstimmigkeit herrschte unter anderem darüber, daß die Belastung der kleinräumigen, ökologisch empfindlichen Alpenregion an einer Schwelle angelangt sei, die jeden weiteren Eingriff schmerzlich erscheinen läßt. Da man aber von den Energieversorgungsunternehmen nicht erwarten könne, daß sie von sich aus auf eine weitere Expansion verzichten, liege es an der öffentlichen Meinung und am politischen Willen, dem Streben nach betriebswirtschaftlichem Maximum das Ziel des volkswirtschaftlichen Optimums entgegenzusetzen. Die bisher übliche Energiepolitik müsse, so die CIPRA, durch eine Politik der Bedürfnisbefriedigung im Sinne der Erhaltung und möglichen Verbesserung der Lebensqualität der Bevölkerung abgelöst werden.

In diesem Zusammenhang erinnert die »Internationale Alpenschutzkommission« auch daran, daß der Alpenraum früher in seiner Energieversorgung weitgehend selbständig war – was heute nicht mehr der Fall ist. Die Gebirgsregion könnte aber eine weitgehende Energieselbständigkeit wieder erreichen, meinten die CIPRA-Delegierten, wenn man – abgestimmt auf die Bedürfnisse der einzelnen Talschaften – alle Möglichkeiten sanfter Energie nutzen würde. Zu der Nutzung alter konventioneller und neuer alternativer Energieformen gehört etwa die vermehrte Verwendung von Holz, Biogas und Sonnenenergie.

In einer Deklaration faßte die CIPRA schließlich ihre Forderungen zur Energiepolitik und ihren Auswirkungen auf die alpine Umwelt in kurzer Form zusammen. In dem Papier heißt es unter anderem:

– In den einzelnen Alpenländern sind Pilotprojekte der Kombination verschiedener Technologien vom Staat zu fördern.

– Zwischen den Vertretern der Energiewirtschaft und des Naturschutzes hat ein ständiger Dialog stattzufinden.

– In einer verbindlichen Form soll eine Gesamtkonzeption des noch möglichen Ausbaues der Wasserkräfte unter Abwägung des Gesamtnutzens festgelegt werden. Dabei sind anhand von Inventaren diejenigen Gebiete auszuscheiden, die vor markanten Eingriffen aller Art zu schützen sind. Unabhängig davon bleibt auch die übrige Landschaft schonenswert.

– Für alle Kraftwerksprojekte und Transportleitungen ist eine Umweltverträglichkeitsprüfung verbindlich festzulegen. Die Richtlinien dieser Umweltverträglichkeitsprüfung sind dem jeweiligen Stand der Technik und dem zunehmenden Umweltverbrauch anzupassen.

– Touristische Erschließungen sind auch unter Energiegesichtspunkten zu prüfen. Der fremdenverkehrsspezifische Energieverbrauch von Betrieben und Anlagen ist zu untersuchen, und Entscheidungshilfen für den Einsatz energiesparender Technologien im Tourismus sind auszuarbeiten.

– Der Zweitwohnungsbau ist zur Unterbindung von Energieverschwendung in nicht dauernd bewohnten Häusern gesetzlich weiter zu begrenzen, etwa im Rahmen der Raumordnung.

– Örtliche und regional integrierte Energieversorgungskonzepte sind in besonderen Testgebieten auszuarbeiten und die Ergebnisse zu veröffentlichen.

Gefordert wird neben einer rationellen Energieverwendung (z. B. durch Wärmedämmung, Isolierverglasung und Installierung energiesparender Heizsysteme) und der schrittweisen Substituierung des Heizöls (der Alpenraum ist heute zu etwa 80 Prozent vom Öl abhängig!) der Ausbau der Fernwärme in den dichtbesiedelten Haupttälern, etwa in Form der Nutzung der Abwärme von Industriebetrieben. Wo ein Ausbau der Fernwärmeversorgung nicht möglich ist, sollte die Gasversorgung verstärkt gefördert werden. Und schließlich empfehlen die Experten der CIPRA den verstärkten Einsatz regenerativer Energiequellen, wie etwa Biogasanlagen, Holzschnitzelfeuerungen, Nutzung von Sonne, Wind und Erdwärme sowie Nutzung der Umgebungswärme durch Wärmepumpen.

Von der Politik des Möglichen zur Politik des Notwendigen

Die Krise im Bereich Verkehr und Umwelt ist zugleich eine Krise der Planungsmethoden. Denn Verkehrsplanung und -politik versuchen dem Druck der steigenden Motorisierung in erster Linie durch expansive Straßenbauplanung und erst in letzter Zeit auch durch den Ausbau öffentlicher Verkehrsmittel zu begegnen. Die Planung erfolgt dabei überwiegend in Form einer Anpassung. Der Verkehrslawine und dem drohenden Infarkt kann aber nur durch ein Umpolen und durch die bewußte Förderung des öffentlichen Verkehrs – wo immer das möglich ist – entgegengewirkt werden. Es geht dabei sicherlich nicht um eine Verteufelung des Privatverkehrs, wie manche Automobilorganisationen es gerne nennen, sondern lediglich um dessen Steuerung und Kontrolle. Es soll durchaus keine »Mystik des öffentlichen Verkehrs« geschaffen werden. Vermutlich bleibt das Auto auch in den kommenden Jahren das bevorzugte Verkehrsmittel vor allem im Tourismus. Da aber schon heute vielen Erholungsorten der Erstikkungstod droht, kann die Alternative nur Förderung des öffentlichen Verkehrs und der kollektiven Verkehrsmittel heißen. Wenn von manchen Planern die Auffassung vertreten wird, das Zirkulieren von Personenwagen etwa innerhalb eines Ferienortes sei »als ein Element der Belebung« anzusehen, das »einem allgemeinen Gästebedürfnis entspreche«, so handelt es sich dabei schlicht und einfach um einen plumpen Rechtfertigungsversuch für traurige Fehlleistungen. Umweltgerechte Straßenplanung kann nur dann als tatsächlich »umweltgerecht« bezeichnet werden, wenn dabei die Wirkungsmechanismen der gesamträumlichen Strukturentwicklung berücksichtigt und beachtet werden. Verkehrs- und damit Straßenplanung kann nicht isoliert vorgehen und sich nach dem »Bedarf« richten, sie muß vielmehr Bestandteil einer durchdachten räumlichen Strukturplanung sein und sich sozusagen in mehreren Durchläufen einem »Ideal« – das aber immer ein Kompromiß sein wird – annähern. Grundsätzlich ist jenes Verkehrsbedürfnis, das gar nicht erst entsteht, das beste. Daher sollten auch sämtliche raumplanerische Überlegungen davon ausgehen, das zu erwartende Verkehrsaufkommen zu minimieren. Dipl.-Ing. Luzian Paula: »Der daraus resultierende Beitrag zum Schutz der Umwelt dürfte auf lange Sicht wirksamer sein als die nachträgliche Begrünung von Straßenböschungen oder die Errichtung von Lärmschutzwänden entlang von Straßen, deren Trassenführung dem Umweltschutzgedanken hohnsprechen.«

Zu den kurzfristig realisierbaren Maßnahmen auf dem Gebiet der Straßenverkehrsplanung zählt etwa die Entlastung von Ortsgebieten durch Umfahrungsstraßen. Eine Untersuchung in der BRD hat zum Beispiel gezeigt, daß durch die Trennung von kleinräumigem Lokalverkehr und großräumigem Durchzugsverkehr Verringerungen des Schallpegels im Ortsgebiet um sechs bis acht Dezibel zu erreichen sind. Lkw-Fahrverbote zählen ebenfalls zu den restriktiven Maßnahmen und werden im allgemeinen während der Nachtstunden zur Senkung des Lärmpegels angeordnet.

Ein weiterer Aspekt: Die Bewohner der Bergregionen sind in erster Linie an einer Verbesserung der innerregionalen Verkehrswege und hier wiederum an öffentlichen Verkehrsmitteln interessiert. Der innerregionale Verkehrswegeausbau ist nämlich Voraussetzung für ein besseres Funktionieren des regionalen Arbeitsmarktes sowie für die Beteiligung an der allgemein schulischen und der beruflichen Ausbildung. Diesem Aspekt ist daher Vorrang vor der Anbindung an den Fernverkehr auf der Straße zu geben. Leider ist in der Praxis genau das Gegenteil der Fall. Trotzdem kann auch eine Verbesserung der Fernverkehrswege die gesamte regionale Entwicklung im Alpenraum positiv beeinflussen. Wesentliche Voraussetzung dafür ist aber, daß die innerregionalen Verhältnisse vorher oder zumindest zur gleichen Zeit mit entwickelt werden. Denn sonst besteht die Gefahr, daß Fernverkehrswege nicht »erschließen«, sondern »entleeren«. So spielen zum Beispiel für die Produktion gewerblicher Güter Reisezeitverbesserungen von ein bis zwei Stunden (und in diesem Bereich bewegt sich der Effekt von Schnellstraßen) keine entscheidende Rolle. Eine nennenswerte Verbesserung der Marktposition von Betrieben ist durch die Verkürzung der Distanzen beim Import von Vorlieferungen und beim Export von gewerblichen Gütern nicht zu erwarten. Demgegenüber vergrößert eine bessere innere Verkehrserschließung im Berggebiet den regionalen Arbeitsmarkt, weil mehr Pendler innerhalb zumutbarer Zeiten ihre Arbeitsstätten erreichen können.

Da rund 90 Prozent der von der Bergbevölkerung zurückgelegten Wege im Nahbereich liegen, ist dieser Aspekt verständlicherweise vorrangig.

Zur Prüfung der Umweltverträglichkeit von Fernstraßen hat übrigens das Münchener Alpeninstitut schon vor einiger Zeit eine Methode ausgearbeitet, die es ermöglicht, Umweltziele rechtzeitig und systematisch zur Geltung zu bringen. Mit Hilfe dieser Umweltverträglichkeitsprüfung läßt sich ermitteln, welche Umweltveränderungen durch den Bau und Betrieb einer Fernstraße zu erwarten sind, wie diese zu bewerten und welche Lösungen möglich sind, um schädliche Umwelteinwirkungen entweder überhaupt zu vermeiden oder zumindest auszugleichen oder zu mindern. Das Verfahren wurde an einem 20 Kilometer langen Teilstück der Autobahn 98 zwischen Kempten und Lindau (BRD) getestet. In einer ersten Phase wird dabei der gesamte Untersuchungsraum, der für eine mögliche Trassenführung in Betracht kommt, in Quadratraster unterteilt. Man versucht dabei, in Betracht kommende Korridore zu ermitteln, also Bereiche, wo möglichst wenige Konflikte zu erwarten sind. In einer zweiten Phase prüft man dann anhand von zwei oder auch mehr relativ umweltfreundlichen Alternativen für die geplante Trasse des Projektes, wie sich etwa Flächenversiegelung, Lärm- und Abgaszonen, Abwasser, visuelle Beeinträchtigungen oder eine zu geringe Durchlüftung des Gebietes auswirken werden. Wo sich Störungen mit bereits bestehenden Nutzungen überlagern, entstehen Konfliktzonen. In einer Liste kann dann für jede mögliche Trasse angegeben werden, welche Räume durch welche Störungen wie stark beeinträchtigt werden. Mit Hilfe verschiedener Auswertungsverfahren sind die Experten schließlich in der Lage, für jede Trassenvariante sozusagen »auf einen Blick« die zu erwartende Gesamtbelastung zu prognostizieren.
Nun wird es in der Praxis natürlich nicht so sein, daß die Wahl der Trassenführung ausschließlich nach den Kriterien der Umweltverträglichkeitsprüfung verwirklicht wird. Selbstverständlich kommen dann noch wirtschaftliche, politische, rechtliche und einige andere Gesichtspunkte dazu. Die Prüfung gewährleistet aber, daß Umweltgesichtspunkte den gesamten Planungsprozeß begleiten. Eines kann man allerdings mit dieser Methode nicht: nämlich die Frage entscheiden, ob etwa eine geplante Autobahn als solche sinnvoll ist bzw. ob sie insgesamt mehr Nutzen als Nachteile verspricht. Dazu wäre es notwendig, die Straße in ihrer gesamten Länge zu prüfen und außer den Umwelteinflüssen auch sämtliche sozioökonomischen Effekte des Vorhabens zu erfassen, zu bewerten und gegeneinander abzuwägen.
Auf der im November 1981 in Meran (Südtirol) durchgeführten Tagung »Verkehrspolitik und Umwelt im Alpenraum« der CIPRA wurde übrigens übereinstimmend festgestellt, daß die nötigen und zum Erhalt der Kulturlandschaft wünschbaren Kommunikationswege und -systeme heute bereits geschaffen und auch ausreichend sind. Weitere Straßen würden lediglich der Bedürfniserwekkung dienen. In verschiedenen Fällen sei auch die Belastbarkeit der Natur bereits erreicht, wenn nicht sogar überschritten. Weitere Alpentransversalen, vor allem in Form von Autobahnen (ausdrücklich wurden die beiden Projekte Ulm–Füssen–Reschen–Mailand sowie München–Zillertal–Dolomiten–Venedig genannt), seien ökologisch nicht mehr zumutbar. Da die Transportbedürfnisse durch den Alpenraum aber in Zukunft noch zunehmen werden, empfahlen die

CIPRA-Experten einen verstärkten Wechsel von der Straße auf die Schiene, wo noch Kapazitäten frei sind.
Von der CIPRA-Tagung in Meran wurde schließlich eine Resolution beschlossen, in der die Grundsätze und Ziele für eine zukünftige Verkehrspolitik im Alpenraum festgelegt sind. Es heißt in diesem Papier unter anderem:
– Der gesamte Durchgangsverkehr durch die Alpen ist in Korridore zu lenken, wobei die bestehenden Achsen optimal auszulasten sind. Der Bau neuer Korridore ist zu vermeiden. Wenn unabdingbar nötig, muß er unter ökologischen Gesichtspunkten vertretbar sein. Wer neue Verkehrsanlagen erstellen will, hat deren ökologische Unschädlichkeit vorher nachzuweisen.
– Langfristig ist eine Umschichtung des Verkehrs im Alpenraum von der Straße auf die Schiene vorzunehmen, insbesondere beim Güterverkehr, soweit möglich aber auch beim Personenverkehr.
– Die Bevölkerung ist bei der Ausarbeitung neuer Projekte in den Entscheidungsprozeß einzubeziehen. Projekte von überregionaler Bedeutung sind auch überregional bzw. international zu koordinieren. Sie haben flexibel zu sein, damit sie an die sich ändernden Rahmenbedingungen angepaßt werden können.
– Auch im Alpenraum sind verkehrsarme und verkehrsfreie Zonen in der Regionalplanung zu berücksichtigen. Der individuelle Flugverkehr in den Alpen ist einzuschränken und fallweise zu verbieten.
– Die Dimensionierung von Verkehrsanlagen ist noch weniger als bisher auf den Spitzenbedarf auszurichten. Zur Vermeidung extremer Spitzen sind organisatorische Maßnahmen, bei jeder Veränderung ökologische Ausgleichsmaßnahmen zu treffen. Bei der künftigen Verkehrspolitik im Alpenraum hat die Ökologie im Gesamtinteresse vor der Ökonomie zu stehen. Es ist von der »Politik des Möglichen« zur »Politik des Notwendigen« überzugehen.

Initiativen für humane Freizeitarchitektur

Architekten haben in den letzten 50 Jahren im Städtebau befruchtend, oft auch missionarisch gewirkt und – wie sie meinten – menschheitsbeglückende Ideen von Wohn- und Lebensformen entwickelt. Bei den einfacheren Problemen zu Beginn des Jahrhunderts waren sie tatsächlich nicht ohne Erfolg. Später aber zeigte sich, daß das Dilettieren auf dem Gebiet der Soziologie verhängnisvoll war. Denn die neuen Wohnideen hatten ungeahnte Nebenwirkungen auf Psyche und Gesundheit und steigerten die Kriminalität. Das ging so weit, daß man den alten Slums nachtrauerte. »Soll sich das nun«, so fragt der Architekt Tino Walz, »beim Zweitwohnungs- und Ferienzentren-Bau wiederholen?« Als größte Gefahr für die Landschaft bezeichnet Walz übrigens die kleinen Baulöwen. Sie hätten keine Ambitionen, suchten keine neuen Wege, sie bauten, was geht – und das ohne innere Beteiligung.
Die Architektur verschiedener neuer Ferienzentren mag vielleicht den ästhetischen Ansprüchen modernen Bauens entsprechen, wie sie gegenwärtig in der

Berufswelt der Architekten gelten. Dabei wird aber sicherlich zuwenig berücksichtigt, ob sich die Menschen in dieser mehr oder weniger puristischen, funktionalistisch strengen Formenwelt wohl fühlen und ob darin das Gefühl der Vertrautheit und der Geborgenheit aufkommen kann, das nun einmal zur Entspannung und Erholung gehört. Es darf bezweifelt werden, ob die neuen Ferienstädte mit dem Manhattan-Look wirklich bedürfniskonform sind, wie ihre Erbauer zu behaupten nicht müde werden. Es wäre zu untersuchen, ob der Gast aus der Großstadt, der sich tagsüber auf den Schipisten tummelt, abends – wenn er nach Hause kommt – einen Kontrast zum intensiven Naturerlebnis sucht und tatsächlich eine Siedlungsform erwartet, die ihm die von zu Hause gewohnte Lebensform gestattet. Es liegt der Verdacht nahe, daß es sich bei derartigen Behauptungen um nachträgliche Rechtfertigungsversuche handelt. Und vermutlich haben jene Kritiker recht, die behaupten, man hätte bei all diesen Neuplanungen den Menschen nicht mitbedacht und den Touristen lediglich als emotionsloses, devisenbringendes Wesen begriffen. Man wünschte Touristen, aber es kamen Menschen ...

In den Ferien lebt man anders als in der Stadt. Diese Feststellung soll sich aber nicht nur auf den Sport, das »süße Nichtstun« oder auf die andere Landschaftskulisse beziehen. Es sollte mehr sein, ein wirklicher Wechsel, ein Ausgleich zur gerasterten Welt der Stadt, zu den toten Materialien. Aus der Gleichförmigkeit der Städte sollte man in eine durch die Architektur eindeutig den Landesteil charakterisierende Umgebung versetzt werden. Man sollte erkennen, daß man sich in einem anderen Kulturkreis befindet. Die weltweit typisierten Ferien-Silos mögen für die Unternehmer noch ein Geschäft sein. Für Familien mit Kindern sind sie nicht geeignet – und die meisten können sie auch nur für kurze Zeit ertragen. Vergessen wir nicht: Das Folkloristische mag kitschig sein, ist aber immer freundlich und selten monoton. Außerdem ist es beständig.

Die Frage, ob »heimattümelnde« Bauweise die einzige Möglichkeit ist, beantwortet der Architekt Tino Walz so: »Gehen wir von der Qualität aus (und schließen damit die kitschigen, übertriebenen, falsch dekorierten Chalets und die auf geschnitzte Bauernhöfe zusammengeschrumpften Landhäuser aus), so würde ich die Frage ohne Zögern mit Ja beantworten. Ich möchte sogar sagen, daß wir auch noch die zweite und die dritte Qualität in Kauf nehmen können. Selbst die schlechteste Heimatarchitektur kann in den Bergen keine so verheerende Wirkung auf Landschaft und Dorfbild ausüben wie das ›freie Bauen‹ in mittlerer bis guter Qualität.« Da es ungemein schwer ist und schöpferischer Fähigkeiten bedarf, neue Formen zu entwickeln, die sich der jeweiligen Landschaft und Kultur einfügen, bleiben – so Walz – für den Durchschnittsarchitekten nur zwei Wege: die armseligen Rasterblocks vorstädtischer Architektur auch im Ferienort zu bauen oder sich in alten Bauformen zu versuchen.

Worin sollte sich also die Freizeit- und Ferienarchitektur von der »Alltagsarchitektur« unterscheiden? Nun, die Bauten dürfen einmal grundsätzlich nicht nur einer rationalistischen Ästhetik entsprechen, sondern müssen diejenigen, die sich darin und darum aufhalten, auch emotional ansprechen. Sie sollen gemütlich, also das Gemüt ansprechend, wirken. Die Architektur soll den Eindruck des

Ursprünglichen, Folkloristischen, Gewachsenen hervorrufen. Sie soll nicht »geplant« wirken, sondern wie etwas gleichsam unabsichtlich Entstandenes, außerhalb des Rationellen Liegendes. Die wie zufällig scheinende Abweichung von der Regelmäßigkeit läßt an Handarbeit und rustikale Baumethoden denken, die mehr oder weniger dem »Prinzip der geglückten Züge« und den »kleinen Fehlern« Raum lassen. Und schließlich soll durch die Verwendung echter, traditioneller und landestypischer Stilelemente dem »Allerwelts-Stil« ausgewichen werden.

Auf nationaler und internationaler Basis sind daher, so fordert Jost Krippendorf, Initiativen zur Entwicklung einer echten Freizeitarchitektur und zur Formulierung entsprechender Grundsätze zu lancieren. Die Honorarordnungen der Architekten, so meint er, sind so zu revidieren, daß künftighin Qualität und nicht Quantität entlohnt wird. Die sich den Architekten bietende einmalige Chance für eine humane Umweltgestaltung für die Freizeit soll schließlich kein leeres Wort bleiben. Weil Architekten die Hauptverantwortung für die Siedlungsgestaltung haben, sollten die Mindestanforderungen für ihre Berufsausbildung erhöht werden. Gleiches fordert Krippendorf übrigens auch für den Beruf des Planers. Der Wissenschafter: »Leider gibt es heute kaum Untersuchungen, die zu ergründen versucht hätten, welche Bauformen die Touristen bevorzugen. Wenn eine Waschmittelfirma ein neues Produkt herausbringt, werden von einem Marktforschungsinstitut genaue Erhebungen angestellt. Man wendet für solche Untersuchungen viel Geld auf. Denn man weiß, daß nur so die Gefahr vermieden werden kann, am Markt vorbeizuproduzieren. Auf dem Tourismussektor werden aber jedes Jahr Milliardenbeträge in den Erholungslandschaften verbaut und damit deren Gesicht verändert – aber niemand kommt auf die Idee, dies müsse vorher – im Interesse des Landes und der Urlauber – getestet werden.«

Hart ins Gericht geht der Fremdenverkehrsforscher auch mit den Zweitwohnungen. Sein Urteil: »Zweitwohnungen, die 300 Tage im Jahr nicht benützt werden, sind ein gefährlicher volkswirtschaftlicher Unsinn.« Deshalb müßten mehr Mittel und Wege gefunden werden, um die Besitzer bereits bestehender Zweitwohnungen zu veranlassen, ihre Ferienhäuser und -wohnungen, wenn sie sie nicht selbst belegen, weiterzuvermieten. Anderseits ist die Entstehung neuer, nicht zur Weitervermietung bestimmter Ferienwohnungen zu verhindern. Oder – anders ausgedrückt: Neue Betten in Chalets, Ferienwohnungen und Apartmenthäusern nur dann, wenn die Garantie der Bewirtschaftung gegeben ist. Weiters, so Krippendorf, sind geeignete Maßnahmen zu treffen, um den Anteil an hotelmäßig bewirtschafteten Betten in den Ferienorten möglichst hoch zu halten. Möglich werden diese erwünschten Maßnahmen allerdings erst dann sein, wenn eine entsprechende legistische Basis geschaffen wird.

Ein Plädoyer für die Seele

Für den rationalen Einsatz der Sozial- und Naturwissenschaften sowie der Technik plädierte Dr. Martin Dolp in einer Studie über rechtliche Möglichkeiten zum Schutz der alpinen Landschaft. Aber nicht für deren Mystifikation, und erst recht nicht für deren Preisgabe. In einem Beispiel verdeutlicht der Wissenschafter seine Überlegungen: »Stellen Sie sich eine Landschaft vor, die Sie aus irgendwelchen Gründen liebgewonnen haben. Vielleicht eine Berglandschaft, die Sie mit Ihren Eltern, Ihrer Familie, Ihren Freunden durchwandert haben. Würden Sie nun behaupten, daß das Vergnügen, das Sie an dieser Landschaft genießen, lange anhielte, wenn Sie von vornherein davon überzeugt wären, daß die Farben und Formen, die Sie sehen, *bloß* Formen und Farben sind? Daß alle Landschaftsgefüge, in denen diese Farben und Formen eine Rolle spielen, rein subjektiv sind und keinerlei Beziehung aufweisen zu irgendeiner sinnvollen Ordnung oder Ganzheit? Daß diese Landschaftselemente einfach und notwendigerweise nichts ausdrücken? Wenn sie nichts ausdrücken, ist ein Spaziergang durch die Landschaft dann nicht mehr notwendig. Und so wird der Begriff Landschaft selber sinnlos und willkürlich. Sie würden dann keine Landschaft in der Wirklichkeit brauchen. Ein Film würde als Ersatzerlebnis genügen . . .«

Dolp zieht aus diesen Überlegungen folgende Schlußfolgerung: »Wollen wir die alpine Landschaft schützen, so sollten wir den ›Imperialismus der instrumentellen Vernunft‹ – der nur das Meß- und Wägbare gelten lassen will –, nicht aber die Vernunft an sich bekämpfen.«

Aus seiner ganz persönlichen Sicht artikulierte vor einiger Zeit auch der bergsteigende Bischof von Innsbruck, Reinhold Stecher, die Sorge um den Lebensraum Alpen. Er beschäftigte sich mit dem Phänomen der Innenweltverarmung des Menschen und stellte die Frage: »Was nützt es dem Menschen, wenn er die ganze Welt gewinnt, aber an seiner Seele Schaden leidet?« Wir erleben heute zuviel und wir erleben zu schnell, meinte er. Wir erleben zu laut, und letztlich auch zu mühelos. Wir haben zu viele Knopfdruckerlebnisse, die nichts kosten – außer dem weitgehenden Verlust, etwas wirklich erleben zu können. Und dieses Defizit – so der alpenerprobte Seelsorger – ist etwas außerordentlich Belastendes. Die Menschen der zivilisierten Welt müssen sich in der überwiegenden Zahl der Fälle mit »second-hand-Erlebnissen« abfinden. Wir erleben durch das Schnellzugsfenster und die Autoscheibe, wir erleben die Welt über den Fernsehschirm, die Tonkonserve, die Illustrierte und die Filmleinwand. Wir sind zwar theoretisch live dabei, aber praktisch doch nur Zuschauer und keine Mitspieler. Der Schweizer Anthropologe und Biologe Adolf Portmann hat einmal festgestellt: »Das primäre Erleben von Natur ist eine gründende Form des Daseins.« Und weiter: »Wo diese Form des Erlebens vernachlässigt wird, leidet die ganze Ausformung des Menschen.«

Als eine der ganz großen Erlebnismöglichkeiten aus wirklich »erster Hand« bezeichnet Bischof Stecher die Begegnung mit dem Berg und damit mit dem Alpenraum. Eine Begegnung, die man sich verdienen muß. »Der Berg ist darüber hinaus imstande«, so der Innsbrucker Seelsorger, »eine wichtige Dimension des Menschen wieder wachzurufen, die in unserer Welt sehr leicht verschüttet wird – nämlich die Dimension der Ehrfurcht.« Die Berge stellen damit einen wichtigen Faktor für Millionen von zivilisationsgeschädigten Menschen dar, die in den Alpen in Wirklichkeit doch mehr suchen als nur gute Restaurants,

Freizeitzentren, Bäder oder Pisten. »Wir haben«, so Reinhold Stecher am Ende seines »Plädoyers für die Seele«, »in der Epoche, die hinter uns liegt, nur den ersten Teil des in der Genesis formulierten Schöpfungsauftrages berücksichtigt. Wir haben bebaut, gestaltet, organisiert, erschlossen, verdrahtet – manchmal auch vermarktet. Jetzt ist es an der Zeit, daß wir uns auf den zweiten Teil des Schöpfungsauftrages besinnen und den Garten Eden auch behüten. Denn erst beides zusammen, nämlich das Bebauen und das Behüten, macht diese Welt zu einer Welt des Menschen.«

Die Eroberung der Alpen

Der erste Bergsteiger, ein Neandertaler? – »Heilige« Berge – Petrarca erstieg einen »Schottermugl« – Herrenbergsteiger-Denken prägte die Historie – Die erste richtige Klettertour – Warum gibt es eigentlich diese sinnlosen Berge ...? – Auf Europas höchstem Gipfel – Schiller »warb« für die Alpen – Alpin-Show in London – The Playground of Europe – Die Tragödie am »Löwen von Zermatt« – Wie die Mord-Wand zu ihrem Namen kam

Der erste Bergsteiger, ein Neandertaler?

Seit Urzeiten hat man die Berge für den Sitz schrecklicher und rätselhafter Kräfte gehalten. Unerklärliche Erscheinungen, wie Lawinen oder Gletscher, flößten den Menschen Angst ein. Dementsprechend schenkte man den Bergen so wenig Beachtung wie nur irgend möglich. In dem 1890 erschienenen Buch »Die Entwicklung der Hochtouristik in den Österreichischen Alpen« schrieb der Alpinhistoriker Josef Rabl: »Jahrtausende lang hatten sich die Völker im Flachland und in den weiten fruchtbaren Tälern entwickelt und verbreitet, bekämpft und verdrängt, bevor eines Menschen Fuß dahin gedrungen war, wo die stolzen Eisnadeln wild zerklüfteten Gletscher ertragen, wo der trübe Wildbach schäumend und gurgelnd durch festgestaute Lawinenmassen sich Bahn bricht ... Der Sage und abergläubischen Furcht waren diese Regionen geweiht, und die Elemente allein herrschten dort schrankenlos. Wanderer, Kaufleute, Pilgrime, ja selbst Heerscharen kreuzten die Alpen, aber mit sorgfältiger Wahl des kürzesten Weges, mit abgewandtem Antlitz, mit einer Verwünschung auf den Lippen zu Anfang oder einem Dankgebet im Herzen am glücklich erreichten Ende der Reise.«

Soweit die allgemein verbreitete Lesart von den Alpen als »gräßlichen und häßlichen Auswüchsen der Erdoberfläche«. Und in der Tat schrieb ja auch schon Livius von den »foeditas alpium«, »unbewohnbar im Grunde für zivilisierte Menschen und daher am besten zu meiden«. Trotzdem spricht vieles gegen diese Auffassung von der absoluten Unwirtlichkeit.

»Beschäftigt man sich etwas näher mit der Kulturgeschichte – wobei unter Kultur nicht nur die schönen Künste zu verstehen sind, sondern das Leben des Menschen schlechthin, sein Brot- und Weinerwerb, also auch mit der Wirtschaftsgeschichte –, so ändert man sehr rasch seine Meinung«, meint Dr. Fritz März, der 1. Vorsitzende des Deutschen Alpenvereins. »Zahlreiche Kulturstätten bezeugen nicht nur die frühe Anwesenheit menschlicher Wesen im Alpenraum, sondern auch deren Kulturstand, der keineswegs als barbarisch bezeichnet werden kann.« Nachdem man schon 1904 in der Wildkirchlihöhle in der Ostschweiz altsteinzeitliche Werkzeuge, Waffen und Reste von Feuerstätten gefunden hatte, ergab sich der logische Schluß, daß für den Neandertaler auch schon Höhen von 1500 Metern Lebensraum und damit Jagdgebiet waren. Diese Erkenntnis war damals eine archäologische Sensation. Zwischen 1917 und 1923 gruben die Wissenschafter dann in dem 2450 Meter hoch gelegenen »Drachenloch« bei Vättis. In etwa zwei Meter Tiefe fanden sie eine Steinkiste, in der sieben Höhlenbärenschädel kultisch bestattet waren. Das bedeutete aber nicht mehr und nicht weniger, daß sich der Neandertaler (der in den Alpen noch vor der letzten Eiszeit, also etwa 60.000 bis 70.000 Jahre vor Beginn unserer Zeitrechnung, lebte) bei der Herstellung der Steinkiste etwas »gedacht« haben muß. Ob er die Trophäen höheren Wesen opfern wollte oder ob die Schädel als Jagdzauber dienten, kann man heute natürlich nicht sagen. Jedenfalls bezeichnet man das »Drachenloch« nach diesen Funden als »ältestes Heiligtum Europas und wohl auch der Erde«. Und der Neandertaler – so der schreibende Bergsteiger Karl Lukan –, den man sich bisher nur so als eine Art Halbaffen vorgestellt hatte, bekam plötzlich menschlichere Züge. Vor diesem wissenschaftlichen Hintergrund sollte man aber die Überlegungen nicht vernachlässigen, ob es nicht denkbar wäre, daß der Neandertalermensch von seinem Drachenloch nicht vielleicht auch noch die paar Meter zum Gipfel des Drachenberges hinaufgestiegen sein könnte. Eben nur so – um auf diesem Gipfel oben gewesen zu sein. Muß man also den Neandertaler als ersten Bergsteiger zumindest in Erwägung ziehen? Nun, diese Annahme ist – wie wir gehört haben – nicht von der Hand zu weisen. Auch wenn sie so manchen Chronisten des »Herrenbergsteigens« (wir werden später noch davon hören) schmerzen wird.

»Heilige« Berge

Nach der letzten Eiszeit wurden die Alpen sehr rasch wieder zum Lebensraum für den Menschen. In Hallstatt etwa förderte er Salz, und am Hochkönig schürfte er nach Kupfer. Bereits im zweiten Jahrtausend vor Christus nützten Menschen die Heilquelle von St. Moritz, und am 2872 Meter hohen Monte Bego in den Meeralpen hinterließen Menschen rund 40.000 Felsbilder. 1911 erschien über diese prähistorische Fundstätte ein Buch des Engländers Clarence Bicknell, das beweist, daß gewisse Berge schon in alter Zeit als »heilig« galten. Doch, so Karl Lukan in einem Aufsatz in der Zeitschrift »Der Bergsteiger«: »Die Bergsteiger haben dieses Buch ignoriert. Genauso, wie sie in ihrem geistigen Getto auch die anderen Berichte nicht zur Kenntnis genommen haben.«
Nicht zu vergessen ist schließlich die von Südtiroler Heimatforschern nach dem Zweiten Weltkrieg entdeckte Wallburg auf der Fanisalpe. Sie entstand im ersten Jahrtausend vor Christus und besteht aus einem aus Steinen aufgeschichteten Ringwall, der bei Gefahr Mensch und Tier Zuflucht bot. Die alten Ladinersagen von einer »Fanisburg« haben also einen wahren Kern. Die Fanisalpe war einmal ein blühendes Weidegebiet, das erst später – wahrscheinlich durch eine Klimaverschlechterung – zur Steinwüste wurde. Die hinter dem 2657 Meter hohen

Burgstall verborgene Fluchtburg liegt in einer Höhe von etwa 2600 Metern. Über ihr erhebt sich der 3023 Meter hohe Zehner. Hier liegt wieder der Schluß nahe, daß auch schon in prähistorischer Zeit einige Hirten den Weg auf den Gipfel des leichten Dolomiten-Dreitausenders gefunden haben …

Die Zahl der Beispiele ließe sich beliebig fortsetzen. So fand man etwa am Grödner Joch in einer Höhe von fast 2000 Metern am Plan di Frea Reste von Hütten mit Feuerstellen, die etwa 7000 Jahre alt sind. Im 13. Jahrhundert vor Christus überquerten Menschen der Urnenfelder-Kulturgruppe die Zentralalpen, im 5. Jahrhundert vor Christus stiegen keltische Kriegerscharen über die Westalpen und eroberten Land in Oberitalien (Gallia cisalpina). Ob sie ihren Weg mit »abgewandtem Antlitz« fanden (so so wie das der Alpinhistoriker Josef Rabl phantasievoll niedergeschrieben hat), darf man bezweifeln. Möglicherweise im Zusammenhang mit dem etruskischen Munduskult steht der Schalenstein von Serso bei Pergine. Altehrwürdige Spuren sind weiters die alten Römerstraßen angesichts von Meije, Montblanc und Matterhorn und zahlreiche lateinische Inschriften. Und sogar rätische Inschriften – wie zum Beispiel das berühmte Bozener Alphabet. Der heute noch existierende Gasthof Eisenhut in Bozen schließlich wurde bereits anno 1288 zum ersten Mal urkundlich erwähnt. »Wer«, so fragt DAV-Vorsitzender Dr. März, »darf angesichts dieser und vieler anderer Fakten da noch an das Märchen von der Unwirtlichkeit der Alpen denken?« Es gibt heute Forscher, die vermuten, daß eine der Urquellen des Weinbaues im alpinen Bereich des Etschtales lag sowie in Südtirol und im Trentino – und nicht ausschließlich im jüdisch-ägyptischen Kulturraum. Das Klischee von den Alpen als »gräßlichen Auswüchsen der Erdoberfläche« hat übrigens schon der Philosoph Immanuel Kant (1724–1804) bestritten. Er verwahrte sich ausdrücklich dagegen, daß die Alpen »Verwüstungen seien, die der Schöpfer angerichtet habe, um die Menschen für ihre Sünden zu strafen«.

Petrarca erstieg einen »Schottermugl«

Aus der Zeit der Antike sind nur sehr wenige richtige Bergbesteigungen bekannt. Zwei dieser Unternehmen – die Besteigung eines Balkangipfels durch Philipp von Makedonien im Jahr 350 vor Christus und die Bezwingung des Ätna durch Kaiser Hadrian um 100 nach Christus – wurden einfach aus einer Laune des Herrschers heraus unternommen. Philipp wollte herausfinden, ob man das Adriatische und das Ägäische Meer zugleich von einem einzigen Punkt überblikken könnte, und Hadrian wünschte einmal einen Sonnenaufgang auf einem Berggipfel erleben zu können. Weit heroischer war dagegen die Leistung des karthagischen Generals Hannibal, der im Winter des Jahres 218 vor Christus sein Heer mit 30.000 bis 50.000 Mann, zirka 9000 Reitern und 37 Elefanten über die Alpen – und zwar den Col du Clapier – führte, um die Römer überraschend aus dem Norden anzugreifen. Aus Neugierde oder rein zum Vergnügen erklomm im Altertum allerdings nur ein einziger Mensch einen höheren Berg: Es war dies der

Philosoph Empedokles, der im 5. Jahrhundert vor Christus den Ätna bezwang. Es dauerte dann viele Jahrhunderte, bis wieder ein vergleichbares Unternehmen stattfand. Der Grund dafür ist in der Betonung der Beziehung zwischen Gott und Mensch durch das Christentum zu suchen, die bis zu einem gewissen Grad zur Entwertung der Natur führte. Die Berge als Teil der diesseitigen Welt wurden für weniger wirklich gehalten als die Welt des Geistigen. Sie waren deshalb auch einer ernsthaften Betrachtung unwürdig. Diese Haltung spiegelt sich nicht nur in den Gemälden des Mittelalters, die selten Landschaften zeigen, sondern auch in den mittelalterlichen Landkarten, in denen häufig nicht einmal die höchsten Erhebungen der dargestellten Gebiete eingezeichnet sind.

Das Interesse der Menschen an der Natur erwachte erst wieder mit dem Beginn der Renaissance. Die Gelehrten begannen sich wissenschaftlich für die Erforschung der Natur zu interessieren. Und die Künstler stellten langsam wieder Motive aus der Natur dar. Nach der herkömmlichen Interpretation der Alpingeschichte »war es daher nicht allzu überraschend, daß die erste bekannte Besteigung eines Alpengipfels in dieser Zeit erfolgte«.

Es war der Dichter Francesco Petrarca, der zusammen mit seinem jüngeren Bruder Girardo am 26. April 1336 den Mont Ventoux (1912 Meter) in den südfranzösischen Alpen erstieg. Für dieses Unternehmen verlieh ihm die Geschichtsschreibung taxfrei den Ehrentitel »Vater des Alpinismus«. Obwohl – wie Karl Lukan leicht ironisch vermerkt – der Mont Ventoux »zwar sehr aussichtsreich, aber doch nur ein höherer Schottermugl ist«. Petrarca jedenfalls genoß die Aussicht. Aus einem Brief an seinen Vater wird deutlich, daß der Dichter die Besteigung aus keinem anderen Grund durchführte, als den Gipfel zu erreichen (»Dabei trieb mich einzig die Begierde, die ungewöhnliche Höhe dieses Flecks Erde durch Augenschein kennenzulernen ...«). Was Herrn Petrarca zum »Vater des Alpinismus« gemacht hat, war – wie Lukan meint – die Tatsache, daß er einen schriftlichen Bericht über sein Unternehmen hinterlassen hat. Für die Alpinhistoriker war das das Entscheidende. Sie kamen gar nicht auf die Idee, daß ja auch ein Analphabet einmal auf einen Berg gestiegen sein könnte, nur weil er eben einmal »oben« gewesen sein wollte. Und außerdem: Ein berühmter Dichter ist als »Vater des Alpinismus« halt doch viel repräsentativer als ein (vielleicht) zottiger Neandertaler ...

Herrenbergsteiger-Denken prägte die Historie

Die historischen Unternehmen von Petrarca und etwa eines Benediktbeurer Mönches, der 1348 einige Berge in den bayrischen Voralpen erklomm, blieben lange Zeit Einzelfälle. Zumindest nach den vorhandenen historischen Aufzeichnungen, die – und auch hier muß man den kritischen Karl Lukan wieder zitieren – auf das »Herrenbergsteiger-Denken« des 19. Jahrhunderts zurückgehen. Nach diesem Denken war der Bergbewohner zu »höherem Empfinden« unfähig und taugte nur dazu, mit seiner Rohkraft die städtischen Dichter und Denker auf die

Gipfel hinaufzuschleifen. Initiativ waren nur die Herren. Und daß auch schon ein Bergler aus eigener Lust auf einen Berg gestiegen sein oder je einmal steigen könnte, das schloß man von vornherein aus. Obwohl damit eigentlich gesagt wird, daß die sogenannten alpinistischen Geburtsstunden und Jahreszahlen nichts anderes als Hausnummern sind, wollen wir dennoch – in Ermangelung von Alternativen – zu einem kurzen Streifzug durch die Geschichte des »Herrenbergsteigens« starten.

Die erste richtige Klettertour

Es vergingen fast zwei Jahrhunderte, bis die Freuden des Kletterns wiederentdeckt wurden – und zwar von dem Schweizer Konrad Gesner. Es war vor allem die Suche nach seltenen Pflanzen, die Gesner um die Mitte des 16. Jahrhunderts zum Bergsteigen brachte. Er machte es sich bald zur Regel, jedes Jahr einen Berg zu erklimmen, »zu der Zeit, da die Blumen sich am besten zeigen«. In bewegten Worten schildert er in seinen Schriften das Entzücken, das ihn in der ehrfurchtsgebietenden Stille der Berggipfel überkam. Aus reiner Pflichterfüllung gegenüber seinem Herrscher, König Karl VIII. von Frankreich, erstieg 1492 der Kämmerer des Königs, Julien de Beaupré, zusammen mit dem Söldnerführer Antoine de Ville und sieben Gefährten den 2097 Meter hohen Alpengipfel Mont Aiguille. Das Unternehmen – es war die erste richtige Klettertour – war ausgezeichnet geplant. Man verwendete Leitern, Seile und Eisenstifte. Allerdings ging de Beaupré nach seinem Gipfelsieg nie wieder auf einen Berg. 1511 erstieg übrigens Leonardo da Vinci den Monboso oder Monte Bo (2556 Meter) im Monte-Rosa-Stock.
Während der nächsten 200 Jahre zogen europäische Kaufleute und Reisende in immer größerer Zahl über die Alpen, plagten sich zu Fuß und zu Pferd über die Hauptpässe. Diese Reisen wurden nicht zum Vergnügen unternommen. Aber sie vermehrten das Wissen um die Alpen. 1574 erschien das Buch »Über die Schwierigkeiten des Reisens in den Alpen«, verfaßt von Josias Simler aus Zürich. In diesem Werk sind viele nützliche Ratschläge enthalten, etwa wie man Lawinen und versteckte Spalten meidet oder wie Seile oder Steigeisen als Kletterhilfen zu verwenden sind. Den Erzählungen der Reisenden über Schneestürme, Gletscherspalten und schwindelerregende Abgründe lauschte man damals mit einer Mischung aus Furcht und Begierde.
Zu Beginn des 18. Jahrhunderts wagten sich bereits einige abenteuerlustige bergfremde Männer in die Berge. Unter ihnen waren die beiden Engländer William Windham und Richard Pococke. Sie machten sich 1741 auf, die Gletscher in der Gegend von Chamonix zu erforschen. Und zwar nahe der Stelle, wo die Grenzen von Frankreich, Italien und der Schweiz zusammentreffen. Dieses Vorhaben kann sicherlich nicht als Expedition bezeichnet werden. Denn trotz guter Vorbereitung kam die Gruppe nur bis zum Montenvers-Paß, der bereits durch einen Steig erschlossen war. Aber immerhin trug dieser Ausflug dazu bei, das Wandern in den Bergen populär zu machen.

Einer, der in den Alpen nicht nur wanderte, war Pater Placidus a Spescha, ein Benediktinermönch, der in der zweiten Hälfte des 18. Jahrhunderts eine Reihe von beachtlichen Ersteigungen vornahm. Viele der Gipfel, die er erkletterte, waren über 3000 Meter hoch. Und er bestieg sie alle aus reiner Freude. Er wird heute von manchen Alpinhistorikern als eigentlicher »Vater des Bergsteigens« bezeichnet. Zu seiner Zeit erregten seine waghalsigen Unternehmen aber kaum Aufsehen. Das Interesse an den Bergen wäre über das Bergwandern wohl überhaupt nicht hinausgegangen, wären nicht die Naturwissenschafter gewesen.

Warum gibt es eigentlich diese sinnlosen Berge ...?

Zum ersten Mal waren europäische Gelehrte im späten 17. Jahrhundert auf die Berge aufmerksam geworden. Angeregt von den Berichten der Reisenden wurden sie neugierig. Es kam der Wunsch auf, die bisher nur beschriebenen Phänomene selbst zu untersuchen. Darüber hinaus stellte man sich ernsthaft die Frage, warum es überhaupt Berge gab, die – wie man meinte – eigentlich völlig sinnlos seien. Die Geologie steckte damals noch in den Kinderschuhen. Aber einige europäische Denker erkannten zu dieser Zeit, und zwar ein Jahrhundert, bevor Darwin seine Evolutionstheorie formulierte, daß die Geschichte der Erde viele Jahrtausende zurückreicht und daß die Welt viel älter ist, als es nach der Bibel erschien. Einer dieser Denker, der Schweizer Naturwissenschafter Horace Bénédict de Saussure, wollte mit Hilfe der Berge seine Theorien beweisen. Aber einmal in den Bergen, ging sein wissenschaftliches Interesse an den Alpen schnell in eine wahre Leidenschaft für einen bestimmten Berg über – den Montblanc. Saussures Begeisterung für diesen Berg gab dann sozusagen den Startschuß für das große Zeitalter des Bergsteigens.

Horace B. de Saussure wurde 1740 in Genf geboren. Schon früh zeigte sich seine besondere Begabung und Verstandesschärfe, mit 20 Jahren war sein Ruf als Wissenschafter anerkannt. 1760 reiste er mit der Absicht, Gletscherstudien zu betreiben, nach Chamonix. Dort sah er zum ersten Mal den Montblanc. De Saussures erster Plan war es, hoch am Berg eine wissenschaftliche Forschungsstation zu errichten. Aber er konnte niemanden finden, der ihm dabei behilflich gewesen wäre. Sein Ansinnen, den Berg zu erklettern, erregte nur Schrecken und Skepsis. Viele Bauern in dieser Gegend waren zwar auf der Gemsenjagd bereits auf die Vorberge und Gletscher des Montblanc gekommen. Aber keiner hatte es offensichtlich gewagt, weiter als bis 2000 Meter hinaufzusteigen. Aber de Saussure gab nicht auf. Er war fest entschlossen, auf den Montblanc zu steigen, dessen Schönheit – wie er später schrieb – seine Sinne wie eine Krankheit verwirrt hatte. »Ich konnte den Berg, der von so vielen Punkten der Umgebung sichtbar ist, nicht einmal sehen, ohne daß mich ein schmerzliches Sehnen erfaßte«, notierte der junge Wissenschafter. Da diese Sehnsucht aber fürs erste nicht erfüllt werden konnte, widmete sich de Saussure ganz seinen Forschungen. Sein großes Werk »Reisen in den Alpen« gilt sogar noch heute als ein Markstein in der jungen Wissenschaft der Geologie. Unter anderen war er es zum Beispiel, der als erster eine vernünftige Erklärung für die Bewegung der Gletscher fand. Er schrieb sie der Schwerkraft zu, während man bis dahin irgendwelche geheimnisvolle Zauberkräfte dafür verantwortlich gemacht hatte. Es vergingen volle 15 Jahre, und in der Zwischenzeit gab es einige Ersteigungsversuche. Denn de Saussure hatte für denjenigen, der als erster einen Weg zum Gipfel des Montblanc finden würde, eine Belohnung ausgesetzt. Aber alle Versuche schlugen fehl.

Auf Europas höchstem Gipfel

Unter denjenigen, die es einige Male erfolglos versucht hatten, war auch der junge Arzt Michel Gabriel Paccard aus Chamonix. Aber er gab nicht auf – er wollte für Frankreich, für die Wissenschaft und aus persönlichem Ehrgeiz auf dem Gipfel des Montblanc stehen. Am 7. August 1786 versuchte der Arzt einen neuen Angriff. Als Träger für seine Instrumente engagierte er einen Gemsenjäger namens Jacques Balmat. Der Aufstieg begann am frühen Nachmittag, und unter großen Anstrengungen standen die beiden Männer schließlich am nächsten Tag um halb sieben Uhr abends – nachdem sie eine Nacht im Freien verbracht hatten – am Gipfel. Trotz seiner Müdigkeit raffte sich Paccard noch dazu auf, etwa eine Stunde lang wissenschaftliche Messungen durchzuführen. Dann stiegen die beiden – begünstigt durch Vollmond – wieder nach Chamonix ab. Die Erstbesteigung des höchsten Berges der Alpen und Europas war geglückt! Und das ohne Seil, Eispickel und Steigeisen.
Nach einem neuerlich fehlgeschlagenen Versuch nahm nun auch de Saussure, beflügelt durch den Erfolg von Paccard und Balmat, einen neuen Anlauf. Am 1. August 1787 begann er, begleitet von 18 Führern und Trägern (darunter sein eigener Diener, der in seinem Leben noch nie auf einem Berg gewesen war), mit dem Aufstieg. Die Gruppe führte nicht nur wissenschaftliche Instrumente mit sich, sondern auch Proviant sowie einen Korb mit Weinflaschen, mit denen man später den Sieg feiern wollte. Und auch de Saussure erreichte am 3. August den Gipfel, wo er insgesamt vier Stunden lang wissenschaftliche Experimente durchführte. Die dünne Luft und die damit verbundenen Atemschwierigkeiten zwangen die Männer schließlich, noch vor dem Abschluß aller geplanten Arbeiten mit dem Abstieg zu beginnen. Im Herbst desselben Jahres unternahm de Saussure eine zweite große Expedition, die ihn bis in eine Höhe von 3340 Meter auf den Paß Col du Géant führte. Dort verbrachten er und sein Sohn über zwei Wochen mit verschiedenen Versuchen. Angestachelt vom Erfolg des in ganz Europa bekannten Wissenschafters, begannen nun Kollegen und Abenteurer in vielen Ländern mit Angriffen auf die Gipfel der Alpen.

1798 erstiegen zwei Bauern aus Fusch namens Zanker und Zorner das Große Wiesbachhorn (3577 Meter) von Ferleiten aus. Fürstbischof Salm-Reifferscheidt von Gurk ließ 1799 für eine geplante Großglockner-Besteigung die erste Unterkunftshütte in den Ostalpen erbauen – die Salmhütte in 2620 Meter Höhe. Im selben Jahr bezwangen die Brüder Klotz – Bauern aus Heiligenblut – am 23. Juli den Kleinglockner (3765 Meter). Man nimmt an, daß sie damals auch den Gipfel des Großglockners erreicht haben. In Begleitung von 62 Personen startete Fürstbischof Salm eine neue Großglockner-Expedition, ließ eine zweite Unterkunftshütte errichten – und zwar die Obere Salmhütte in 3270 Meter Höhe – sowie eine dritte kleinere Hütte auf der Adlerruhe auf 3461 Meter. Am 28. Juli erreichten Pfarrer Horrasch aus der Gesellschaft des Fürstbischofs, die Brüder Klotz sowie zwei weitere Einheimische den Gipfel des Großglockners.
Das Erscheinen von Schillers »Wilhelm Tell« weckte 1804 das allgemeine Interesse für die Alpen und war Auftakt für die immer mehr um sich greifende Mode, in die Schweiz zu reisen. In diesem Jahr bestieg auch Erzherzog Johann (1782–1859), der große Förderer des Alpinismus, die Rax, den Schneeberg und verschiedene Berge bei Admont (Steiermark). Und Kaiser Franz von Österreich stand am Gipfel des Wiener Schneebergs. Die Jungfrau (4158 Meter) in den Berner Alpen wurde 1811 zum ersten Mal von dem reichen Schweizer Kaufmann Johann Meyer erstiegen, der schon vorher mit seinen beiden Söhnen viele Gletscher über dem Ort Grindelwald erforscht hatte. Das Finsteraarhorn (4274 Meter), der höchste Berg der Berner Alpen, wurde 1829 von zwei Schweizer Führern bezwungen. Der deutsche Wissenschafter Eduard Desor stand als erster Mensch am Gipfel des Rosenhorns (3690 Meter), und gleiches glückte dem Schotten Stanhope Templeman Speer 1845 mit dem Mittelhorn (3703 Meter).
Der Rausch des Bergsteigens erfaßte bald auch Frauen. Eine der herausragendsten war die französische Gräfin Henriette d'Angeville (»Die Montblanc-Braut«), die 1838 als erste Frau mit acht Führern und sechs Trägern den Gipfel dieses Berges betrat. Ihr folgten im Laufe der Jahrhunderte noch viele furchtlose Geschlechtsgenossinnen nach, die es übrigens gar nicht leicht hatten, einen Berg in Röcken zu bezwingen. Als sehr schönes Beispiel dafür ist von einer Mrs. Aubrey le Bond überliefert (sie trug unter einem abnehmbaren Rock Hosen), daß sie einmal an einem Tag einen Gipfel gleich zweimal ersteigen mußte, weil sie dort oben ihren Rock vergessen hatte. Aber ohne Rock hätte man sie später im Tal natürlich in keines der anständigen Gasthäuser gelassen ...
Unter den Bergsteigern dieser Zeit ragen der schottische Naturwissenschafter James David Forbes und der Schweizer Botaniker Jean Louis Agassiz besonders hervor. Beide liebten – wie schon vorher de Saussure – die Berge leidenschaftlich. Als Team erforschten sie den Unteraargletscher in der Schweiz und veröffentlichten Studien über die Bewegung der Gletscher. Später stand Forbes am Gipfel der Jungfrau und bezwang noch eine Reihe von Bergen in Schottland, Spanien und Norwegen. Seine Schriften und Vorträge und besonders sein persönliches Vorbild steigerten das Interesse am Bergsteigen vor allem in England gewaltig.

Alpin-Show in London

An dieser Zunahme des öffentlichen Interesses war unter anderen auch Albert Smith beteiligt. Er war schon als Kind von dem Gedanken besessen, einmal den Gipfel des Montblanc zu erreichen. Als Student wanderte er von Paris nach Chamonix und hoffte, bei einer Besteigung als Träger mitgenommen zu werden. Dieser Wunsch ging aber nicht in Erfüllung. Erst 1851, als er wieder nach Chamonix kam, gelang es ihm, sich einer Gruppe reicher junger Engländer anzuschließen, die ihm schließlich auch die Expedition bezahlten. Obwohl der Montblanc in der Zwischenzeit fast vierzigmal erstiegen worden war, blieb das Unternehmen noch immer gefährlich genug. Die Route, die Smith und seine Begleiter wählten, war schwierig. Aber sie hatten Glück. Das Wetter hielt, und 36 Führer und Träger trugen das Ihre zum Gelingen bei. So glückte das Unternehmen ohne besondere Schwierigkeiten. Albert Smith schlachtete dann später seinen Erfolg weidlich aus. In einer großen Ausstellungshalle am Piccadilly in London präsentierte er seinen Vortrag mit Bilderschau »Die Besteigung des Montblanc«. Die Londoner kamen in Scharen, auch wenn so mancher von einer »primitiven Zirkusschau« sprach. Denn während seines Vortrages wurde hinter Smith eine große Leinwand entfaltet, auf der die Gefahren und Abenteuer des Unternehmens aufgemalt waren.
Noch größeres Aufsehen erregte 1854 in England die Besteigung des Wetterhorns durch Sir Alfred Wills. Zwar ist es (3707 Meter) kein übermäßig schwerer Kletterberg. Aber Wills verstand es, seine Gefühle beim Gipfelsturm dramatisch und – wie wir heute sagen würden – publicity-trächtig zu schildern. So heißt es in seinem Bericht unter anderem: »Als ich den letzten Schritt tat, streifte meine Schulter die Kante einer Eisluke, während zu meiner Rechten der Gletscher jäh unter mir abbrach, in einen unbekannten und schrecklichen Abgrund ... Ich schritt hinüber und hatte den Grat des Wetterhorns überschritten!« Und an einer anderen Stelle heißt es: »Als sich dieser erhabene und wundervolle Ausblick plötzlich vor mir auftat, erlebte ich – ich schäme mich nicht, es zu gestehen – eine tiefe Gefühlsregung, die ich kaum für mich behalten konnte. Wir fühlten uns wie in der unmittelbaren Umgebung von Ihm, der diese gewaltige Zinne aufgestellt hatte ... schwebend, so schien es, zwischen Himmel und Erde.« Diese Schilderungen in seinem Buch »Streifzüge in den Hochalpen« trugen wesentlich dazu bei, daß für das Bergsteigen – das inzwischen ja schon viele Anhänger gewonnen hatte – das sogenannte »Goldene Zeitalter« begann.

The Playground of Europe

Das »Goldene Zeitalter« dauerte zwar nur zehn Jahre – und zwar von 1854 bis 1865 –, aber es war ein Jahrzehnt ganz außergewöhnlicher bergsteigerischer Leistungen. War 1854 noch der größte Teil der Gipfel in den Alpen unbetreten, so gab es nur ein Dezennium später kaum mehr einen bedeutenden Berg in

Europas größter Kette, der nicht zumindest einmal bezwungen worden wäre. Die überwiegende Mehrheit der Alpinisten dieses »Goldenen Zeitalters« waren Engländer. Für viele von ihnen wurde das Bergsteigen von einem Sport zu einer Lebensanschauung und -aufgabe. Sommer für Sommer kamen sie in die Alpen, um sich an immer schwierigeren Routen zu erproben. Auch die Tradition der engen Verbindung zwischen wissenschaftlichem Interesse und reiner Freude am Bergsteigen setzten die Engländer weiter fort. So erkletterte zum Beispiel Francis Fox Tuckett – Quäker, Geschäftsmann und Wissenschafter aus Leidenschaft – zwischen 1856 und 1874 mehr als 160 Alpengipfel und 370 Pässe. Er schleppte immer eine Unmenge an wissenschaftlichen Geräten mit sich herum, von denen er einige sogar selbst erfunden hatte. Ein anderer Pionier bei der Erforschung unbekannter Regionen war der englische Physiker John Tyndall, der sich vor allem mit der Untersuchung von Gletschern befaßte. 1861 gelang ihm die Erstbesteigung des Weißhorns (4505 Meter), den Monte Rosa (4634 Meter) schaffte er im Alleingang, ausgerüstet mit einer Flasche Tee und einem Schinkenbrot.
Nur zum Vergnügen kletterte auch Sir Leslie Stephen, englischer Philosoph und einer der führenden Männer in Literaturkreisen. 1871 publizierte der leidenschaftliche Bergfreund das Buch »The Playground of Europe (Die Schweiz)«, das noch heute als die klassische Darstellung der Bergsteigergesinnung gilt.
Während des »Goldenen Zeitalters« war das Bergsteigen praktisch ausnahmslos den oberen sozialen Schichten vorbehalten. Denn Kosten und Zeit, die man für die Ausrüstung einer alpinen Expedition benötigte, waren beachtlich. Zu den Ausgaben, die ein Gentleman-Kletterer veranschlagen mußte, gehörte auch das Honorar für einen berufsmäßigen Führer. Das waren meist Bauern, Hirten und Gemsenjäger. Die große Bedeutung dieser Führer für Erfolg oder Mißerfolg eines Unternehmens wurde von den Bergsteigern voll anerkannt. Einige dieser Männer haben sich einen Ehrenplatz in der Geschichte der Eroberung der Alpen verdient. Einer der besten und bekanntesten Bergführer dieser Zeit war der 1826 in Grindelwald geborene Christian Almer. Er begann zwar erst im Alter von 28 Jahren mit dem Bergsteigen, nahm aber später an vielen Erstbesteigungen teil. So unter anderem an der der Grande Jorasses (4206 Meter) und an der des Eiger (3970 Meter) in den Berner Alpen. Almer ging bis zu seinem Lebensende in die Berge. 1896 bestiegen er und seine Frau Margharita zur Feier der goldenen Hochzeit das Wetterhorn. Almer war damals 70 und seine Frau 72 Jahre alt.

Die Tragödie am »Löwen von Zermatt«

Die Führer spielten also bei jeder größeren Tour im »Goldenen Zeitalter« eine wesentliche Rolle. Besonders aber bei jenen dramatischen Ereignissen, die schließlich das Ende dieser Epoche bedeuteten: bei der Besteigung des Matterhorns durch Edward Whympers. Ein Unternehmen, das mit Rivalität begann, mit einer tragischen Katastrophe endete und schon zu seiner Zeit Legende wurde.

Edward Whympers wurde 1840 geboren und lernte bei seinem Vater die Kunst des Holzschnittes. Schon mit 20 Jahren erhielt er den Auftrag, die erste Buchreihe des englischen Alpenklubs »Gipfel, Pässe und Gletscher« zu illustrieren. Dadurch kam er zum ersten Mal mit dem Matterhorn in Kontakt. Dieser Berg in den Walliser Alpen ist mit seinen 4478 Metern weder der höchste noch der schwierigste Berg in diesem Gebirgszug. Aber mit seinen vier scharfen Kanten, die in einer überhängenden Spitze zu enden scheinen, galt er lange Zeit als unbesteigbar. Whympers startete zwischen 1861 und 1864 insgesamt sieben Versuche – allerdings ohne Erfolg. 1865 gelang es ihm schließlich, eine Gruppe von sieben Männern für einen neuerlichen Gipfelsturm zusammenzustellen. Dem Team gehörten der erfahrene englische Bergsteiger Lord Francis Douglas, der Führer Peter Taugwalder und dessen Vater – ebenfalls mit dem Vornamen Peter –, der Geistliche Charles Hudson, der Bergführer Michel-Auguste Croz und der Kletterneuling Douglas Hadow an. Am Morgen des 13. Juli 1865 begann man mit dem Aufstieg. Es gab keine nennenswerten Schwierigkeiten, und die Nacht verbrachte die Gruppe etwa 1000 Meter unterhalb des Gipfels. Am nächsten Morgen brachen sie früh auf, und wenige Stunden später betrat das Team den Gipfel. Whympers und seinen Männern war es damit gelungen, das ersehnte Ziel noch vor einer rivalisierenden italienischen Seilschaft zu erreichen, die sich zum Zeitpunkt des Sieges noch durch die Südwand des Matterhorns kämpfte. Beim Abstieg kam es dann zur Katastrophe: Das Alpin-Greenhorn Hadow glitt aus, fiel gegen Croz und brachte ihn dadurch aus dem Gleichgewicht. Hudson und Douglas wurden ebenfalls aus dem Stand gerissen. Wenige Meter oberhalb versuchten die restlichen drei Männer der Gruppe den Sturz abzufangen, aber das Seil riß. Und Hadow, Croz, Hudson und Douglas fielen tausend Meter in die Tiefe.

Der tragische Unfall führte später dazu, daß der Klettersport in England in der Öffentlichkeit scharf kritisiert und verurteilt wurde. Königin Victoria ließ sogar Untersuchungen anstellen, ob man das Klettern nicht überhaupt gesetzlich verbieten könnte. Die eigentliche Schuldfrage konnte übrigens nie geklärt werden. Es gab Gerüchte, daß Peter Taugwalder der Ältere das Seil abgeschnitten hätte. Klären konnte man aber auch diesen eher unwahrscheinlichen Sachverhalt nicht.

Die Geschehnisse bedeuteten aber nun endgültig das Ende des »Goldenen Zeitalters«. Denn neun Zehntel der Alpengipfel waren zu diesem Zeitpunkt bereits bestiegen. Aber trotzdem nahm die Beliebtheit des Bergsteigens zu – nun aber sozusagen auf breiter Basis. Immer mehr Menschen kamen in die Alpen, vor allem in die Schweiz. Die Engländer konnten ihre Vormachtstellung als hervorragende Bergsteiger noch einige Jahre behalten. Aber schon sehr bald wuchsen auch in anderen Ländern – etwa in der Schweiz, in Frankreich, Deutschland und in Österreich – ebenfalls ausgezeichnete Alpinisten heran. Auch Nicht-Europäer, wie zum Beispiel der 1850 in New York geborene William Augustus Brevoort Coolidge, erkletterten sich große Namen. Die Tante des Amerikaners, Miss Marguerite Brevoort, war übrigens die erste Frau, die das Matterhorn bezwang. Selbst gekrönte Häupter ließen es sich nicht nehmen, in

die Berge zu steigen. So erklomm Königin Margherita von Italien 1893 den Monte Rosa anläßlich der Eröffnung der Capanna Margherita, der höchsten alpinen Schutzhütte.
Nun waren die Alpen sozusagen gezähmt. Die Routen der Pioniere zählten bald zum Standard vieler Bergsteiger. Für die Spezialisten und Enthusiasten gab es keine lohnenden und verlockenden Aufgaben mehr. Sie suchten mit der Eroberung unbezwungener Gipfel in anderen Teilen der Welt neue Abenteuer. Übrig blieben schließlich in den Alpen nur noch drei große Wände, die bis zum Beginn der dreißiger Jahre des 20. Jahrhunderts unbezwungen waren. Die Nordwand des Matterhorns, die Nordwand des Grand Jorasses im Montblanc-Gebiet und die Eiger-Nordwand im Berner Oberland. Sie zu durchsteigen galt als »selbstmörderischer Wahnsinn«. Aber auch für diese fürchterlichen Wände fanden sich bald waghalsige Männer, die die Herausforderung annahmen. An der Nordwand des Matterhorns, des »Löwen von Zermatt«, die 1200 Meter steil abfällt, versuchte der Wiener Alfred Horeschofsky sein Glück. Er schaffte aber nur die untere Hälfte. Der junge Führer Kaspar Moser erreichte 1928 nach vielen Versuchen mit Viktor Imboden aus Täsch eine Höhe von 4000 Metern. Achtundzwanzig Stunden kämpften sie, dann mußten sie sich geschlagen geben und den Rückzug antreten. 1931 glückte schließlich dem Münchener Brüderpaar Toni und Franz Schmid der Angriff auf die Steilwand. Die beiden waren – wie zu dieser Zeit durchaus üblich – mit Fahrrädern in die Schweiz gekommen. Am 31. Juli 1931 zogen sie um Mitternacht los, und nach einem Biwak hoch oben in der Wand betraten sie dann am nächsten Tag gegen Mittag den Gipfel. Damit war das »Problem« gelöst. Jetzt lockte die Nordwand des Grand Jorasses.
Schon 1907 erwog Young die Möglichkeit eines Durchstieges und versuchte es auch mit Joseph Knubl. 1928 begann der französische Bergführer Armand Charlet mit seinen Angriffen. Seinem Beispiel folgten zahlreiche Seilschaften aus Deutschland, Italien, Frankreich und Österreich. Und bald forderte der Berg auch die ersten Opfer: Am 17. August 1931 wurden in Chamonix die beiden Deutschen Leo Rittler und Hans Brehm zu Grabe getragen. Nach vielen neuerlichen Versuchen gelang es dann 1935 den Münchenern Rudolf Peters und Martin Maier, die Jorasses zu bezwingen. In siebzehn gefahrvollen und anstrengenden Stunden erreichten sie den Gipfel.

Wie die Mord-Wand zu ihrem Namen kam

Als völlig unbezwingbar galt lange Zeit die Eiger-Nordwand, später auch »Mord-Wand« genannt. Sie beginnt etwa 100 Meter unterhalb des Gipfels und stürzt fast senkrecht 1800 Meter tief ab. Diese Wand zu durchsteigen galt vorderhand als »Wahnvorstellung von Verrückten«. Der Gipfel des 3974 Meter hohen Eiger wurde 1858 zum ersten Mal von dem Engländer Charles Barrington und den Führern Christian Almer und Peter Bohren erreicht. Zum Aufstieg benutzten sie den Westgrat. Ein Jahr später wurde die erste Überschreitung des

Eiger-Jochs vom Eiger-Gletscher nach dem Ewigschneefeld durchgeführt. 1874 fiel der Südwestgrat und 1876 der Südgrat. Nach einer Unterbrechung von neun Jahren – also 1885 – konnte der ziemlich ausgesetzte Mittelgrat, der Ostgrat, im Abstieg bewältigt werden – im Aufstieg erst 1921. Drei Jahre nachher begann durch den Führerverein Grindelwald der Bau der Mittellegi-Hütte. Eiger und Jungfrau standen schon längere Zeit im Brennpunkt des internationalen Tourismus. Immerhin war die Jungfraubahn schon 1912 dem Verkehr übergeben worden. Sie führt von Scheidegg zum Jungfraujoch hinauf. Beim Bau dieser Bahnanlage hat man den Gebirgsstock des Eigers von Nord nach Süd völlig durchbohrt. Man kann vom Stollen der Station »Eigerwand« aus einer Höhe von 2867 Metern gefahrlos auf das 1800 Meter tiefer liegende Grindelwald hinunterschauen.
1932 legten die Schweizer Alpinisten Dr. Lauper und Dr. Zürcher mit den Walliser Führern Knubl und Graven einen Weg durch den östlichen Teil des Eiger-Nordwand-Massivs. Er hat aber mit der eigentlichen Nord-Flanke nichts zu tun, die nach wie vor unbetreten blieb. Dann kam das Jahr 1935 – und damit der erste ernst zu nehmende Versuch. Die beiden Münchener Alpinisten Max Sedlmayer und Karl Mehringer stiegen in der Nacht vom 20. zum 21. August in die Wand ein. Nach dreitägigem Ringen ging ein außerordentlich schweres Gewitter nieder und verwandelte die Wand in einen Höllenschlund. Am vierten Tag war von den beiden auch mit Fernrohren nichts mehr zu sehen, und auch in den nächsten Tagen – in denen dichter Nebel jede Sicht nahm – gab es keine Lebenszeichen mehr. Das schlechte Wetter verhinderte jeden Rettungsversuch, und so mußte man die beiden Münchener aufgeben. Erst drei Wochen später entdeckte man die Toten vom Flugzeug aus. Obwohl dieses Unternehmen so tragisch geendet hatte, war jetzt der Bann gebrochen. In Bergsteigerkreisen bemühte man sich nun, das Vermächtnis der beiden Alpinisten zu erfüllen.
Am 18. Juli 1936 starteten die Berchtesgadener Andreas Hinterstoißer und Toni Kurz sowie die Innsbrucker Edi Rainer und Willy Angerer einen neuen Versuch. Auch diesmal spielte das Wetter verrückt, und wieder endete der Angriff mit einer Katastrophe: Rainer erfror, Hinterstoißer stürzte ab, Angerer wurde vom Seil erwürgt und Kurz, der beim Eintreffen der Rettungsmannschaften noch lebte, starb in Reichweite seiner Retter an Erschöpfung.
Aber schon im darauffolgenden Jahr versuchten wieder zwei Seilschaften ihr Glück. Zwei Italiener scheiterten schon in der Nordostwand, die sie als Vorbereitung durchsteigen wollten, an ihrer mangelhaften Ausrüstung. Sie mußten völlig erschöpft von der Mittellegi-Hütte, zu der sie sich noch retten konnten, ins Tal gebracht werden. Als Trainingstour hatten die Salzburger Gollackner und Primas ebenfalls die Nordostwand in Angriff genommen. Aber sie schafften es nicht. Gollackner starb an Erschöpfung, und Primas konnte mit erfrorenen Füßen geborgen werden. 1938 starben die beiden Italiener Francis Mendi und Carlo Sandri in der »Mord-Wand«. Aber noch in diesem Jahr gelang dann endlich einem deutsch-österreichischen Team der große Sieg. Fritz Kasparek, Heinrich Harrer, Ludwig Vörg und Andreas Heckmair schafften das letzte große Abenteuer – die Durchsteigung der Eiger-Nordwand.

Für viele ein »Alptraum in Weiß«:
Oben: Die Retortenstadt Les Menuires in den französischen Alpen.
Unten: Ganz anders wirkt dagegen der »gewachsene« Ort Mürren
im Berner Oberland (Schweiz).

Oben: Jungfraubahn mit Blick auf Jungfrau und Silberhörner.
Unten: »Waben für programmierte Schi-Roboter« (Les Menuires/Frankreich).

Der Schipistenbau bringt besonders in den Hochalpen
das ökologische Gleichgewicht ins Wanken. Erosion und Regen
können hier Katastrophen auslösen.

Stauseen liefern einerseits Energie, zerstören aber auch Natur und bieten mit ihren hohen Schlammkrägen keinen schönen Anblick.

Die alpinen Vereine

Abgesehen von einzelnen sehr frühen Bergbesteigungen am Ende des Mittelalters brachte dann das 18. Jahrhundert ganz plötzlich eine Reihe von Bergfahrten. Es war, als ob mit einem Schlag in den verschiedensten Teilen der Alpen ein Aufbruch nach oben erfolgt sei. Die Scheu vor der Hochregion schwand immer mehr. Ganz gleich, ob es sich um Berggruppen der Ost- oder Westalpen handelte, ob um die Niederen oder die Hohen Tauern, das Rätikon, die Berge der Zentralschweiz oder die Hochalpen Savoyens – von überall her wurden plötzlich Bergbesteigungen gemeldet.
Dieser Aufbruch im 18. Jahrhundert fand seine Fortsetzung in verstärktem Maß zu Beginn des 19. Jahrhunderts, und zwar noch lange, bevor man daran dachte, die Bergfreunde organisatorisch zusammenzuschließen.
Der Drang zu Organisationen begann erst in der zweiten Hälfte des 19. Jahrhunderts. Die Geschichte und Entwicklung der alpinen Vereine und Organisationen zu schildern, würde ein eigenes Buch füllen. Hier kann nur der Versuch unternommen werden, schlaglichtartig die wichtigsten Ereignisse aufzulisten – ohne jeglichen Anspruch auf auch nur annähernde Vollständigkeit.

*

Als erster alpiner Verein der Welt wird am 22. Dezember 1857 in London »The Alpine Club« durch William Matthews und E. S. Kennedy gegründet. Erster Vorsitzender ist John Ball.

*

Die konstituierende Versammlung des Österreichischen Alpenvereins (ÖAV) findet am 19. November 1862 in Wien im grünen Saal der Akademie der Wissenschaften statt. Der Vorsitzende, Prof. Dr. Ed. Fenzl, erklärt unter anderem:
»Unser Verein ist gleich so vielen anderen ein Kind der Zeit, einer fortgeschrittenen Bildung und richtigen Erkenntnis der Tatsache, daß, sollen die Ergebnisse wissenschaftlicher Forschung befruchtend auf das bürgerliche Leben einwirken, es eines vermittelnden Organs bedarf, das, durch Schrift, Wort und Tat selbständig wirkend, materielle Dinge der unteren Klassen zu fördern sucht, während es gleichzeitig dem gebildeten Mittelstande höhere Genüsse näherrückt und dem Fachmann den Weg für seine Forschungen ebnet.«
Die Statuten werden am 14. Mai 1862 bei der k. k. niederösterreichischen Statthalterei eingereicht. Mit 1. Juli erteilt das k. k. Staatsministerium im Einvernehmen mit dem k. k. Polizeiministerium die Bewilligung zur Gründung des Alpenvereins auf Grundlage der vorgelegten Statuten.
Interessant ist die Tatsache, daß zu diesem Zeitpunkt rund zwei Drittel der Mitglieder aus Wien kommen, während wider allen Erwartens das Echo in den Gebirgsprovinzen nur sehr gering ist. Dieses Mißverhältnis wird damit erklärt,

daß den Bewohnern der Berggebiete die Möglichkeit des Bergsteigens sozusagen »vor der Haustüre« liegt und es ihnen daher überflüssig erscheint, sich auch noch zu organisieren.

*

1863 entstehen der »Schweizer Alpen-Club« und der »Club Italiano«. Die Gründungsversammlung des »Schweizer Alpen-Clubs« findet am 19. April 1863 statt. Die Initiative geht von Dr. Theodor Simler, Professor der Chemie und Geologie in Bern, aus. Im Oktober 1862 läßt Simler allen ihm bekannten Berggängern ein Zirkular zukommen. 1863 zählt der »Schweizer Alpen-Club« bereits acht Sektionen und 358 Mitglieder.

*

Der junge Österreichische Alpenverein entwickelt sehr rasch eine lebhafte Tätigkeit. Von großer Bedeutung ist die Versammlung vom 18. März 1863. Der Ausschuß gibt bekannt, daß er zwei wichtige Schritte getan hat, »um den Vereinszweck kräftig zu fördern«. Man richtet unter anderem an die Landtage der Alpenländer eine Eingabe, um auf die Erhaltung und Verbesserung von Wegen und Stegen einzuwirken. Der Antrag bezieht sich unter anderem darauf, daß die Schweizer Alpen in zunehmendem Maße von Fremden besucht werden, die – wie es heißt – »eine reiche Ernte von Goldkörnern« zurücklassen. Dieser Umstand führt dazu, daß überall neue Gasthöfe, Weg- und Brückenbauten entstehen. Und für zahllose Menschen, die sich als Führer und Träger verdingen, können neue Erwerbsmöglichkeiten geschaffen werden.
Im Gegensatz zur Schweiz liegen aber in Österreich die Verhältnisse ganz anders. Hier werden nur einige weltbekannte Talorte und einzelne berühmte Punkte besucht. Andere sicherlich ebenso interessante Gegenden finden dagegen nur das Interesse von einzelnen Naturforschern, Künstlern und unternehmungslustigen Pionieren des Tourismus. Schuld am Ausbleiben des »Goldkörnerstromes« ist das Fehlen jeglicher Infrastruktur. Es mangelt schlicht an allem: an guten Unterkünften, gebauten Pfaden, verläßlichen und kundigen Führern und an Kommunikationsmitteln jeder Art.
Unter Zitierung der Paragraphen eins und zwei seiner Statuten ersucht daher der Alpenverein in einem Antrag um Förderung seiner Aufgaben durch den Landtag. Das Echo ist allerdings deprimierend. Der einzige Landesausschuß, der offiziell antwortet, ist jener des Kronlandes Tirol. Er schreibt, daß »wegen Nichtexistenz eines besonderen Landesbaufonds und gegenwärtiger Nichtverwendbarkeit der Landesmittel auf Straßenbau-Conservative in Tirol dem Gesuche des Alpenvereins nicht willfahrt« werden könne.

*

Die erste Hütte des Alpenvereins wird 1868 im Kapruner Tal errichtet. Man nennt sie nach dem Protektor Erzherzog Rainer. Schon 1857 wird die Johannishütte in der südlichen Venedigergruppe erbaut – sie kommt aber erst später in den Besitz des Alpenvereins.

In München treffen einander Bergfreunde schon seit 1866 zu regelmäßigen Zusammenkünften. Zu ihnen zählen in erster Linie Carl Hofmann, Theodor Trautwein und der Prager Johann Stüdl. Trautwein fungiert schon seit Jahren als Mandatar des Österreichischen Alpenvereins in München. Treibende Kraft ist aber wohl der Kurat von Vent im Ötztal (Österreich), Franz Senn. Er wird zwar bei seinen Bemühungen, den Touristenverkehr im Ötztal anzukurbeln, vom ÖAV unterstützt, steht jedoch in Tirol mit seinen Bestrebungen völlig allein. Es liegt für ihn daher nahe, Kontakte mit Freunden in München aufzunehmen, das durch seine geographische Lage auch leichter erreichbar ist.
Eine logische Folge dieses Zusammenwirkens bergbegeisterter Männer ist schließlich die Gründung des Deutschen Alpenvereins mit der Konstituierung der ersten Sektion in München am 9. Mai 1869. In diesem Jahr entstehen übrigens auch der »Verein der Gebirgsfreunde in der Steiermark zu Graz« und der »Österreichische Touristenklub«.

*

Schon vor der Konstituierung des Deutschen Alpenvereins gibt es im Zentralausschuß des ÖAV in Wien Bestrebungen, den Verein auf eine breitere Basis zu stellen – vor allem durch die Einbeziehung der Alpenländer. Die Gründungsmitglieder des Österreichischen Alpenvereins, Grohmann, Mojsisovics und Sommaruga, sowie die Ausschußmitglieder Barth und Egger bringen schließlich einen Antrag auf Abänderung der Organisation ein. In diesem Antrag sind bereits die Grundzüge des späteren gemeinsamen Alpenvereins Österreich-Deutschland enthalten.
Allerdings stößt die Idee einer Fusionierung bei den übrigen Ausschußmitgliedern auf vehementen Widerstand. Daraufhin treten die Antragsteller aus der Vereinsleitung aus. Das erweist sich aber als kein Hindernis für die Bildung von DAV-Sektionen auf österreichischem Boden, und deutsche Staatsbürger treten ihrerseits dem ÖAV bei. Im Vereinsjahr 1870/71 wird Wien zum Vorort (Vereinssitz) des DAV gewählt, die Sektion Wien übernimmt die entsprechenden Aufgaben.

*

Der Österreichische Touristenklub, der sich am 18. Mai 1869 in Wien konstituiert, nennt in seinen Satzungen als Vereinszweck die »erleichterte, lehrreiche und möglichst billige Bereisung der österreichischen Gebirgswelt«. In seinem ersten Bestandsjahr zählt der Klub 239 Mitglieder. Die Gründung des Klubs ist auf Gustav Jäger und Lambert Marzroth zurückzuführen.

*

Im Jahr 1873 kommt es dann nach langwierigen Verhandlungen zur Verschmelzung der beiden alpinen Vereine DAV und ÖAV. In der Hauptversammlung des DAV am 23. August dieses Jahres beschließt man mit 713 gegen 180 Stimmen, den Namen »Deutscher und Österreichischer Alpenverein« anzunehmen, sobald der ÖAV als Sektion beitritt. In der Hauptversammlung des ÖAV am 19. Novem-

ber wird man sich schließlich darüber einig, die Sektion Wien des DAV zur Sektion Austria des »Deutschen und Österreichischen Alpenvereins« (DuÖAV) zu machen. Die Sektion Austria wird damit zur Traditionsträgerin des Österreichischen Alpenvereins.
Für diesen Zusammenschluß gibt es keine politischen Gründe. Allein entscheidend sind – vom Standpunkt des Bergsteigers gesehen – Zweckmäßigkeitsgründe. Denn das 1871 geeinigte Deutschland besitzt nur einen sehr kleinen Anteil am Alpenraum, aber die Zahl der Bergsteiger, die ein entsprechendes Betätigungsfeld suchen, wird von Jahr zu Jahr größer. Es liegt also nahe, die alpinen Möglichkeiten, die der Alpenraum der österreichisch-ungarischen Monarchie bietet, zu nützen.

*

Mitte der siebziger Jahre läßt der Österreichische Touristenklub in Anbetracht der Bedeutung, die guten Wetterprognosen zukommt, zuerst beim Baumgartnerhaus am Schneeberg und später auf dem Hochobir Wetterbeobachtungsstationen errichten. Die Aufzeichnungen werden täglich nach Wien durchgegeben, wissenschaftlich ausgewertet und in den Tageszeitungen veröffentlicht. Die Station auf dem Hochobir ist lange Zeit Österreichs höchste Wetterstation, bis sie später diese Sonderstellung an den Sonnblick abgeben muß.

*

In die Zeit zwischen 1877 und 1879 – Vereinssitz des DuÖAV ist München – fällt die erste grundsätzliche Hütten- und Wegebauordnung. Und eine weitere Entwicklung wird deutlich: Die wissenschaftliche Alpenforschung erobert ihren festen Platz im Alpenverein. Die Gletscherbeobachtung erhält den offiziellen Vereinssegen, und die meteorologischen Messungen finden finanzielle Anerkennung. Schließlich gibt der DuÖAV auch noch die vorbildlichen Werke »Anleitung zur wissenschaftlichen Beobachtung auf Alpenreisen« und »Atlas der Alpenflora« heraus.

*

1879 feiert der Österreichische Touristenklub sein Zehn-Jahres-Jubiläum. Im ersten Dezennium hat man neun Schutzhäuser erbaut, zahlreiche Wege angelegt, Fahrpreisermäßigungen erwirkt, meteorologische Beobachtungsstationen eingerichtet und in das Bergführerwesen ordnend eingegriffen. Der ÖTK zählt in der Zentrale Wien und in seinen sieben Sektionen rund 3500 Mitglieder.

*

Ein wichtiger Abschnitt sind für den DuÖAV die Jahre 1880 bis 1882, wo der Hauptausschuß des Gesamtvereins ausschließlich von Mitgliedern der Sektion Austria gebildet wird. Als Vorort führt Wien die Gliederung des Führerwesens durch. Man organisiert eigene Ausbildungskurse, konstituiert Bergführervereine, richtet spezielle Führer-Büchereien ein. Und schließlich wird auch ein Führer-Abzeichen geschaffen. Man beginnt außerdem damit, die Bergführer mit Seilen

und Verbandszeug auszurüsten und erste Schritte zu ihrer Versicherung einzuleiten.
Waren die Bergsteiger der Frühzeit noch auf die Lokalkenntnisse der Einheimischen und auf deren mehr oder weniger guten Willen angewiesen, so beginnt sich nun auch das langsam zu ändern. Die ersten Führerlosen und Alleingänger steigen in die Berge. Das hat zwei Gründe: Erstens kann man sich die notwendige Technik relativ rasch aneignen, und zahlreiche, vom Alpenverein publizierte Karten machen auch die Orientierung im Gelände immer leichter.
In den Jahren zwischen 1880 und 1882 wächst die Organisation des DuÖAV um 18 Sektionen und 2900 Mitglieder auf über 10.000 Mitglieder an. Die Zahl der Hütten ist auf 51 angewachsen; ein Hüttengrundbuch und ein Hüttenalbum werden angelegt.

*

In der Periode 1883 bis 1885 (Vereinssitz Salzburg) beginnt die Alpenvereins-Kartographie mit eigenen Vermessungsarbeiten. Zum Nutzen der Wissenschaft gründet der DuÖAV die meteorologische Sonnblick-Station. Bei den häufigen Hochwasser-Katastrophen greift der Verein tief in die Kasse: 1885 spendet er zum Beispiel 31.000 Goldmark. Auf Wanderausstellungen wirbt der Verein für das alpenländische Gewerbe und betreibt sogar entscheidend die Aufforstung vermurungsgefährdeter Hänge.
1886 bis 1888 – der Vereinssitz ist in der Zwischenzeit nach München verlegt worden – gründet man ein eigenes Komitee für die Geschichte der Erforschung der Ostalpen, führt die Gletscherforschung fort und nimmt auch hydrologische Beobachtungen in das Vereinsprogramm auf.

*

Anschließend an Salzburg und München als Vororte des DuÖAV wird in der Zeit zwischen 1889 und 1891 wieder Wien gewählt, und neuerlich stellt die Sektion Austria die Leitung für den Gesamtverein. In dieser Funktionsperiode entstehen 20 neue Hütten.
Mit der Zunahme der Hütten und dem Anwachsen des Wegenetzes wird es notwendig, eine neue Wege- und Hüttenordnung aufzustellen. Man ruft einen entsprechenden Ausschuß ins Leben und setzt einen wissenschaftlichen Beirat ein. Für Studenten errichtet man Herbergen. Gleichzeitig starten die Vorarbeiten für das dreibändige Werk von Richter über »Die Erschließung der Ostalpen« – und eine »Anleitung zur Ausübung des Bergführerberufes« erscheint.

*

1876 gründet man ein eigenes »Komitee zur Hebung des Fremdenverkehrs«, das schon sehr früh beachtliche Erfolge verzeichnen kann. So ist es zum Beispiel den Bemühungen dieses Komitees zu verdanken, daß auf den Poststrecken Oberinntal und Vintschgau die alten Postkarren schon 1877 durch moderne und bequeme Landauer ersetzt werden. Eine erhebliche Erweiterung des Rundreiseverkehrs, die Einführung neuer Rundreiserouten, die Verlängerung der Gültigkeitsdauer entsprechender Billetts und einiges andere mehr zählen ebenfalls zu den Erfolgen des Komitees. Man unternimmt auch Schritte, um die österreichische Regierung zur Herstellung oder zumindest Subventionierung mehrerer Gebirgsstraßen zu veranlassen, und zwar jener in das Ötztal, in den Oberpinzgau, in das Osttiroler Iseltal und in das Suldental am Fuß des Ortlers.

*

In das Jahr 1887 fällt die 25-Jahr-Feier zur Erinnerung an die Gründung des Österreichischen Alpenvereins. Aus diesem Anlaß widmet der DuÖAV den Altersmitgliedern des Österreichischen Alpenvereins »in Verehrung und Ergebenheit« eine eigene Festschrift. Mit 155 Sektionen und 20.000 Mitgliedern ist der DuÖAV in der Zwischenzeit zum größten und angesehensten alpinen Verein geworden.

*

Vom 8. bis 10. August 1894 feiert man in München das Jubiläum des 25jährigen Bestehens des Deutschen und des Österreichischen Alpenvereins. Das Fest demonstriert Erfolge und innere Geschlossenheit. Mit 31.358 Mitgliedern in 214 Sektionen, 130 Schutzhütten und einem Jahreshaushalt von 200.000 Goldmark ist der Verein zu einer Massenbewegung geworden.

*

Für viele Alpenfreunde ist das Bergsteigen inzwischen Selbstzweck geworden. Man will nicht mehr nur topographische Kenntnisse sammeln, sondern den Alpinismus bewußt erleben. Man sucht Neuland in Wänden, auf Graten und schwierigen Türmen. Charakteristisch für den Einfluß dieser Entwicklung zum »Schwierigkeits-Alpinismus« auf den DuÖAV ist die Gründung der ersten rein hochtouristischen Sektion im Jahr 1895 – der Sektion Bayerland.

*

Grundsätze für das alpine Rettungswesen werden zum ersten Mal in der Epoche zwischen 1895 und 1897 aufgestellt. Eine neue Alpenvereinskarte zeigt erstmals einen Überblick über alle Schutzhütten.
Die Anfänge der Kartographie reichen bis in die Zeit um 1873 zurück. Der Alpenverein spezialisiert sich auf die Darstellung einzelner Gebirgsgruppen. Er hat damit – zum Unterschied zu der amtlichen Kartographie, die Werke über ganze Länder herausbringt – einen entscheidenden Vorteil: Er kann bei den einzelnen Blättern die neuesten Verfahren und Herstellungsmethoden einsetzen, was der amtlichen Kartographie nicht möglich ist.
Als erste größere Karte des Alpenvereins erscheint in den Jahren 1874 bis 1878 die der Ötztaler und der Stubaier Alpen im Maßstab 1 : 50.000, die Prof. Karl Haushofer aus München bearbeitet. Es folgen weitere AV-Karten, etwa vom Wilden Kaiser, von der Riesenfernergruppe, den Zillertaler Alpen, der Venediger-, Glockner- und Ortlergruppe, des Karwendels und der Berchtesgadener Alpen. Dazu kommen ab 1900 weitere Blätter, und zwar von der Adamello- und

Presanella-Gruppe, der Langkofel-Sella-Gruppe, der Marmolata, der Brenta, der Ankogelgruppe und den Lechtaler Bergen.

*

Der Fachlehrer und spätere Schulinspektor Georg Schmiedl und dessen Wanderkollege, der Kaufmann Simon Katz, besprechen am 17. März 1895 auf einer gemeinsamen Wanderung die Möglichkeit der Gründung einer touristischen Gruppe für Arbeiter. Schmiedl erklärt später seine Motivation so: »Wir wollen vor allem die Arbeiter losreißen von den Stätten des Alkohols, vom Würfel- und Kartenspiel. Wir wollen sie aus der Enge ihrer Wohnungen, aus dem Dunst der Fabriken und Wirtshäuser hinausleiten in unsere herrliche Natur, sie der Schönheit und der Freude entgegenführen. Wir wollen sie in die Lage versetzen, ihren Körper und ihren Geist freizumachen von dem trüben und öden Allerlei des Alltags. Wir wollen sie der frischen Luft, dem Licht und der Sonne zuführen.«
Die Organisation, die sich zunächst noch »Touristische Gruppe der Sozialdemokraten« nennt, führt am 16. September 1898 im Gasthof »Zum goldenen Luchsen« in Wien die offizielle Gründungsversammlung durch. Man nennt sich nun »Die Naturfreunde« (ab 1906 Touristenverein »Die Naturfreunde«). Die Umwandlung der losen Gruppe in einen ständigen Verein wird von Alois Rohrauer und Karl Renner, dem späteren österreichischen Staatskanzler, vorbereitet. Der Verein soll, so Renner, »neben die alpinen Vereine des Bürgertums treten und durch geringe Mitgliedsbeiträge dem Arbeiter die organisierte Teilnahme am Bergsport möglich machen«.

*

Der Vorort München des DuÖAV nimmt zwischen 1898 und 1900 unter anderem die Volkskunde der deutschen Alpenländer in sein Programm auf, unterstützt die gerade entstehenden Alpenpflanzengärten, fördert entscheidend die Errichtung des Zugspitz-Observatoriums und hebt den Verein zum Schutze der Alpenpflanzen und -tiere aus der Taufe. 1901 bis 1906 kommt es zum Organisationsplan für das alpine Rettungswesen mit seinem systematischen Netz von Rettungs- und Meldestellen. Zu den größten Kulturleistungen dieser Zeit gehört aber die Gründung der Zentralbibliothek des DuÖAV. Auf der Grundlage der vom alpinen Asienforscher Rickmer Rickmers gespendeten reichhaltigen Privatbücherei eröffnet man sie 1901 in München. Die Alpenvereinsbücherei wird bald zu einer Einrichtung von Weltgeltung.

*

Die erste Ortsgruppe des Touristenvereins »Die Naturfreunde« außerhalb des Gebietes der Monarchie entsteht in Zürich. Hier wird am 2. Juli 1905 im Restaurant »Schlauch« die Gründungsversammlung abgehalten, wobei sich die beiden Arbeiterwandervereine »Frohsinn« und »Fortschritt« zusammenschließen. Am 4. August 1905 vereinigen sich der Touristenklub »Eichenkranz« und der Alpenklub »Halserspitze« zur Ortsgruppe München.

1907 bis 1909 wird vom DuÖAV die Unfallentschädigung für Mitglieder geschaffen. Am Schluß dieser Epoche bemerkt der Vereinschronist: »Ein Weltgebirgsverein unter der Hegemonie des DuÖAV, das wäre das letzte und herrlichste Endziel aller bergfreundlichen Bestrebungen ...« Mit stolzgeschwellten Segeln vermeint das Vereinsschiff in eine rosige Zukunft zu fahren. Auf der großen Bühne der Weltgeschichte werden aber bereits die grausam trennenden Kulissen für den großen Krieg zurechtgeschoben.

*

Bis 1908 ist die Leitung der Wiener Ortsgruppe der Naturfreunde zugleich Leitung des Gesamtvereins. Der – entsprechend den Statuten der Naturfreunde-Internationale – mit unterschiedlichem Gründungsdatum bald auch in der Schweiz, in Deutschland, den USA, Frankreich, Ungarn, in der ČSR, Polen, Holland, Belgien, Palästina (Israel), Schweden, England, Italien, Dänemark, Brasilien, Norwegen, Australien, Jugoslawien, Bulgarien, Rumänien, Spanien, Finnland, Luxemburg und im Saarland vertreten ist.
Bei der Hauptversammlung in Innsbruck zu Pfingsten 1908 wird die Resolution gefaßt, daß die Zentrale durch einen Zentralausschuß ersetzt werden soll, der getrennt von der Ortsgruppe Wien zu agieren hätte. Nach den Intentionen des Zentralausschusses sollen Länder keinen Verband bilden, sondern es sollen Gaue gebildet werden.

*

1910 bis 1911 tritt die erste Unfallversicherung für Alpenvereinsmitglieder in Kraft, das Münchener Alpine Museum öffnet seine Pforten. 1914 bis 1918 brennt das Vereinsleben auf Sparflamme. Es beschränkt sich auf die Kriegsfürsorge und auf die Beratung der Militärbehörden. Der Zusammenbruch 1918 öffnet dann manches eifersüchtig gehütete Sperrgebiet für den Tourismus. Zwischen den Jagdverbänden und dem DuÖAV kommen erstmals Vereinbarungen zustande, die die Interessen der Mitglieder-Mehrheit berücksichtigen. Aber der Verein verliert durch die Kriegsereignisse 95 Hütten – vor allem in Südtirol und in den heute jugoslawischen Berggebieten – und büßt 24 Sektionen ein. 2556 Mitglieder kommen nicht mehr aus dem Feld zurück. Aber auch dieser Verlust kann das Gesamtgefüge des Alpenvereins nicht zerreißen.

*

Der Schweizer Alpen-Club verankert 1914 in seinen Statuten, daß er gegen jeglichen Eingriff in die Alpenwelt ist, und erhöht mit dieser Maßnahme die Anzahl seiner Mitglieder beträchtlich.

*

Die erste Generalversammlung des DuÖAV nach dem Krieg im Jahr 1919 formuliert den Protest der Bergsteiger gegen eine weitere Erschließung der Alpen. Künftig soll die Besinnung auf das Einfache im Tourismus die Betätigung der Sektionen bestimmen. 1920 wird in München die Bergwacht gegründet, und

der Alpenverein baut in eigener Regie das durch den Krieg zerschlagene Rettungswesen wieder aus.
Nach Jahren der finanziellen Not setzt dann 1925 unter dem Vorort München wieder der Aufschwung ein. 1928 propagiert der DuÖAV den Naturschutz und kämpft gegen den Bergbahnbau. Leider fallen in diese Zeit auch die ersten politischen Schatten: 1924 wird die jüdische Sektion Donauland aus dem Verein ausgeschlossen. Es mutet wie ein makabrer Scherz an, wenn man liest, daß der Alpenverein kurz vorher seine Satzung durch den Zusatz ergänzt hat: »... Der Verein ist unpolitisch.«

*

Nach dem Ersten Weltkrieg gerät die Leitung der Naturfreunde-Internationale in große finanzielle Schwierigkeiten. Für die weitere Arbeit sind Spenden der Ortsgruppen Winterthur (1000 Franken), San Franzisko (100 Dollar) und New York (350 Dollar) lebenswichtig. 1924 folgt eine weitere Krise, als die größte Reichsleitung – nämlich Deutschland mit 55 Prozent aller Vereinsmitglieder – infolge der Inflation in arge Zahlungsschwierigkeiten gerät. Auch diesmal sind es die überseeischen und die Schweizer Ortsgruppen, die den Weiterbestand sichern.

*

Der Vorort Innsbruck (1929 bis 1933) des DuÖAV steht im Zeichen der Weltwirtschaftskrise und der beginnenden Grenzsperre. Die steigende Wirtschaftsnot der Alpenländer verhilft 1930 einer »Alpinen Einheitsfront« zum Leben. Hinter diesem militanten Namen verbirgt sich der Beitritt des Österreichischen Gebirgsvereins (ÖGV) und des Österreichischen Touristenklubs (ÖTK) zum DuÖAV. Beide Vereine können mit ihren Ortsgruppen auf eine jahrzehntelange alpine Tätigkeit zurückblicken und bringen einen ansehnlichen Hüttenbesitz mit. Mit einem absoluten Vorkriegshöchststand von 245.000 Mitgliedern in 441 Sektionen und einem Besitz von rund 500 Hütten geht der größte alpine Verein in sein 62. Jahr. Allein die Alpenvereins-Sektionen haben bis dahin vermutlich über zehn Millionen Mark für Hütten- und Wegebauten ausgegeben.

*

1933 wird die Vereinstätigkeit des deutschen Landesverbandes des Touristenvereins »Die Naturfreunde« eingestellt. Versuche von deutschen Funktionären, das Vermögen des Vereins zu retten, scheitern. Auch in Österreich wird die politische Situation immer gespannter. Am 13. September 1933 faßt der Zentralausschuß einen wichtigen Beschluß. Er lautet: »Im Sinne des § 17 Abs. 2 der Statuten des Gesamtvereins wird ein Beauftragter bestimmt, dem im Falle der behördlichen Auflösung oder Sistierung das Verfügungsrecht über das Vermögen des Gesamtvereins zufällt.« Als dieser Beauftragte wird der Schweizer Walter Escher und als dessen Vertreter Theodor Dietl aus der Tschechoslowakei nominiert.
Mit 13. Feber 1934 wird der TVN in Österreich aufgelöst. Der Verein befindet sich nun in der schwierigen Situation, einen neuen Zentralausschuß gründen zu

müssen, wofür eine Hauptversammlung notwendig ist. Walter Escher, der das Vermögen des Vereins verwaltet, beruft eine Länderkonferenz nach Zürich ein, an der am 25. März 1934 im Albishaus Vertreter der ČSR, Belgiens, Frankreichs, des Saarlands, der Schweiz und Österreichs teilnehmen. Die Niederlande entschuldigen sich und schließen sich schriftlich den Beschlüssen an. Die Konferenz protestiert im Namen von 30.000 Naturfreunden gegen die willkürliche Auflösung des Vereins in Deutschland und Österreich. Sie legt Verwahrung ein gegen die widerrechtliche Beschlagnahme des der gesamten Naturfreunde-Internationale gehörenden Vermögens und behält sich alle Schritte vor, die es ermöglichen sollen, daß der ursprüngliche Rechts- und Vermögensstand wiederhergestellt wird. Außerdem beschließt man, den Sitz des Gesamtvereins von Wien nach Zürich zu verlegen und einen provisorischen Zentralausschuß zu wählen. Trotz vieler Bemühungen und Kontakte wird dem Zentralausschuß in der Schweiz das Archiv der Naturfreunde nicht ausgehändigt.

*

1933 läßt das Reichsinnenministerium die deutschen Vereinsvertreter des DuÖAV nicht mehr nach Österreich ausreisen – man muß sich im neutralen Vaduz (Liechtenstein) treffen. Dort findet 1934 die nächste Hauptversammlung statt. Trotz aller Schwierigkeiten und trotz des wachsenden innenpolitischen Drucks bekennen sich alle Teilnehmer einmütig zur Gemeinsamkeit zwischen dem deutschen und dem österreichischen Alpenvereinsteil. 1935 dürfen dann wieder Vertreter reichsdeutscher Sektionen zur Hauptversammlung nach Bregenz. 1938 wird der DuÖAV in Deutscher Alpenverein umbenannt, und auf der Hauptversammlung in Friedrichshafen muß der Verein schließlich vor dem Nationalsozialismus kapitulieren. Als Fachverband Bergsteigen wird er dem Reichsbund für Leibesübungen einverleibt. Dr. Seyß-Inquart wird zum Vereinsführer ernannt und Innsbruck zum ständigen Vereinssitz bestimmt. Und zwar von 1938 bis zum bitteren Ende.

*

Entsprechend der politischen Entwicklung in Europa kommt langsam, aber unabänderlich das »Aus« für eine Reihe von Ortsgruppen des ÖTK. 1935 löst sich die Organisation im Saargebiet auf, 1936 wird die Naturfreunde-Ortsgruppe in Danzig, einem Völkerbundprotektorat, aufgelöst. 1937 verbietet man – nach 1931 zum zweiten Mal – die jugoslawischen Naturfreunde. 1939 werden die Naturfreunde-Organisationen im Sudetenland verboten, im selben Jahr muß der Verein in Polen seine Tätigkeit einstellen. Ebenfalls 1939 bedingt die gefährliche politische Entwicklung das Ende der Landesleitung Frankreichs. 1940 versucht der Zentralausschuß, die französischen Naturfreunde wieder zu aktivieren, was allerdings im Mai durch die Besetzung Nordfrankreichs vereitelt wird. Von 1941 bis zur völligen Besetzung Frankreichs ist eine Landesleitung im unbesetzten Teil tätig.

Angesichts der schwierigen Lage entschließt sich der Hauptausschuß am 5. und 6. August 1939 – wie schon 1934 –, Verwalter für das Naturfreunde-Vermögen einzusetzen. Hart (Niederlande), Dequecker (Belgien) und Escher (Schweiz) erhalten die Vollmacht, über das Vermögen des Gesamtvereins im Notfall zu verfügen. Als die Schweiz durch Hitler bedroht scheint, bringt die Naturfreunde-Internationale Akten und Gelder im Berner Oberland in Sicherheit. Am 8. September 1939 fordert ein Rundschreiben des Zentralausschusses die Mitglieder auf, die Bewegung durch den Krieg zu führen und sie für den Frieden zu retten.

*

Trotz zunehmender Schwierigkeiten funktioniert die Alpenvereinsmaschinerie bis 1944 erstaunlich gut. Dann aber beginnt die große Agonie. Mit dem Zusammenbruch verschwindet auch der DuÖAV 1945 in Trümmern, Not und Elend. Das »Tausendjährige Reich« wirft die achtbare Schöpfung dieses überstaatlichen Gebildes auf den Kehrichthaufen der Kulturgeschichte.

*

Die erste schriftlich festgehaltene Idee, in Südtirol eine eigene Bergsteigervereinigung für die deutschsprachige Bevölkerung unter dem Namen Alpenverein Südtirol ins Leben zu rufen, geht urkundlich aus einem Schreiben von Franz Huber (Meran) an Kandidus Ronchetti (Bozen) vom 27. November 1945 hervor. Am 28. Dezember 1945 wird von einem Gründungskomitee an das Allied Military Gouvernement (AMG) ein Antrag auf Gründung eines Alpenvereins Südtirol gestellt. Das AMG stimmt diesem Antrag am 31. Dezember 1945 zu. Damit ist der erste Schritt getan. Die Gründungsversammlung findet dann am 14. Juni 1946 in der Villa Brigl in Bozen statt.

*

Die europäische Katastrophe des Jahres 1945 scheint das alpine Vereinsgeschehen vernichtet zu haben. Im österreichischen Alpenraum verlaufen mehrere Entwicklungen parallel zueinander, da ja vor allem in der ersten Zeit Wien und die Bundesländer durch die Besatzungszonen scharf voneinander getrennt sind. Am einfachsten ist die Lage in Tirol, wo Innsbruck letzter offizieller Sitz des Alpenvereins war. Das Verständnis der neuen Tiroler Behörden ermöglicht bald die Umbildung in einen Verein entsprechend den gesetzlichen Erfordernissen.
In anderen österreichischen Bundesländern werden sogenannte Liquidationsausschüsse eingerichtet, deren Tätigkeit manche Wünsche offenläßt. Am schwierigsten ist die Lage in Wien, das ja zum Schlachtfeld geworden und in einen Trümmerhaufen verwandelt worden war. Auch die Räume der legendären Sektion Austria sind schwer in Mitleidenschaft gezogen – man hat praktisch alles verloren.
Der Alpenverein hat jetzt in ganz Österreich kaum mehr 30.000 Mitglieder. Die meisten der kleineren Vereine und Gesellschaften, die zwischen 1938 und 1945 Sektionen des Alpenvereins geworden waren, gehen nun wieder eigene Wege. Auch der Österreichische Touristenklub (ÖTK) und der Österreichische Gebirgsverein (ÖGV), die schon vor 1933 zum Alpenverein gestoßen waren, konstituie-

ren sich als selbständige Organisationen. Der Gebirgsverein schließt sich allerdings 1955 neuerlich dem ÖAV an.
Die Sicherung des Bestandes wäre aber unvollständig geblieben, hätte man nicht auch den Hüttenbesitz der deutschen Sektionen – deren Arbeitsgebiete mit jenen der österreichischen eng verzahnt sind – der Alpenvereinsidee dienstbar erhalten. Mit großer Einsicht bestellen die zuständigen österreichischen Behörden Prof. Martin Busch zum Treuhänder für den nicht-österreichischen Alpenvereinsbesitz – insgesamt sind es 183 deutsche Hütten –, bis es der Staatsvertrag der österreichischen Regierung ermöglicht, durch die Rückgabe der Hütten 1956 an alle westdeutschen Sektionen das Problem im wesentlichen zu lösen.

*

Die erste Nachkriegshauptversammlung des nun wieder rein österreichischen Alpenvereins findet 1947 in Bad Ischl statt. Im darauffolgenden Jahr sind dann bereits namhafte Vertreter des Schweizer Alpen-Clubs und des Club Alpin Français als Gäste anwesend. Und auch die internationalen Verbindungen leben wieder auf. In Holland, England, Dänemark und Flandern entstehen Auslandssektionen des ÖAV, und zwischen 1947 und 1950 können mit dem Alpenverein Südtirol sowie mit dem französischen, italienischen und dem Schweizer Alpen-Club Gegenrechtsabkommen getroffen werden.

*

Trotz oder vielleicht auch gerade wegen der Auflösung der großen Naturfreunde-Landesorganisationen findet die Idee der Bewegung weitere Verbreitung. Zunächst gründen Flüchtlinge aus Deutschland und Österreich Ortsgruppen in Palästina (1935) und in Schweden (1943), aber auch die bestehenden Organisationen finden weiteren Zuspruch. Die Werbung kann in der Schweiz und zunächst auch in Frankreich sowie in Belgien und in den Niederlanden konzentriert durchgeführt werden. Im Laufe der letzten Kriegsjahre brechen dann aber fast alle Kontakte des Zentralausschusses mit den Naturfreunde-Landesverbänden ab. Aber persönliche Verbindungen lassen auf einen Fortbestand der internationalen Organisation hoffen.
Die 50-Jahr-Feier des TVN fällt in das Jahr des Kriegsendes. Bald melden sich die verschiedenen Landesverbände, nachdem sie die schwere Nachkriegszeit überwunden und die Funktionäre sich wieder gefunden haben. Anfang 1944 hat sich die Landesleitung Frankreich wieder neu gebildet, im Dezember 1944 findet bereits in Wallonien ein Kongreß der dortigen Naturfreunde statt. Es melden sich Amerika (Mitte 1945), Österreich (August 1945) und Deutschland (Oktober 1945).
Die erste internationale Konferenz kann am 3. und 4. September 1946 nach Zürich einberufen werden. Die Wiederaufnahme der deutschen Naturfreunde-Organisation stößt zunächst auf große Schwierigkeiten. Auf einer Präsidentenkonferenz wird aber Deutschland am 10. April 1948 schließlich doch wieder aufgenommen.

Am 25. Oktober 1949 schließen sich die vier großen österreichischen alpinen Vereine ÖAV, ÖGV, TVN und ÖTK zu einem gemeinsamen Dachverband – zum Verband alpiner Vereine Österreichs (VAVÖ) – zusammen.

*

Der erste Kongreß der Naturfreunde-Internationale nach dem Zweiten Weltkrieg, der vom 3. bis 5. Juni 1950 in Celerina im Engadin (Schweiz) stattfindet, sieht einige ehemalige Mitgliedsländer nicht mehr am Konferenztisch. In der sowjetischen Zone Deutschlands entsteht zwar sofort nach Kriegsende wieder eine Naturfreunde-Bewegung. Sie wird jedoch aufgelöst und in den antifaschistischen Touristenverband umgebildet. Später werden im Osten Deutschlands die Natur- und Heimatfreunde gegründet. Auch die ehemaligen Landesverbände in Polen, Bulgarien und Rumänien entstehen nicht mehr. In Jugoslawien gibt es noch einige lose Naturfreunde-Gruppen mit dem alten Abzeichen, und in Ungarn entsteht die Nachfolge-Organisation Magyar Természetbarat Szövetség mit dem alten Naturfreunde-Emblem des Österreichers Karl Renner.

*

Dem Deutschen Alpenverein bleiben nach 1945 vorerst nur nachdenkliche Erinnerungen an den alten Verein – und ausgeraubte Hütten als Souvenirs. Der Verein ist zerschlagen, und seine Mitglieder sind in alle Winde zerstreut. Aber langsam beginnt man sich wieder zu sammeln. In Bayern und in der französischen Besatzungszone entstehen trotz des Verbotes der Siegermächte wieder Alpenklubs. 1947/48 schließen sich die neuen Sektionen auf Länderebene zusammen. Aber erst im Juli 1950 können in Würzburg die zwölf Vertrauensmänner des Alpenvereins und der in der Beratungsstelle Stuttgart zusammengeschlossenen übrigen Landesarbeitsgemeinschaften einen zweiten Deutschen Alpenverein aus der Taufe heben. Die Vollstrecker des Einigungswillens gehen als die »12 Apostel« in die Vereinsgeschichte ein.
Ende Oktober treffen die Vertreter aller Sektionen in Würzburg zum Alpenvereinstag 1950 zusammen. Dort nehmen sie eine neue Vereinssatzung an und wählen eine neue Vereinsleitung. Der 22. Oktober 1950 wird damit zum historischen Datum. 234 Sektionen mit rund 90.000 Mitgliedern schließen sich wieder im Deutschen Alpenverein zusammen. Die bisher lähmendste Krise in der 80jährigen Vereinsgeschichte ist damit überwunden.

*

Die immer stärker werdende Bedrohung des Alpenraumes bereitet nicht nur den nationalen Naturschutzverbänden – insbesondere den in der Internationalen Vereinigung der Alpinistenverbände (UIAA) zusammengeschlossenen Organisationen – großes Kopfzerbrechen, sondern läßt auch den Gedanken aufkeimen, eine internationale Organisation zu schaffen, um wirkungsvoller gegen den Wachstumsfanatismus im alpinen Raum vorgehen zu können.
Der erste Schritt dazu wird 1950 bei der Generalversammlung der Internationalen Union für Naturschutz (IUCN) in Brüssel getan. Im Anschluß an einen

Hinweis von Prof. Videsott (Turin) auf gemeinsame Naturschutzprobleme im Grenzgebiet zwischen Italien und der Schweiz erwägt man, für solche Zwecke eine internationale Alpenschutzkommission zu schaffen. Aus verschiedenen Gründen kann dieses Vorhaben vorerst nicht realisiert werden. Bei der Arbeitstagung der IUCN im Herbst 1951 in Den Haag macht dann Dr. Edith Ebers, die Vertreterin des Bundes Naturschutz in Bayern, nochmals einen Vorstoß. Der Präsident der IUCN, Prof. Dr. Bernard (Genf), stellt sich voll hinter diesen Antrag. Zunächst soll ein vorbereitender Ausschuß aus Vertretern interessierter Verbände und besonders befähigten Fachleuten gebildet werden. Nach ihrer Rückkehr aus Den Haag schlägt Frau Dr. Ebers dem Bund Naturschutz Bayern vor, die Naturschutz-Organisationen der Alpenländer nach Deutschland einzuladen. Am 5. Mai 1952 ist es so weit, daß sich Vertreter der Alpenländer in Rottach-Egern am Tegernsee zur konstituierenden Sitzung der Internationalen Alpenschutzkommission treffen können. Neben Repräsentanten der deutschen Naturschutzverbände erscheinen die Delegierten der Schweiz, Frankreichs, Österreichs und Italiens. Jugoslawien kann noch keinen Beauftragten entsenden, gibt aber in einer schriftlichen Erklärung sein grundsätzliches Interesse an einer Mitarbeit zu verstehen. Es ist bei diesem ersten Treffen zwar noch nicht möglich, endgültige Beschlüsse zu fassen, doch werden die vom Bund Naturschutz in Bayern erarbeiteten Punkte als Grundsatzprogramm für die zukünftige Arbeit angenommen. Außerdem beschließt man Deutsch und Französisch als Konferenzsprache zu bestimmen. Die französische Bezeichnung der Internationalen Alpenschutzkommission lautet seitdem Commission Internationale pour la Protection des Régions Alpines – kurz CIPRA. Zum ersten Vorsitzenden der CIPRA wird Prof. Bernard gewählt.

Er ruft nach Abschluß der Generalversammlung der IUCN in Caracas (Venezuela) im Jahr 1952 die inzwischen von den Teilnehmern der Gründungsversammlung benannten Mitglieder der CIPRA zur ersten Arbeitstagung für den 27. Oktober 1952 nach St. Gallen zusammen. Der Präsident kann dort mitteilen, daß die CIPRA als unabhängiges Mitglied in die IUCN aufgenommen wurde. In St. Gallen erarbeitet man übrigens auch das erste Reglement, das in seinen Grundzügen noch heute gilt. Es bestimmt, daß die einzelnen Länder Probleme, die nur ein Land berühren, zunächst selbständig bearbeiten sollen. Nur wenn es gewünscht wird oder notwendig erscheint, schaltet sich die CIPRA ein und tritt an die Regierung jenes Landes heran, in dem über ein international bedeutendes Naturschutzprojekt zu entscheiden ist.

Als Erfolg ihrer Tätigkeit kann die CIPRA unter anderem die Verhinderung eines Kraftwerkes im Nationalpark Gran Paradiso (1952), die Rettung der Krimmler Wasserfälle (1960), die Erhaltung der Breitachklamm bei Oberstdorf (1961), die Erhaltung des – heute leider wieder gefährdeten – Salzachtales bei Burghausen (1965), des Sarcatales bei Pinzolo und des Socatales in Slowenien (1966) auf ihre Fahnen schreiben.

Anderseits finden auch viele Resolutionen kein Gehör. So kann zum Beispiel das Maltatal in Kärnten nicht gerettet werden, und auch verschiedene Bergbahnprojekte werden – trotz der begründeten Einsprüche der CIPRA – in ökologisch

völlig intakten Gebieten genehmigt. So etwa die Seilbahn in das Schutzgebiet des Rofangebirges in Tirol.
Andere Resolutionen bleiben unentschieden. Aber trotz allem kann man sagen, daß die Stimme der CIPRA (der die Schweiz, Liechtenstein, Deutschland, Österreich, Jugoslawien, Italien und Frankreich angehören) Gewicht hat und die Landesregierungen für die Anliegen einer internationalen Organisation viel Verständnis zeigen. In den letzten Jahren befaßt sich die CIPRA bei ihren Arbeitstagungen unter anderem mit dem Problem »Die Zukunft der Alpen« (1977), »Die Zukunft alpiner Schutzgebiete?« (1981) und »Verkehrspolitik und Umwelt im Alpenraum« (1981).

*

Die zu Beginn der siebziger Jahre einsetzende Zersiedlungs- und Erschließungswelle sowie die zunehmende Verschlechterung der Umweltqualität, die nach und nach die Berggebiete erfaßt, führen am 26. Feber 1971 zur Gründung des Alpenschutzvereins für Vorarlberg in Dornbirn. Der Verein hat speziell den Natur- und Umweltschutz im alpinen Raum auf seine Fahnen geschrieben. Bereits kurze Zeit später konstituiert sich auch in Innsbruck ein Alpenschutzverein mit den gleichen Zielsetzungen. Davon ausgehend, entwickelt sich eine »grüne Front« im Alpenraum, die einige Jahre später auch auf weitere alpine Vereine übergreift. 1974 erfolgt die Gründung des Österreichischen Alpenschutzverbandes als Dachorganisation beider Landesvereine und der Mitglieder in den anderen Bundesländern sowie im Ausland. 1976 stößt die DAV-Ortsgruppe Stade (BRD) als Mitgliedsorganisation zum Alpenschutzverband. 1980 werden Landesgruppen in der Steiermark und in Salzburg gebildet.
Die Alpenschutzvereine sind von Anbeginn an mehr als nur Institutionen für Gleichgesinnte – sie werden zum Motor zahlreicher Bürgerinitiativen. Der Alpenschutzverband tritt unter anderem gegen eine Reihe von Auswüchsen bei der Erschließung der Berggebiete auf, besonders beim Seilbahn- und Schipistenbau. Er führt die Aktion »Saubere Alpen« durch und kämpft massiv gegen die weitere Zersiedlung der Landschaft. Man nimmt vehement gegen verschiedene Erschließungsprojekte auf Gletschern Stellung, engagiert sich in Fragen des geplanten Nationalparks Hohe Tauern und setzt Aktivitäten gegen den Hubschrauber-Tourismus.

*

Schon ein Jahr vor dem Aufruf der 2. Europäischen Raumordnungsminister-Konferenz 1973, »Testräume« für die Zusammenarbeit auf europäischer Ebene zu bilden, konstituiert sich die Arbeitsgemeinschaft Alpenländer (ARGE ALP). Auf Initiative des Tiroler Landeshauptmannes Eduard Wallnöfer treffen im Herbst 1972 die Regierungschefs von Bayern, Salzburg, Tirol, Vorarlberg, Graubünden, Südtirol, Trient und der Lombardei in Mösern bei Seefeld (Tirol) zu ihrer ersten Konferenz zusammen. Dabei werden besonders die Fragen der gegenseitigen Beziehungen in der raumordnungspolitischen Zielsetzung, der Abstimmung der Politik beim Ausbau der transalpinen Verkehrswege, der

Erarbeitung gemeinsamer Grundsätze und Zielsetzungen für die Berglandwirtschaft, für den Natur- und Landschaftsschutz und noch einiges mehr besprochen. Weitere Tagungen finden im April 1973 in Rottach-Egern, im September 1973 in Bozen, im April 1974 in Schruns und im November 1974 in Gardone Riviera statt. In diesem Jahr fassen die Regierungschefs den wegweisenden Entschluß, ein gemeinsames Leitbild für die Entwicklung und Sicherung des Alpengebietes aufzustellen. Dieses Leitbild kann als ein Fallbeispiel für die Bemühungen gelten, Ökonomie und Ökologie zu einer integrierten alpenländischen Raumordnung zu vereinen.
Es folgen weitere Konferenzen der ARGE ALP in Davos (September 1975), Badgastein (November 1976), Riva del Garda (Juni 1977) und Seefeld (Juni 1978).

Wo der Mensch in Lawinenstriche oder Schwemmkegel von Wildbächen seine Häuser baut, bleibt meist doch die Natur Sieger.

In den Wassermassen der Stauseen verschwinden ganze Täler (Staumauer am Grimselpaß/Schweiz).

Oben: Die Naturgewalten versucht der Mensch durch die Mittel der Technik in den Griff zu bekommen (Wildbachverbauung im Unterinntal).
Unten: Muren und Erdrutsche dringen immer häufiger in verbautes Gebiet vor.

Sogar die Gletscher (im Bild der Rhonegletscher im Wallis) weisen bereits eine millimeterdicke Zivilisationsschmutzschicht auf.

Die heile Welt der Alpen, so wie sie im Interesse aller Europäer möglichst unversehrt erhalten werden sollte (Gletscherweg Innergschlöß).

Rotspitze über dem Umbalkees (Osttirol).

Literaturverzeichnis

–: Aktionsplan »Die Zukunft der Alpen«, IUCN Occasional Paper Nr. 13, Morges (Schweiz), 1974

–: Alpen: »I fahr' todsicher nimmer nei«. In: »DER SPIEGEL«, 9/1977, S. 62–79

Aliesch, P.: Graubünden nach der Einführung des Stockwerkeigentums. Eine wirtschaftsgeographische Untersuchung über die Bedeutung eines Gesetzeserlasses für einen Fremdenverkehrskanton, Diss. Zürich, S. 213, 1976

Aulitzky, H.: Berücksichtigung der Wildbach- und Lawinengefahren in der Raumordnung. In: Berichte zur Raumforschung und Raumplanung, Heft 3/1968, S. 43–52

Aulitzky, H.: Schutzfunktionen des Waldes in der Raumordnung. In: Berichte zur Raumforschung und Raumplanung, Heft 4/1969, S. 9–25

Aulitzky, H.: Der passive Katastrophenschutz – eine landschaftsökologische Disziplin. In: Österr. Hochschulzeitung, Nr. 3, Wien 1974

Aulitzky, H.: Grenzen und Möglichkeiten der Raumerschließung und Raumbenützung in den Alpen. In: Der Alpenraum als europäische Aufgabe und Herausforderung. Symposium 1974 in Mayrhofen. Hrsg. v. d. Österr. Gesellschaft für Land- und Forstwirtschaftspolitik, Wien

Aulitzky, H.: Endangered alpine regions and disaster prevention measures. In: Nature and Environment Series 6, Council of Europe, Strasbourg 1974

Aulitzky, H.: Die schutzwasserbaulichen Besonderheiten im nordtirolischen Zentralraum. In: Hochwasser- und Lawinenschutz in Tirol, Hrsg. Land Tirol, Innsbruck 1975

Aulitzky, H.: Welchen Beitrag zur Landschaftsökologie und zur Raumordnung kann man vom Forstwirt erwarten? Allg. Forstzeitung, Folge 11, Wien 1975

Aulitzky, H.: Stand des Lawinenschutzes und der Lawinenforschung, Allg. Forstzeitung, Folge 12, Wien 1977

Aulitzky, H.: Abschlußbericht über das Ergebnis der DELPHI-Befragung über die derzeitigen Sicherheitserwartungen gegenüber verschiedenen Methoden des permanenten und temporären Lawinenschutzes, Mitt. aus d. Inst. f. Wildbach- und Lawinenverbauung der Univ. f. Bodenkultur, Wien 1970, Heft 12

Aulitzky, H.: Über die Gefährdungsursachen und die Möglichkeiten zur Wiederherstellung der Hangstabilität und die einschlägigen Möglichkeiten einer präventiven Berücksichtigung in der Raumordnung. In: »Der Alm- und Bergbauer«, 31. Jg., Folge 8/9/10, S. 3–12, Innsbruck 1981

–: Agrartagung 1980: Generalthema »Die Landwirtschaft im Spannungsfeld zwischen Ökologie und Ökonomik«. Hrsg. vom BM f. Land- und Forstwirtschaft, Wien

–: Arbeitnehmerorientierte Strukturpolitik im Alpenraum, Expertise im Auftrag der Georg von Vollmar-Akademie, München 1981

Bach, H.: Landbau und Umwelt – Industrialisierung der Agrarwirtschaft oder Integrierter Landbau, Schriftenreihe des Inst. f. Raumordnung und Umweltgestaltung, Band 6, R. Trauner Verlag, Linz 1979

Bachfischer, R. und David, J.: Die ökologische Risikoanalyse – ein Instrument ökologischer Raumplanung. In: Stadtbauwelt 59, Sept. 78, S. 234–239, 1978

Barbier, J., et al.: Stations touristiques de montague, éléments pour une politique de planification. Etude pilote plastinée a la communanté d'études pour l'amenagement du territoire, École Polytechnique Federale, Lausanne, III

Bauer, L.: Elektrische Energie aus Wasserkraftwerken – Daten und Fakten für Österreich. In: Kleinwasserkraftwerke, Projektierung und Entwurf, Univ. f. Bodenkultur, Wien 1981, S. 9–16

Baumgartner, F.: Architektur für arbeitsfreie Zeit, Architektur für die Freizeit? In: »Docu Bulletin«, Nr. 7, Schweiz, Baudokumentation, Blauen 1973

Baumgartner, F.: Touristische Planung im Berner Oberland. In: »Der Bund«, 8. Jänner 1974, Bern

–: Beiträge zur Abklärung von Grundsatzfragen der Belastung und der Belastbarkeit im Alpenraum; Generelle Problemanalyse, Übersicht über Lösungsansätze, Empfehlungen; Seminar über Probleme der Belastung und der Raumplanung im Berggebiet, insbesondere der Alpen, Grindelwald (Schweiz), 13. bis 16. Juni 1978. Hrsg. im Auftrag des Bundeskanzleramtes, Sekt. IV, Abt. 6 Raumplanung, Wien 1978

–: Beiträge zur Darstellung der Umweltsituation in Österreich (Luft, Lärm, Abfall, Wasser, Boden, Vegetation), Österr. Bundesinstitut f. Gesundheitswesen, Wien 1981

Baumgartner, P.: Strom sparen statt Berge auspressen, Tagesanzeiger (Zürich), 24. Juli 1982

Bernhaupt, P.: Zum Problem der Bodenerosion in Almgebieten am Beispiel der Planneralm, Wölzer Tauern (Steiermark). In: INTERPRAEVENT 80, Bad Ischl, Bd. 1, S. 291–308, 1980

Bernt, D., und Jäger, W.: Naturschutz und Raumordnung. In: Beiträge zu aktuellen Fragen der Raumordnung, Österr. Inst. f. Raumplanung, Wien 1969

Bernt, D.: Ansätze zur Lösung von Belastungsproblemen im Alpenraum. In: Stadtbauwelt 59, Sept. 1978, S. 217–221, 1978

Bernt, D., und Ruhl, G.: Grundsatzfragen der Belastungsproblematik im Alpenraum. In: Berichte zur Raumforschung und Raumplanung 22, S. 12–26, Wien 1978

Bernt, D., und Ruhl, G.: Beiträge zur Abklärung von Grundsatzfragen der Belastung und der Belastbarkeit im Alpenraum, Wien 1978

Bernt, D.: Naturschutz und Seilbahnbau aus der Sicht der Raumplanung. In: Naturschutz und Seilbahnbau, Referate und Diskussionsbeiträge anläßlich der Enquete des Bundeskanzleramtes in Mühlbach am Hochkönig, 28. Juni 1979, Raumplanung für Österreich, 2/79, S. 11–23

Bernt, D.: Probleme und Möglichkeiten des Interessenausgleichs zwischen Fremdenverkehr und Naturschutz in alpinen Gebieten, Referat auf der 28. Jahrestagung der CIPRA (Internationale Alpenschutzkommission) vom 18. bis 20. 9. 1980 in Triesen (Vaduz), 1980

Bernt, D.: Möglichkeiten und Grenzen der alpinen Raumordnung. Situationsskizze – Entwicklungstendenzen – Lösungsansätze; Referat, gehalten anläßlich des Symposiums »Lebensraum Alpen« vom 5. bis 7. 3. 1981 in Hall (Tirol), 1981

Bonorand, M.: Zur Struktur und Problematik der touristischen Erschließung des französischen Berggebietes – Ein Beitrag zur Fremdenverkehrsplanung, Diss. Bern 1974

Bortenschlager, S., und Patzelt, G.: Wärmezeitliche Klima- und Gletscherschwankungen im Pollenprofil eines hochgelegenen Moores (2270 m) der Venedigergruppe. In: Eiszeitalter und Gegenwart 20, S. 116–122, 1969

Broggi, M. F.: Die integrale Berggebietssanierung, dargestellt am Beispiel des Fürstentums Liechtenstein. In: INTERPRAEVENT 80, S. 235–247, Linz 1980

Broggi, M. F.: CIPRA – Die internationale Kommission für den Schutz alpiner Räume. In: Jahresschrift »Bergheimat« des LAV, 1981

–: Bundesministerium für Land- und Forstwirtschaft: Bericht über die Lage der österreichischen Landwirtschaft, Wien 1974

Bunza, G., und Christa, R.: Zur Frage der Beeinflussung des Bodenabtrages durch Schneefeldsprengungen in den bayerischen Alpen. In: INTERPRAEVENT 80, Bad Ischl, Bd. 2, S. 309–314, 1980

Bunza, G.: Die hydrographisch-morphologische Karte der Bayerischen Alpen 1 : 25000 – eine Arbeitsgrundlage für Schutz- und Sanierungsmaßnahmen in Wildbachgebieten. In: INTERPRAEVENT 80, Bad Ischl, Bd. 3, S. 103–108, 1980

Cernusca, A.: Zur Ökologie von Schipisten. In: Naturschutz und Seilbahnbau, Referate und Diskussionsbeiträge anläßlich der Enquete des Bundeskanzleramtes in Mühlbach am Hochkönig, 28. 6. 1979, Raumplanung für Österreich 2/79, S. 53–71, 1979

Cerwenka, P.: Verkehrspolitik und Umwelt im Alpenraum, Grundsätze und Ziele für die 80er Jahre, Grundsatzreferat im Rahmen des Fachseminars der Internationalen Alpenschutzkommission in Meran am 6. 11. 1981

Christoph, H.: Alpen-Apokalypse: Gletscherschilauf im Ausverkauf. In: »profil«

Christoph, H.: Alpinsport – Pulverschnee und Gipfeltrend. In: »profil«, Nr. 13, 29. 3. 1982, S. 45–46, Wien

Danz, W.: Der Erholungslandschaft in den Alpen droht Gefahr – Ein Beitrag zur Umweltplanung. Referat anläßlich der Arbeitstagung des Fremdenverkehrsverbandes München–Oberbayern e.V. am 2. 12. 1970, München

Danz, W., Karl, J., und Toldrian, H.: Über den Waldzustand im oberbayrischen Hochgebirge, Forstwis. Centralblatt, H. 2, S. 87–103, 1971

Danz, W.: Sozialfunktion der Landwirtschaft. In: Innere Kolonisation, 21. Jg., Heft 12, S. 330–333

Danz, W.: Integrierte Entwicklungsplanung; Forderungen an eine künftige Raumordnung und Landesplanung, dargestellt am Beispiel des Deutschen Alpenraumes, Dtsch. Geographentag Kassel, Tag.-Ber. u. wiss. Abh., Wiesbaden 1973

Danz, W., und Heringer, J.: Ökologische Modellanalyse zur Planung von Wintersportgebieten, Garten und Landschaft, Heft 11/73, S. 561–563, 1973

Danz, W.: Die Alpen – Wirtschaftsregion mit und ohne Wachstumspole, Referat anläßlich des Int. Symposions 1974 »Der Alpenraum als europäische Aufgabe und Herausforderung – Leitbilder zum Leben und Überleben« am 19. 11. 1974 in Mayrhofen (Tirol)

Danz, W., et al.: Almsanierung Rotwand – Modellstudie zur integralen Neuordnung eines Almgebietes durch Flurbereinigung, Alpen-Institut, H. 1, München 1974

Danz, W.: Zur Bestimmung von ökologisch überlasteten oder stark belasteten Gebieten durch intensive Freizeitnutzung, Referat im Rahmen des 3. Europäischen Kurses über angewandte Ökologie als Grundlage der Nutzung und des Schutzes der Alpenregion vom 6. bis 11. 10. 1975, Innsbruck

Danz, W.: Forschung und Methodik im interdisziplinären Bereich – Zur Konfliktanalyse zwischen Sozioökonomie und Landschaftsökologie im Alpenraum, Referat anläßlich des Int. Symposions INTERPRAEVENT 75 vom 29. 9. bis 3. 10. 1975, Innsbruck

Danz, W.: Planung oder Verplanung der Alpenregion? In: Der Architekt 10/75, S. 421–433, 1975

Danz, W.: Funktionen und Ressourcen des Alpenraumes aus europäischer Sicht. In: Stadtbauwelt 59, Sept. 78, S. 196–199, 1978

Danz, W.: Ökonomie und Ökologie in der Raumordnung – Versuch einer Integration mit Beispielen aus dem Alpenraum, Schriftenreihe des Alpen-Instituts, H. 8, München 1980

Danz, W.: Integrale Planungen im bayrischen Alpenraum – Möglichkeiten des Interessensausgleiches zwischen Land- und Forstwirtschaft, Wasser- und Energiewirtschaft, Fremdenverkehr, Natur- und Landschaftsschutz, Referat anläßlich der 28. Jahrestagung der CIPRA vom 18. 9. bis 20. 9. 1980 in Triesen (Vaduz/Liechtenstein)

Danz, W.: Fremdenverkehr und Energie im Alpenraum; Aspekte unter veränderten energiewirtschaftlichen Rahmenbedingungen; Positionspapier im Auftrag des Deutschen Alpenvereins, München 1980

Danz, W.: Umweltverträglichkeitsprüfung im bayerischen Alpenraum – Maßstäbe und praktische Beispiele. In: Jahrbuch 1980, Verein zum Schutz der Bergwelt e.V., S. 125–132, München 1980

Danz, W., und Henz, H. R.: Integrierte Entwicklung der Gebirgsregionen: Der Alpenraum, Kommission der Europäischen Gemeinschaften, Reihe Regionalpolitik, Nr. 26, Brüssel 1981

Danz, W.: Bergland-Entwicklung zwischen Ökonomie und Ökologie; Standortbestimmung aus der Sicht internationaler Organisationen. In: Jahrbuch 1981, Verein zum Schutz der Bergwelt e.V. S. 21–39, München 1981

Danz, W.: Europäische Initiativen zur Belastungsminderung in alpenländischen Tourismusgebieten. In: Zeitschrift für Fremdenverkehr, 37. Jg., Nr. 1, S. 13–16, Bern 1982

–: DAV-Alpenvereinsbuch 1981, München

–: 100 Jahre Deutscher Alpenverein (1869–1969). Mitteilungen des DAV, H. 3, S. 91–111, München 1969

–: 100 Jahre alpine Malerei, Katalog zur Alpinen Kunstausstellung 1969, veranstaltet vom DAV anläßlich seines 100jährigen Bestehens, Juni 1969, München

–: Der Wald stirbt – Saurer Regen über Deutschland. In »DER SPIEGEL«, Nr. 47, 16. 11. 1981, S. 96–110

–: Das Bild der Berge in der Kunst von heute, Katalog zur Ausstellung des DAV vom 14. 8. bis 20. 9. 1981, München

–: Die Alpen – farbig, Pinguin-Verlag und Umschau-Verlag (Innsbruck und Frankfurt/M.), 1964

–: Die Welt der Alpen – farbig, Pinguin-Verlag und Umschau-Verlag (Innsbruck und Frankfurt/M.), 1970

–: Die Zukunft alpiner Schutzgebiete? Nutzungsansprüche und Naturschutz im Widerstreit, Jahrestagung 1981 der CIPRA vom 24. bis 26. 9. 1981 in Berchtesgaden (BRD)

–: Deutscher Werkbund Bayern: Die Zukunft der Alpenregion? Fakten und Probleme – ein Projekt, München 1971

Dolp, M.: Rechtliche Möglichkeiten zum Schutz der alpinen Landschaft in Österreich und ihre wirtschaftliche Zweckmäßigkeit. In: Praxis der Landschaftsbildbewertung, Bd. 4, Landschaftswasserbau, Inst. f. Wassergüte und Landschaftswasserbau der TU-Wien

Dorfwirth, J. R., und Schäkterle, Kh.: Verkehrsuntersuchung deutsch-österreichischer Grenzraum, Bd. 2, S. 27 ff., Wien–München 1975

Eder, R.: Hochwasserrisiko durch Schipistenbau, In: »Präsent«, Nr. 10, 11. 3. 1982, S. 11, Innsbruck

Egli, E.: Natur in Not, S. 197 ff., Bern 1971

–: Eidgenössische Fremdenverkehrsstatistik 1970

–: Eidgenössische Volkszählungen 1960 und 1970

Elsasser, H.: Entwicklungsalternativen zur touristischen Entwicklung im Berggebiet, Referat anläßlich des Symposions »Lebensraum Alpen« vom 5. bis 7. 3. 1981 in Hall (Tirol), 1981

–: Entwicklungsschwache ländliche Räume in Berggebieten, Ergebnisse der Enquete des Bundeskanzleramtes »Entwicklungsschwache ländliche Räume im Berggebiet mit derzeit eingeschränkten

Erwerbsmöglichkeiten« in Zwettl (Niederösterreich), 23. 6. 1979, Raumplanung für Österreich 1/80, Wien
Erhardt, K.: Geschichte des Alpenvereins (DAV) in Schlaglichtern. In: Deutscher Alpenverein-Mitteilungen, Oktober 1981, H. 5/81, S. 324–330, 1981
Ermacora, F., Moritz, H., und Pindur, H.: Umweltschutz der österreichischen Berglandschaft – ein »europäisches Anliegen«, Umweltschutz-Tagung 1978 der »Österreichischen Gesellschaft für Natur- und Umweltschutz« (ÖGNU), Bregenz 1978
–: Europäische Raumordnungsministerkonferenz, Vorbericht der schweizerischen Delegation über »Einige Beziehungen zwischen dem Berggebiet und den Agglomerationen in der Schweiz«, als Manuskript vervielfältigt, Bern 1975
Fatur, D.: Integralplanung als Teil des Systems der Gesellschaftsplanung in der SR Slowenien, Referat anläßlich der Jahrestagung der CIPRA vom 18. 9. bis 20. 9. 1980 in Triesen (Vaduz/Liechtenstein)
Fellenberg, G.: Umweltforschung; Einführung in die Problematik der Umweltverschmutzung, Heidelberger Taschenbücher, Bd. 194, Springer-Verlag (Berlin–Heidelberg–New York), 1977
Fioreschy, R. v.: Der Brenner – Hauptverkehrsverbindung über die Alpen aus italienischer Sicht, Referat anläßlich der Verkehrsenquete »Probleme des Güterverkehrs – Kooperation Straße–Schiene«, März 1982, Innsbruck
Fleischhacker, V.: Die Entwicklung des Winter- und Sommerfremdenverkehrs in Österreich im Zeitraum 1950/51 bis 1974/75, Mitt. Österr. Inst. f. Raumplanung 2, S. 76–78, Wien 1976
Franz, H.: Ökologie der Hochgebirge, Verlag Eugen Ulmer, Stuttgart 1979
–: Freizeit 2000; Herausgegeben vom Allgemeinen Deutschen Automobil-Club, S. 7, München 1980
Freisleben, W.: Das brüchige Monstrum – Malta: Debakel um Österreichs größten Staudamm. In: »Wochenpresse«, Nr. 45, 9. 11. 1982 (Wien)
Fromme, G.: Der Waldrückgang im Oberinntal (Tirol), Mitt. d. forstl. Bundes-Versuchsanstalt Mariabrunn, Heft 54, 1957
Frutiger, H.: Schweizerische Lawinengefahrenkarten. In: INTERPRAEVENT 80, Bad Ischl, Bd. 3, S. 135–144, 1980
Fuhrmann, R.: Der Berg ruft, aber um Hilfe! Auch Fels und Eis im Ausverkauf. In: Raiffeisenzeitung, 10. 7. 1980
Fuisz, S., Klitzner, E., und Vinatzer, R.: 147 Bergsteiger standen auf dem Gipfel. In: »Kurier«, 9. 8. 1981, S. 5
Fussgänger, H.: Sanftes Tal – Virgental erprobt einen »anderen« Tourismus. In: »DIE ZEIT«, Nr. 10, 5. 3. 1982
Ganser, K.: Seminar über Probleme der Belastung und der Raumplanung im Berggebiet, insbesondere in den Alpen, Grindelwald (Schweiz), 13. bis 16. 6. 1978, Auswertungsbericht
Ganser, K.: Ein Rückblick auf das Seminar (Grindelwald 1978). In: Stadtbauwelt 59, Sept. 78, S. 226–231, 1978
Ganser, K.: Wege aus der ökonomischen und ökologischen Sackgasse. In: »natur«, Heft 12/81, S. 23–25, Ringier-Verlag, München
Geiersberger, E.: Diskussionsbeitrag zum Thema »Die Zukunft der Alpenregion« auf der Werkbund-Tagung am 14. 6. 1971 in München
Gerosa, K.: Zerstörung der Alpen? In: »Umweltforum«, 4/80, S. 18 ff.
Geus, T.: Die Alpen – für den Konsum arrangiert. In: Frankfurter Allgemeine Zeitung, 19. 3. 1981
Geus, T.: Wie die Alpen von den Sparplänen profitieren. In: Frankfurter Allgemeine Zeitung, 19. 11. 1981
Gilg, B.: Kleinkraftwerke in der Schweiz. In: Schriftenreihe der Technischen Universität Wien, Bd. 21, »Kleinkraftwerke«, S. 5–14, Wien 1981
Glatz, H., und Scheer, G.: Eigenständige Regionalentwicklung – Ein Weg für strukturell benachteiligte Gebiete in Österreich, Raumplanung für Österreich 1/81, Wien 1981
Grabherr, G.: Tourismusinduzierte Störungen, Belastbarkeit und Regenerationsfähigkeit der Vegetation der alpinen Rasenstufe. Unveröff. Manuskript, Innsbruck 1981
Grabherr, G.: The impact of trampling by tourists on a high altitudinal grassland in the Tyrolean Alps (Austria), 1981
Grill, D., und Härtel, O.: Abgassymptome an Fichten in 1000 Meter Höhe? In: Wetter und Leben 25, S. 91–95, 1973
Grimm, P.: DAV und ÖAV: 100 Jahre gemeinsame Arbeit im Ostalpenraum. In: Deutscher Alpenverein-Mitteilungen, Mai/Juni 1974, H. 3, S. 109–112, 1973

Grimm, P.: Der schwere Weg zum zweiten DAV. In: Deutscher Alpenverein-Mitteilungen, Juli 1975, H. 4, S. 159–160, 1975
Gugg, E.: Möglichkeiten der Saisonverlängerung in der Fremdenverkehrswirtschaft durch einzelwirtschaftliche und kooperative Maßnahmen, Schriftenreihe des Deutschen Wirtschaftswissenschaftlichen Instituts für Fremdenverkehr an der Universität München, H. 20, München 1970
Gundermann, E.: Forststraßenbau im Hochgebirge und die Gefahr der Entstehung von Massenverlagerungen; Resultate einer DELPHI-Studie. In: INTERPRAEVENT 80, Bad Ischl, Bd. 3, S. 265–270, 1980
Gundermann, E.: Die Frage der optimalen Walddichte in Fremdenverkehrsgebieten Mitteleuropas. In: Allg. Forstzeitung, 93. Jg., Folge 4, S. 89–90, 1982
Haaf, G.: Rettet die Natur! Praesentverlag Heinz Peter, Gütersloh (BRD), 1981
Haimayer, P.: Zum Problem der touristischen Landschaft in Tirol, Vortrag anläßlich des Workshops »Erwachsenenbildung und Schutz des architektonischen Erbes« in Strobl (Oberösterreich), 1976
Halder, U.: Alpentourismus: Wachstum bis zum bitteren Ende? Pers. Mitt. 1982
Hanke, H.: 100 Jahre Österreichischer Alpenverein (1862–1962), Festschrift ÖAV, Wien 1962
Hartmann, K. D.: Einstellungen und Erwartungen von Ferienzentrums-Interessenten – Ein Beitrag zur Umweltpsychologie. In: »Ferienzentren – Architektonische, psychologische, touristische Probleme«. Hrsg. Studienkreis f. Tourismus e.V., Starnberg (BRD), 1973
Haase, K.: Möglichkeiten der Tourismuspolitik. In: Die österreichische Wirtschaft in den achtziger Jahren. Hrsg. Österr. Inst. f. Wirtschaftsforschung, Stuttgart 1980, S. 62–86
Hasslacher, P.: Schützende Fremdenverkehrsentwicklung im Berggebiet. In: UMWELTSCHUTZ, H. 2/81, S. 11 ff., 1981
Hasslacher, P.: Alternative Regionalpolitik für entwicklungsschwache Berggebiete. In: DAV-Alpenvereinsbuch 1981, S. 169–183, 1981
Hasslacher, P.: Der »sanfte Tourismus« – eine Möglichkeit der Regionalentwicklung. In: Allg. Forstzeitung, 93. Jg., Folge 4, S. 93–94, 1982
Hasslacher, P.: Zwei Jahre Alpenvereins-Werbeaktion Virgental, Pers. Mitt.
Heidrich, H. C.: Die Alpen – Abenteuer der Jahrhunderte, Union-Verlag (Stuttgart), 1970
Henz, H. R., und Roth, V.: Probleme der Belastung und der Raumplanung im Berggebiet. In: Stadtbauwelt 59, Sept. 78, S. 224–225, 1978
Heuberger, H.: Die Alpengletscher im Spät- und Postglazial. In: Eiszeitalter und Gegenwart 19, S. 270–275, 1968
Hindley, G.: Im tödlichen Fels und Eis der Berge, London 1971
Hinterseer, R.: Macht der Wintersport unsere Alpen kaputt? In: »Kurier«, 22. 12. 1982 (Wien)
Hinterstoisser, H., und Mayer, H.: Waldbauliche Auswirkungen der Standard-(Weltcup-) und Traßschiabfahrt an der Schmittenhöhe bei Zell/See. In: Allg. Forstzeitung, Nr. 2/1982
Hoffmann, H.: Urlaub als Ware – der Tourist als Konsument. In: »Der Überblick«, Nr. 3, Stuttgart 1971
Hoffmann, H.: Der Ausflugs- und Wochenendausflugsverkehr in der BRD, Schriftenreihe des Deutschen Wirtschaftswissenschaftlichen Instituts an der Universität München, H. 28, München 1973
Hoffmann, H.: Visionen und Prognosen zum Tourismus im Jahre 2000 – Thesen zur qualitativen Entwicklung. In: »Fremdenverkehr im Wandel«, Referate einer Studientagung des Gottlieb-Duttweiler-Instituts (Rüschlikon/Zürich), H. 12 der Berner Studien zum Fremdenverkehr, Bern und Frankfurt/M. 1974
Hofer, H.: Der Einfluß des Massenschilaufs auf alpine Sauerbodenrasen am Beispiel der Gurgler Heide (Ötztal/Tirol) und Beobachtungen zur Phänologie des Curvuletums. In: Ber. nat.-med. Ver., Bd. 68, S. 31–56, Innsbruck 1981
Hopf, R., et al.: Die voraussichtliche Entwicklung des Personenverkehrs in der Bundesrepublik Deutschland bis 2000. In: DIW-Wochenbericht, 47, Nr. 34, S. 355–366, 1980
Höpker, W.: Zerstört der Alpentourismus sich selbst? In: ÖAV-Mitteilungen, H. 1/81, S. 8 ff., 1981
Höpler, E.: Bergbauernhilfe ist Landschaftsschutz, Wien 1977
–: Hochwasser- und Lawinenschutz in Tirol. Hrsg. anläßlich des Int. Symposions INTERPRAEVENT 75, 29. 9. bis 3. 10. in Innsbruck, vom Land Tirol, 1975
–: Innovationsprogramm für Berggebiete Österreichs, Informationen zur Raumentwicklung, H. 1/80, Bundesforschungsanstalt für Landeskunde und Raumordnung, Bonn 1980
Jaumann, A.: Neue Wege zur Verbindung großer Wirtschaftsräume, Referat anläßlich der Verkehrsenquete »Probleme des Güterverkehrs – Kooperation Straße–Schiene«, März 1982, Innsbruck

Jobst, E.: Warum Strukturverbesserungen im bayerischen Alpengebiet? In: Wasser und Boden 1970, S. 264–267
–: Integrale Planungen im alpinen Raum – Möglichkeiten eines Interessensausgleiches zwischen Land- und Forstwirtschaft, Wasser- und Energiewirtschaft, Fremdenverkehr, Natur- und Landschaftsschutz, Jahrestagung 1980 der CIPRA vom 18. bis 20. 9. in Triesen (Vaduz/Liechtenstein), 1980
Kahler, O.: Alpenschutzprogramm der Naturfreunde. Hrsg. Touristenverein »Die Naturfreunde«, Bundesgruppe Deutschland, Stuttgart 1982
Kar, J.: Großräumige Siedlungs- und Industriewasserwirtschaft. In: Österr. Wasserwirtschaft, 22. Jg., H. 9, S. 229–240, 1970
Karl, J.: Um die Zukunft der bayerischen Gebirgslandschaft. In: Allg. Forstzeitschrift 22, S. 526–529, 1967
Karl, H.: Rekultivierungen von Schipisten und Pflegemaßnahmen im Sommer. In: Natur und Landschaft 49, H. 3, S. 63–67, 1974
Karl, J.: Erosionsversuche auf zwei Schiabfahrten und im angrenzenden Wald bei Achenkirch (Tirol). In: Cernusca, A. (Hrsg.), Berlin 1977: Alpine Umweltprobleme I: Ökologische Veränderungen durch das Anlegen von Schiabfahrten an Waldhängen
Karlen, J.: Analyse von Belastungen in Berggebieten. In: Stadtbauwelt 59, Sept. 78, S. 213–216, 1978
Karlen, J.: Brachland, Ursache und Folge belastender Faktoren. In: Stadtbauwelt 59, Sept. 78, S. 222–223, 1978
Kasparek, F.: Ein Leben für die Berge, Buchgemeinschaft Donauland, Wien 1951
Kastner, F.: Die zu erwartenden Veränderungen des Landschaftsbildes und ihre Auswirkungen. Ökologisches Gutachten zum wasserwirtschaftlichen Rahmenplan für das Iselgebiet (Osttirol), Wien 1978
Kehrer, K.: Verkehrswege über die Alpen aus der Sicht der österreichischen Wirtschaft, Referat anläßlich der Verkehrsenquete »Probleme des Güterverkehrs – Kooperation Straße–Schiene«, März 1982, Innsbruck
Keller, Th.: Die Bedeutung des Waldes für den Umweltschutz. In: »Schweizerische Zeitschrift f. Forstwesen«, 122 (12), S. 600–613, 1971
Klötzli, F.: Qualität und Quantität der Rehäsung. In: Veröff. Geobot. Inst. Rübek, 38, 1965
Klötzli, F., und Schiechtl, M.: Skipisten – tote Schneisen durch die Alpen. In: »KOSMOS«, H. 12/79, S. 954 ff., 1979
Knöbl, F.: Steuersparende Kleinkraftwerke. In: UMWELTSCHUTZ, H. 9/80, S. 22, 1980
Köchl, G.: Schihimmel vom Reißbrett. In: »Kurier«, 1982
Koep, W.: Alpen – Umwelt ohne Zukunft? Entwicklung und Zwischenergebnisse des Forschungsprojektes Achenkirch (Tirol). In: Beiträge zur Umweltgestaltung, H. A 37, Verlag E. Schmidt, Siegburg 1975
Kotanko, C.: Idyll oder Alp-Traum? In: »Wochenpresse«, Nr. 3, 20. 1. 1982, Wien
Körner, C.: Zur anthropogenen Belastbarkeit der alpinen Vegetation. In: Verh. Gesell. f. Ökologie, Bd. VIII., Freising-Weihenstephan 1979
Körner, C., Wieser, G., und Guggenberger, H.: Der Wasserhaushalt eines alpinen Rasens in den Zentralalpen. In: Untersuchungen an alpinen Böden in den Hohen Tauern 1974–1978; Stoffdynamik und Wasserhaushalt; Veröff. d. Österr. MaB-Hochgebirgsprogramms Hohe Tauern, Bd. 3, Innsbruck 1980
Krammer, J., und Scheer, G.: Die Veränderung der Landschaft durch Wirtschaft, Technik und Politik. In: Die Ware Landschaft, Salzburg 1977
Krapfenbauer, A.: Auswirkungen von Luftverschmutzung auf die Umwelt und den Wald, Vortrag, gehalten am 14. 1. 1982 auf einem Seminar für Ziviltechniker, Bad Ischl
Kratochwill, S.: Wo die Landschaft zum Supermarkt wird. In: OeAV 1980, Heft 4.
Krebs, N.: Landeskunde der österreichischen Alpen, Stuttgart 1913
Krippendorf, J.: Kosten-Nutzen-Diskussion im Tourismus – Versuch eines Brückenschlages zwischen Theorie und Praxis. In: »Zeitschrift für Fremdenverkehr«, Nr. 3, Bern 1973
Krippendorf, J.: Die Landschaftsfresser – Tourismus und Erholungslandschaft – Verderben oder Segen? Hallwag Verlag (Bern und Stuttgart), 1975
Krippendorf, J., und Annasohn, K.: Anleitung zur Erarbeitung eines regionalen touristischen Teilkonzeptes, Bern 1976
Krippendorf, J.: Tourismus im Jahr 2010; Eine DELPHI-Umfrage über die zukünftige Entwicklung des Tourismus in der Schweiz, Bern 1979

Küng, M.: Rollt es bergauf oder bergab? In: Hotel-Revue, Nr. 2, 10. 1. 1974, Bern 1974
Kurt, F.: Berge fahren zu Tal. In: »natur«, Nr. 12/81, S. 82, Ringier-Verlag, München 1981
Kurt, F., und Priewe, J.: Ein Gebirge wird vermarktet. In: »natur«, Nr. 12/81, S. 15–20, Ringier-Verlag, München 1981
Lauffer, H.: Die Auswirkungen der Speicherkraftwerke auf die Umwelt. In: Österr. Wasserwirtschaft 27/5–6, S. 101–118, 1975
Lausecker, K.: Österreich – stark überlastete Verkehrsbrücke Europas, Rede anläßlich der Eröffnung der neuen Rosenheimer Gleiskurve (BRD), 1982
–: Lebensraum Alpen – Alpenvereins-Symposium des ÖAV/DAV/AVS vom 5. bis 7. 3. 1981 in Hall (Tirol), 1981
Leibundgut, H.: Umweltschutz in der Gebirgswaldwirtschaft. In: Kar, J. (Hrsg.): 100 Jahre Hochschule für Bodenkultur in Wien (1872–1972), Bd. 2, S. 182–193, Wien 1973
Leys, E.: Hochlagenaufforstung muß ökologisch arbeiten. In: INTERPRAEVENT 80, Bad Ischl, Bd. 1, S. 281–290, 1980
Lichtenberger, E.: Die Sukzession von der Agrar- zur Freizeitgesellschaft in den Hochgebirgen Europas. In: Innsbrucker Geographische Studien, Bd. 5, S. 401–436, Innsbruck 1979
Lichtenecker, N.: Beiträge zur morphologischen Entwicklungsgeschichte der Alpen; G. Jahresbericht aus Österreich, 1938
Löhr, L.: Bergbauernwirtschaft im Alpenraum – Ein Beitrag zum Agrarproblem der Hang- und Berggebiete, Graz 1971
Löhr, L.: Die bewegenden Kräfte des Strukturwandels im österreichischen Bergland. In: INTERPRAEVENT 80, Bad Ischl, Bd. 3, S. 225–234, 1980
Lötsch, B.: Ökologie und Umweltschutz – Programm des Österreichischen Jugendrotkreuzes, Wien
Loub, W.: Umweltverschmutzung und Umweltschutz in naturwissenschaftlicher Sicht, Verlag F. Deuticke, Wien 1975
Lukan, K.: Entgötzung der Alpinismusgeschichte. In: »Der Bergsteiger«, März 1982, S. 9–10, München
Lukschanderl, L.: Nationalparks – ein österreichisches Trauma. In: »Die Vereinten Nationen und Österreich«, H. 2/71, S. 41 ff., 1971
Lukschanderl, L.: Malta – Tal der toten Wasser, Kosmos, Nr. 12/1972 (Stuttgart)
Lukschanderl, L.: 360 Kilo Blei am Großglockner. In: ibf-aktuell, Nr. 2998, 4. 8. 1977
Lukschanderl, L.: Glockner-Flechten abgasgeschädigt. In: ibf-aktuell, Nr. 3148, 10. 3. 1978
Lukschanderl, L.: Forstwirtschaft mit der Gießkanne? In: »panda«, Zeitschrift des WWF/Österreich, Jg. 3, Juni 1977, Nr. 9
Lukschanderl, L.: »Spitzen-Trinkwasser« für zehn Millionen. In: ibf-aktuell, Nr. 2957, 7. 6. 1977
Lukschanderl, L.: Alpinspeicher sind Schutzschilder. In: ibf-aktuell, Nr. 3167, 7. 4. 1978
Lukschanderl, L.: Schifahrer «stehlen« Kühen die Nahrung. In: ibf-spektrum, Nr. 366, 1. Dezember 1980 (»Die Schi-Nation aus dem Labor«), 1. 12. 1980
Lukschanderl, L.: Alpen: Erst geht die Kuh, dann geht der Gast ... In: UMWELTSCHUTZ, 6/1981, S. 14 ff.
Lukschanderl, L.: Energieengpaß oder sichere Zukunft? In: UMWELTSCHUTZ, Nr. 10/1981
Lukschanderl, L.: Kraftwerke bedrohen das Stubaital. In: UMWELTSCHUTZ, 1/1982, S. 13
Lukschanderl, L.: Die Alpen – ein Alptraum? In: »KOSMOS«, H. 9/1982, S. 60–69, 1982
März, F.: Eröffnungsansprache anläßlich des Symposions »Lebensraum Alpen« vom 5. bis 7. 3. 1981 in Hall (Tirol), 1981
März, F.: Berge '81 – Zur Kunstausstellung des Alpenvereins. In: Berge '81 – Das Bild der Berge in der Kunst von heute. Katalog zur Ausstellung des DAV, München 1981
Mayer, H.: Schäden durch überhöhte Wildbestände – ein volkswirtschaftliches Problem. In: Allg. Forstzeitung, Folge 2, Feber 1975
Mayer, H.: Notwendige Maßnahmen zur Lösung der Wildfrage im Schutzwaldbereich. In: Allg. Forstzeitschrift 30/3, 18. 1. 1975, München 1975
Mayer, H.: Möglichkeiten und Grenzen der Schalenwildhege im Gebirgswald. In: Wald und Wild, Beiheft z. d. Zeitschr. Schweiz. Forstverwaltung 52, S. 90–118, 1973
Mayer, H.: Zur Wiederherstellung und Erhaltung eines ökologischen Gleichgewichtes zwischen Wald und Wild im Gebirge, Int. Union Forestry Res. Org., XVI. IUFRO-World-Congress, Oslo, 1976
Mayer, H.: Gebirgswaldbau – Schutzwaldpflege. Ein waldbaulicher Beitrag zur Landschaftsökologie und zum Umweltschutz, XX, Verlag G. Fischer, Stuttgart 1976

Mayer, H.: Wald und Naturschutz. In: Schweizerische Zeitschrift für Forstwesen (128), Nr. 7, Juli 1977, S. 513–526, 1977
Mayer, H.: Ökologie und Forstwirtschaft. In: Allg. Forstzeitung, Folge 6, Juni 1977
Mayer, H.: Zur Wiederherstellung eines ökologischen Gleichgewichtes zwischen Wald und Wild im Gebirge. In: Natur und Mensch im Alpenraum, Graz 1977
Mayer, H.: Karte der natürlichen Wälder des Ostalpenraumes. In: Centralblatt latt für das gesamte Forstwesen, 94. Jg., H. 3, S. 147–153, 1977
Mayer, H.: Die 10 ökologischen Wald-Wild-Gebote für naturnahen Waldbau und naturnahe Jagdwirtschaft, Waldbau-Institut der Universität f. Bodenkultur in Wien, Wien 1981
Meister, G.: Wald, Wild, Almwirtschaft in Oberbayern. In: Allg. Forstzeitschrift 27, 1. 4. 1972
Meister, G.: Wald und Wild, Konflikt: Forstwirt – Jäger. In: Die Zukunft der Alpenregion? Fakten, Tendenzen, Notwendigkeiten, S. 116–123, München 1972
–: Mensch, Natur und Landschaft. Herausgegeben vom Aktionskomitee zur Aktivierung des Natur- und Landschaftsschutzes in Liechtenstein, Vaduz 1970
Meriaudeau, R.: Contribution à une reflexion sur la politique d'amenagement de la montagne à partir de l'évolution démographique de la zone de montagne française entre 1962 et 1975. In: Revue de Géographique alpine, H. 4, S. 467, 1974
Moor, H.: Landschaftsschäden im Zusammenhang mit dem Schisport. In: Geographica Helvetica, H. 1, S. 13, 1977
Müller, E.: Das Kleinkraftwerk in der BRD. In: Schriftenreihe der Technischen Universität Wien, Bd. 21, »Kleinkraftwerke«, S. 15–23, 1981
Musil, K.: Energiewirtschaft. In: Monatsberichte des Österr. Instituts f. Wirtschaftsforschung, 50 (1977), H. 3, S. 134, 1977
Nachtnebel, H. P.: Kleinwasserkraftanlagen. In: Weltkongreß Alternativen und Umwelt, S. 320 ff., Wien 1980
–: Nationalpark Hohe Tauern. In: ÖAV-Mitteilungen, H. 5/81
–: Naturschutz und Seilbahnbau, Referate und Diskussionsbeiträge anläßlich der Enquete des Bundeskanzleramtes in Mühlbach am Hochkönig, 28. 6. 1979. In: Raumplanung für Österreich, 2/79, Wien 1979
Nestroy, O.: Die Almen Österreichs und ihre wirtschaftliche Bedeutung. In: Mitt. d. Ö.B.G., 3. Sonderheft, Wien 1981
Niederwolfsgruber, F.: Fragen des Natur- und Umweltschutzes bei der Errichtung von Kleinwasserkraftwerken, Referat anläßlich der Österr. Raumordnungskonferenz am 26. 11. 1980
–: Neue Wege – Straße und Umwelt, Umweltschutz-Tagung in Villach am 8. 3. 1980 der ÖGNU
Nussbaumer, A.: Fremdenverkehr, Seilbahnen und Landschaftsschutz als Komponenten der regionalen Entwicklungspolitik. In: Naturschutz und Seilbahnbau, Raumplanung für Österreich, 2/79, Wien 1979
Oberwalder, L.: Lebensraum Alpen. In: ÖAV-Mitteilungen, H. 1/81
Oechslin, K.: Lawinenschutz für die Bergbevölkerung im Kanton Uri. In: INTERPRAEVENT 80, Bad Ischl, Bd. 2, S. 299–308, 1980
OECD: The costs and benefits of sulphur oxide control, Paris 1981
–: Österreichisches Institut für Raumplanung: Alpine Berggebiete – städtische Agglomerationen. Studie über die wichtigsten Verflechtungen des österreichischen Alpenraumes mit Agglomerationen, Wien 1975
–: Österreichisches Institut für Raumplanung: Regionalisierte Fremdenverkehrsprognose – 1. Ausbaustufe, ÖRÖK-Grundlagenarbeiten 1980, Band III. Verfaßt im Auftrag der Österreichischen Raumordnungs-Konferenz, Wien 1980
–: Österreichisches Statistisches Zentralamt: Ergebnisse der land- und forstwirtschaftlichen Betriebszählung 1970
–: Österreichisches Statistisches Zentralamt: Ergebnisse der Volkszählungen 1961 und 1971, Wien
–: Österreich droht die »Alpen-Apokalypse«. In: »Salzburger Nachrichten«, 21. 7. 1980
Pantz, R. V.: Die Bauernlegung in den Alpentälern Niederösterreichs, Wien 1905
Patzelt, G.: Die postglazialen Gletscher- und Klimaschwankungen in der Venedigergruppe (Hohe Tauern, Ostalpen). In: Zeitschrift Geomorph. N. F. Suppl. 16, S. 25–72, 1973
Paula, L.: Raumplanung und »umweltgerechte« Straßenplanung. In: Neue Wege – Straße und Umwelt, Österreichische Gesellschaft für Natur- und Umweltschutz, H. 6/80, S. 30 ff., 1980
Peichl, G., und Brandstätter, Ch.: Die veruntreute Landschaft – Bau-Absurditäten und Landschaftsfresser, Edition Tusch, Wien 1978

Penz, H.: Die Almwirtschaft in Österreich, Münchner Studien zur Sozial- und Wirtschaftsgeographie, Bd. 15, Verlag Michael Lossleben Kallmünz/Regensburg (BRD), 1978

Petter, L.: Die Situation des Seilbahn- und Schipistenbaues in Österreich aus der Sicht des Alpenschutzverbandes. In: Naturschutz und Seilbahnbau, Raumplanung für Österreich, 2/79, S. 45–52, 1979

Prechtl, F., und Hauf, H.: Haben wir noch Zeit? Herold-Verlag, Wien 1980

Priewasser, G.: Das Kleinkraftwerk in Österreich. In: Schriftenreihe der Technischen Universität Wien, Bd. 21, »Kleinkraftwerke«, S. 107–119, Wien 1981

Prünster, J.: Die Tiroler Fremdenverkehrspolitik und der Wald. In: Allg. Forstzeitung, Jg. 94, Folge 4, S. 88–89, 1982

Radler, S.: Kleinwasserkraftwerke, Projektierung und Entwurf, Universität f. Bodenkultur, Wien 1981

–: Richtlinien über Eingriffe in die Landschaft im Interesse des Schisports, Bundesamt für Forstwesen, Eidgenössisches Departement des Inneren, Bern 1979

–: Richtlinien für die Planung, den Bau, die Erhaltung und die Pflege von Schiabfahrten, Langlaufloipen (Schiwanderwegen) und für die Planung und für Naturschutz (Landschaftsschutz). Vorschreibungen in Bewilligungsverfahren von Aufstiegshilfen (Seilbahnen, Lifte u. ä.), verfaßt und zusammengestellt vom Arbeitsausschuß der Konferenz der beamteten Naturschutzreferenten Österreichs, Innsbruck 1980

Retzko, H. G., et al.: Verkehr als restriktive Determinante der Stadtentwicklung – ein Beispiel. In: Straßenverkehrstechnik, 18 (1974), Nr. 3

–: Richtlinien für die Vergabe von Förderungsmitteln: Sonderaktion des Bundeskanzleramtes zur Stärkung entwicklungsschwacher ländlicher Räume in Berggebieten Österreichs, Fassung 1981, Wien 1981

Ringler, A.: Seilbahnerschließungen in den bayerischen Alpen: Kriterien zur Umweltverträglichkeit, Schriftenreihe des Alpeninstituts, H. 6, S. 89, München 1976

Reimann, H.: Verkehrspolitik und Umwelt im Alpenraum. In: Organ des Touring-Clubs Schweiz, 3. 12. 1981, Bern

Reith, W. J.: Gesamtplanung für Fremdenverkehr und Erholung – raumbezogene Planung in pluralistischen Systemen. In: »Festschrift zur Vollendung des 65. Lebensjahres von o. Prof. Dkfm. Dr. Paul Bernecker«. Hrsg. Walter A. Ender, Inst. f. Fremdenverkehrsforschung, Hochschule für Welthandel Wien, Wien 1973

Ruhl, G.: Belastungsursache Fremdenverkehr. In: Stadtbauwelt 59, Sept. 78, S. 200–203, 1978

Rusch, P.: Von der Verantwortung für das Land. In: Allg. Forstzeitung, 93. Jg., Folge 4, S. 85, 1982

Salcher, H.: »Alle Wege führen nach Rom«, Vortrag anläßlich der Verkehrsenquete »Probleme des Güterverkehrs – Kooperation Straße–Schiene«, März 1982, Innsbruck

Sander, R.: Alpen – Herausforderung für alle. In: Umweltforum, 4/80, S. 17

–: Säureregen: »Da liegt was in der Luft«. In: »DER SPIEGEL«, Nr. 47, 16. 11. 1981, S. 90 ff.

Seefeld, H.: Wie steht es um die Verkehrspolitik der Europäischen Gemeinschaft? Referat anläßlich der Verkehrsenquete »Probleme des Güterverkehrs – Kooperation Straße–Schiene«, März 1982, Innsbruck

Seifert, A.: Müssen sieben von acht Hirschen sterben? In: Münchner Merkur, 27./28. 3. 1971

Sekanina, K.: Die österreichische Straßenbaupolitik am Beginn der achtziger Jahre, Referat anläßlich der Verkehrsenquete »Probleme des Güterverkehrs – Kooperation Straße–Schiene«, März 1982, Innsbruck

Spörri, O.: Vom konventionellen Gefahrenschutz zu einer auf Landschaftsrisken ausgerichteten Landschaftspflege. In: INTERPRAEVENT 80, Bad Ischl, Bd. 3, S. 175–188, 1980

Spörli, S.: Psychologie des Autofahrens, Herder-Bücherei, Bd. 499, Freiburg–Basel–Wien 1974

Surber, R., Roger, A., und Kobert, H.: Das Brachlandproblem in der Schweiz. In: Berichte Eidgenössische Anstalt f. d. forstl. Versuchswesen, Nr. 112, 1973

Schemel, H. J.: Methoden zur Erfassung von Belastungen. In: Stadtbauwelt 59, Sept. 78, S. 210–212, 1978

Schemel, H. J.: Ökologische Kartierung und Prüfung der Umweltverträglichkeit: Verfahren zur großräumigen bzw. objektbezogenen Analyse der Umweltsituation. In: INTERPRAEVENT 80, Bad Ischl, Bd. 3, S. 205–216, 1980

Scheiring, H.: Wald und Fremdenverkehr. In: Allg. Forstzeitung, 93. Jg., Folge 4, S. 86–87, 1982

Schiechtl, H. M.: Der Bau von Wintersportanlagen. In: Allg. Forstzeitung, 93. Jg., Folge 4, S. 95–96, 1982

Schmid, P.: Die neue schweizerische Konzessionspolitik für touristische Luftseilbahnen. In: Naturschutz und Seilbahnen, Raumplanung für Österreich, 2/79, S. 25–44, 1979
Schmölz, H.: Kooperationsmodelle im Verkehr aus der Sicht der Gewerkschaften, Referat anläßlich der Verkehrsenquete »Probleme des Güterverkehrs – Kooperation Straße–Schiene«, März 1982, Innsbruck
Schnitzer, R.: Belastungen und Flurschäden durch den Schisport. In: Der Alm- und Bergbauer, 27, S. 62–70, 1977
Schnitzer, R.: Flurschäden durch den Schisport; Nachteile müssen entschädigt werden – Beispiele von Schadenberechnungen. In: Tiroler Bauernzeitung, 11. 1. 1979
Schöffel, G.: Die Stellung der Seilbahnwirtschaft zu den Fragen des Naturschutzes. In: Naturschutz und Seilbahnbau, Raumplanung für Österreich, 2/79, S. 73–80, 1979
Schreyer, G.: Die Analyse von Schutzwaldbeständen im bayerischen Alpenraum – Ergebnisse und Folgerungen für die Schutzwaldbehandlung. In: INTERPRAEVENT 80, Bad Ischl, Bd. 1, S. 309 bis 314, 1980
Schügerl, G.: 80 Jahre Naturfreunde Österreich, Wien 1975
Schwackhöfer, W.: Stand und Ergebnisse von Alm-Forschungen in Österreich. In: Der Förderungsdienst, H. 11, 1980
Schwarzenbach, F. H.: Praxisbezogene Forschung zum Problemkreis »Skitourismus und Landschaftsbelastung«. In: Stadtbauwelt 59, Sept. 78, S. 204–209, 1978
–: Schweizerische Stiftung für Landschaftsschutz und Landschaftspflege: Unsere Landschaft, unsere Verpflichtung, unser Kapital, Bern 1970
–: Sonderaktion des Bundeskanzleramtes zur Stärkung entwicklungsschwacher Räume in Berggebieten Österreichs – Erfahrungsbericht, Raumplanung für Österreich, 2/81, Wien 1981
Spiegler, A.: Trinkwasserreserven der Alpenregion. In: UMWELTSCHUTZ, 6/1980, 12/1980
Stauder, S.: Praktische Erfahrungen bei der Hochlagenaufforstung im vorderen Zillertal. In: Ökologische Untersuchungen in der subalpinen Stufe zum Zwecke der Hochlagenaufforstung, Teil II, Wien 1963
Stauder, S.: Das Projekt »Wildbach- und Lawinenverbauung Vorderes Zillertal« und seine wirtschaftliche Bedeutung. In: Ökologische Untersuchungen in der subalpinen Stufe zum Zwecke der Hochlagenaufforstung, Teil II, Wien 1963
Stauder, S.: Die Beeinflussung des Wasserhaushaltes im Walde durch Schiabfahren. In: Allg. Forstzeitung, 85, 1974
Stecher, R.: Naturschutz als Werthaltung, Referat anläßlich des Symposions »Lebensraum Alpen« vom 5. bis 7. 3. 1981 in Hall (Tirol)
Stickler, H.: Kulturgrund sparen – das zentrale Thema bei der Planung der Schnellstraße Bozen–Meran. In: Neue Wege – Straße und Umwelt; Österr. Gesellschaft für Natur- und Umweltschutz, H. 6/1980
Stritzl, J.: Sicherheit im alpinen Raum. In: INTERPRAEVENT 80, Bad Ischl, Bd. 1, S. 3–16, 1980
–: Taschenbuch für Energiestatistik, Berichtsjahr 1975, BM f. Handel, Gewerbe und Industrie, Wien 1976
Tataruch, F., Jarc, H., und Onderscheka, K.: Belastung freilebender Tiere in Österreich mit Umweltschadstoffen; Gehalt an Blei, Quecksilber und Cadmium in Organen von Gemsen. In: Zeitschrift für Jagdwissenschaft, Bd. 25, H. 3, S. 159–166, 1979
Tataruch, F., und Onderscheka, K.: Belastung freilebender Tiere in Österreich mit Umweltschadstoffen (III); Gehalt an Quecksilber in Organen von Feldhasen. In: Zeitschrift für Jagdwissenschaft, Bd. 27, H. 4, S. 266–270, 1981
Tatzber, F., Irlweck, K., und Schaller, F.: Fallout-Radionuklide und natürliche Radioaktivität in Rehgewebeproben aus verschiedenen Gebieten Österreichs. In: Wiener tierärztl. Mschr., 69. Jg., H. 3, 1982
Tollner, H.: Der Zustand von Gletschern im Großglockner- und Sonnblickgebiet am Ende des Eishaushaltsjahres 1972/73. In: Jahresber. Sonnblick-Verein, 1972/73, 1973
Trachsel, P.: Tourismus und Verkehr, Vortrag anläßlich der Generalversammlung des schweizerischen Fremdenverkehrsverbandes am 15. 9. 1977 in Lenzerheide/Valbella. In: SFV-Informationen 11/1977
Tschörner, F.: Futterwert von Pflanzenproben der Schiabfahrt »Sonnberg« (Achenkirch) und dem Unterwuchs eines angrenzenden Blaugras-Föhrenwaldes. In: Cernusca, A., Berlin 1977: Alpine Umweltprobleme. I: Ökologische Veränderungen durch das Anlegen von Schiabfahrten an Waldhängen

Ugolini, P.: Le Alpi e l'Europa, Florenz 1973
Ulmer, F.: Die Bergbauernfrage: Untersuchungen über das Massensterben bergbäuerlicher Kleinbetriebe im alpenländischen Realteilungsgebiet. In: Schlernschriften, 1942
Ulrich, B.: Destabilisierung von Waldökosystemen durch Akkumulation von Luftverunreinigungen. In: Der Forst- und Holzwirt, 36. Jg., Nr. 21, 1981
Unger, H. C.: »Schaurige Landschaft«. In: »Wochenpresse«, Nr. 30, 23. 7. 1980, Wien
Veuve, L.: Zum Europaseminar 1978 (Grindelwald). In: Stadtbauwelt 59, Sept. 78, S. 194–195, 1978
Vittorelli, O.: Vermeidbare und unvermeidbare Katastrophenursachen bei den Mur- und Hochwasserkatastrophen 1965/66 in Tirol. Unveröff. Manuskript, zitiert bei Aulitzky
Wagensonner, H.: Das Energiepotential der Alpenregion; Symposion 1974 der Österr. Gesellschaft für Land- und Forstwirtschaftspolitik »Der Alpenraum als europäische Aufgabe und Herausforderung, Leitbilder zum Überleben«, Wien 1975
Walper, K. H.: Freizeit und Straße, Köln 1980
Walther, B.: Bevölkerungsentwicklung in den Bergregionen 1970 bis 1980 (II. Teil). In: Die Region, BIGA/Zentralstelle für regionale Wirtschaftsförderung, H. 3/81, S. 26–29, 1981
Walz, T.: Der ländliche Raum in Gefahr – eine Vorschau auf 10 Jahre, Dokumentationssendung Nr. 14 des Schweizerischen Fremdenverkehrsverbandes vom 7. 2. 1967, Bern 1967
Walz, T.: Was ist Freizeitarchitektur in den Alpen? In: »Der Architekt«, 10/1975, S. 427–433
Wegener, A.: Die Entstehung der Kontinente, Geol. Rdsch. 3, S. 276–292, 1912
Weiss, H.: Ist ein Pumpspeicherwerk Gletsch verantwortbar? Neue Zürcher Zeitung, 15./16. 10. 1977
Weiss, H.: Die friedliche Zerstörung der Landschaft und Ansätze zu ihrer Rettung in der Schweiz, Orell Füssli-Verlag, Zürich 1981
Wichmann, H., Danz, W., und Jobst, E.: Land- und Forstwirtschaft. In: Die Zukunft der Alpenregion – Fakten, Tendenzen, Notwendigkeiten, Carl Hanser-Verlag, München 1972
Wichmann, H.: Freizeit, Fremden- und Naherholungsverkehr. In: Die Zukunft der Alpenregion? Fakten, Tendenzen, Notwendigkeiten, Carl Hanser-Verlag, München 1972
Wittschieben, O.: Die Bauernlegung in der Steiermark, Statist. Mitt. über d. Steiermark, Graz 1916
Wohlfarter, R.: Die alpwirtschaftliche Situation in Österreich. In: Der Förderungsdienst, H. 3, 1981
Wolfram, R.: Almbrauchtum, Österr. Volkskundeatlas, 6. Liefg., 2. Teil, 1979
Wolkinger, F.: Schutzmaßnahmen und ihre Wirksamkeit in den Österreichischen Alpen. In: Die Zukunft der Alpen II, Schriftenreihe des Alpen-Instituts, H. 5, München 1975
Wolkinger, F. (Hrsg.): Natur und Mensch im Alpenraum, 3. Europäischer Kurs über angewandte Ökologie als Grundlage der Nutzung und des Schutzes der Alpenregionen, 6. bis 11. 10. 1975, Innsbruck
Wolkinger, F., et al.: Die Natur- und Landschaftsschutzgebiete Österreichs, Heft 7 der Schriftenreihe der Österreichischen Gesellschaft für Natur- und Umweltschutz (ÖGNU), 1981
Wolkinger, F.: Raubbau von Rohstoffen, UMWELTSCHUTZ, Nr. 10 und 11/1981 (Wien)
Wyder, R.: Richtlinien über Eingriffe in die Landschaft im Interesse des Schisports. In: Die Region, BIGA/Zentralstelle für regionale Wirtschaftsförderung, H. 3/81
Zebhauser, H.: Berg '81 – Bloßes Abbild oder Vision, Gegenpol oder Fluchttraum, wirkliche Landschaft oder Utopie. In: Berge '81 – Das Bild der Berge in der Kunst von heute, Katalog zur Ausstellung des DAV, München 1981
Zebhauser, H.: Idylle, Realität oder utopische Landschaft – Was ist der Berg im Bild der Malerei? In: DAV-Alpenvereinsjahrbuch 1981, S. 185–210, München 1981
Zebhauser, H.: Wiege des Bergsteigens in Literatur und Malerei. In: Der Bergsteiger, März 1982, S. 20–21, München 1982
Zeh, W.: Zur Lage in den Alpen. In: Stadtbauwelt 59, Sept. 78, S. 192–193, 1978
Zuppinger, U.: Entscheidungsspiel »1000 zusätzliche Betten in Blanc«. In: Stadtbauwelt 59, Sept. 78, S. 232–233, 1978
Zwittkovits, F.: Die Almen Österreichs, Selbstverlag, 1974

Abenteuer – Berg

Kurt Diemberger
Gipfel und Geheimnisse

Einer der besten Bergsteiger der Welt reflektiert seine Erfolge mit Bergen und Menschen. „Wie er seine Erlebnisse, Abenteuer und deren Spiegelungen gestaltet, ist von hohem Rang und in der deutschsprachigen alpinen Literatur in seiner Art einzigartig“, urteilte der Deutsche Alpenverein.

360 Seiten, davon 32 Farb- und 80 Schwarzweißbildern,
Preis öS 296,—, DM 39,—

Arlene Blum
Annapurna

Erstmals wird eine von Männern beherrschte Domäne aus dem Blickwinkel einer Frau erzählt. Es ist der Bericht der ersten Frauenexpedition zum 8090 m hohen Annapurna, im Jahre 1978.

296 Seiten, mit 16 Farbbildern und 116 Schwarzweißabbildungen,
Preis öS 296,—, DM 39,—

In jeder Buchhandlung

ORAC PIETSCH